张雪魁 主编

操纵

中璋 著

中信出版集团｜北京

图书在版编目（CIP）数据

操纵 / 中璋著；张雪魁主编 . -- 北京：中信出版社，2021.4（2023.4 重印）
（舆论先锋）
ISBN 978-7-5217-2373-1

Ⅰ.①操… Ⅱ.①中…②张… Ⅲ.①互联网络—舆论—研究—中国 Ⅳ.① G219.2

中国版本图书馆 CIP 数据核字（2020）第 208265 号

操纵
（舆论先锋丛书）

著　者：中璋
主　编：张雪魁
出版发行：中信出版集团股份有限公司
　　　　（北京市朝阳区东三环北路 27 号嘉铭中心　邮编　100020）
承 印 者：宝蕾元仁浩（天津）印刷有限公司

开　本：787mm×1092mm　1/16　　印　张：26　　字　数：297 千字
版　次：2021 年 4 月第 1 版　　印　次：2023 年 4 月第 2 次印刷
书　号：ISBN 978-7-5217-2373-1
定　价：79.00 元

版权所有·侵权必究
如有印刷、装订问题，本公司负责调换。
服务热线：400-600-8099
投稿邮箱：author@citicpub.com

目录

总　序｜XI

坚持底线思维

防范化解大数据领域风险｜XIV

上篇　剑桥分析

01 剑桥分析风波始末

剑桥分析的暗黑成长史｜003
政坛大金主｜004
年轻人怀利｜005
班农的撮合｜011
尼克斯的吹嘘｜014
无底线操纵｜015
树倒猢狲散｜017

"剑桥分析"事件余波未平｜018
前高管，新公司｜019
剑桥分析 2.0 上线｜020
阿拉莫计划｜023
前赴后继的效仿者｜026
数据选举的未来｜027
"特朗普 2020" App｜028
10 亿美元操纵战｜036

02

剑桥分析操纵模式

搜集选民个人数据 | 049

GSR 公司 | 049

种子用户 | 051

选民数据库 | 053

建构人格分析模型 | 053

大五人格 | 053

心理测量学 | 056

点赞识人 | 057

绘制选民政治画像 | 062

用户画像 | 062

个性档案 | 062

预测偏好 | 064

精准推送政治广告 | 065

定制人设 | 067

框架效应 | 068

心理账户 | 070

A/B 测试 | 072

精准定向 | 078

影响选民认知态度 | 082

情绪操纵 | 083

机器人抹黑 | 084

惊人的效果 | 085

03

数据操纵英国实验

卡明斯的社会实验 | 090
卡明斯其人 | 090
巨大的社会实验 | 092
黑进政治系统 | 095
寻找 300 万沉默者 | 097
"戳痛点"广告 | 098
新政治形态 | 101

AggregateIQ 又在玩火 | 102
祸起剑桥分析 | 102
AggregateIQ 简史 | 104
加拿大分部 | 106
宣传资金的运作 | 107
芬安全的佐证 | 108

04

剑桥分析操纵世界

参与 60 多个国家或地区的选举操纵 | 112

200 多场政治选举 | 112

操纵政治选举的套路 | 114

美国中期选举与总统大选 | 115

超级政治行动委员会 | 115

其他国家或地区的选举活动 | 118

乌克兰：推动颜色革命 | 118

肯尼亚：参与两届大选 | 118

墨西哥：竞争性合作 | 119

印度：56 万用户数据 | 120

马来西亚：针对性消息传播 | 121

中篇 数据操纵

05 大数据时代

大数据究竟是什么 | 124
大数据的由来 | 124
大数据的计量 | 126
大数据的特征 | 128
媒介大数据 | 134
大数据思维 | 135

大数据的独特价值 | 137
感知世界 | 138
发现问题 | 143
洞察关联 | 145
前瞻预测 | 147
优化预防 | 165

驱动政治的大数据 | 166
首席科学家 | 166
NationBuilder | 173
华盛顿 K 街 | 174

06

大数据监视

开源数据与大数据监视 | 178
人工社会 | 178
忠告计划 | 179
大数据采集、挖掘和分析 | 183
记录追踪 | 185
关联分析 | 189
预测分析 | 197

美欧国家监视全球数据 | 199
五眼联盟：梯阵 | 199
"特等舱"计划 | 200
美国：棱镜、量子跃迁等 | 200
俄罗斯：SORM | 204
英国：盯梢、时态 | 205
法国：大耳朵 | 207

07 大数据预测

大数据时代的政治预测 | 210
神奇的"善断计划" | 213
人工智能的预测 | 215
政治事件数据库 | 219
预测师的博弈论 | 222
"密涅瓦计划" | 224
翘楚之 Recorded Future | 225
提前预警的 Blab | 228

政治预测的数据权威 | 229
老将巴拉巴西 | 229
中坚彭特兰 | 230
新秀李飞飞 | 232
"神算子"西尔弗 | 233
拉普拉斯妖 | 236
系列研究机构 | 237

大数据情感分析与预测 | 238
帖文与情感 | 239
情绪与股市 | 246
情绪与危机 | 253
Twitter 政治指数 | 256
情感分析与政治预测 | 260

08

大数据操纵

"润物细无声"的阈下 | 266
数据引导你的作为 | 268
数据影响你的投票 | 273
数据左右你的情绪 | 281
数据操纵你的价格 | 286

搜索引擎操纵效应 | 289
心理学家的选举实验 | 290
操纵大选的可选模式 | 296
谷歌炸弹集体引爆 | 300
Facebook 的操纵方法 | 301
社会工程处 | 305

数据操纵幕后公司 | 307
RapLeaf | 308
Ntrepid | 310
i360 | 312
Definers | 313
Catalist | 314

政治数据科学 | 316
Bridgetree | 320
Revolution Messaging | 320
慧锐系统 | 321
耐斯系统 | 321
NSO 集团 | 322
Area | 323
IPS | 324

下篇 现代政治战

09

现代政治战硝烟

现代政治战 | 328

起点 | 329

嬗变 | 332

特征 | 337

法律 | 339

21 世纪的冲突 | 341

新威胁 | 341

新威慑 | 343

锐实力 | 345

信息战 | 346

混合战 | 347

超级战 | 348

10 有组织的政治战

美国政治战 | 352
轻足迹干涉 | 352
国家操纵项目 | 355
政权颠覆指南 | 360
反宣传法案 | 362

有组织的舆论操纵 | 362
操纵策略 | 363
组织形式 | 365
行动能力 | 366

突发舆论大战 | 369
#DCblackout 事件 | 369
白俄罗斯骚乱的舆论战 | 370
纳卡冲突背后的舆论战 | 376

政治战机器 | 378
国防高级研究计划局 | 378
情报高级研究计划局 | 383
风投公司 In-Q-Tel | 386
"全球参与中心" | 389

社交机器人操纵 | 389

总　序

著名政治学家、传播学者伊丽莎白·诺埃尔–诺伊曼（Elisabeth Noelle-Neumann）的著作《沉默的螺旋》有一个寓意深刻的副标题——"舆论——我们的社会皮肤"。2012 年以来，我们团队对那些此起彼伏、潮起潮落的网络舆论事件一直抱有浓厚的研究兴趣。我们意识到，发生在网络社会的一个个"欢蹦乱跳"的舆论事件，就是对我们时代境况的即时记录，而通过对经典网络舆情案例的解剖，我们也获得了一种对当今社会的"舆论皮肤"进行观察和诊断的有效方法。

经过前期的探索性研究和成果积累，我们团队于 2018 年获得了国家社会科学基金重大委托项目立项："网络舆情案例库建设与研究"。该项目包含两大任务：一是对从党的十八大到党的二十大 10 年间发生的重大网络舆情事件开展深度研究，建设重大网络舆情案例库，研发网络舆情案例库可视化演示系统，编写经典网络舆情案例培训教材，探索具有鲜明中国立场的"案例舆情学"研究模式，力争在国家高端智库建设和学术理论研究创新两个方面都有所突破；二是该项目具有工程性质，项目设计特别提出要注重发挥多学科协同创新优势，借助网络舆论大数据资源，运用网络传播实验研究方法，开展创新性、突破性研究。为此目的，我们在上级部门指导和上海社会科学院（国家高端智库）的大力支持下，筹建了"社会科学大数据实验室"（Big Data Laboratory of Social Sciences，BDLSS）。

BDLSS的成立是推进项目研究的客观需要，也是大数据时代推动社会科学研究创新的迫切要求。

大数据为社会科学研究开拓了新的疆域和机遇，也提出了新的要求和挑战。BDLSS致力于推进哲学、人类学、心理学、新闻学、传播学、舆论学、社会学、政治学、经济学、博弈论、行为科学、认知科学、公共关系、社会工程学等社会科学学科与大数据科学的融合创新研究。其目标是双重的：一方面，按照"社会科学+大数据"的思路，推进大数据驱动的社会科学研究，关注大数据对社会科学研究方法、研究范式、研究路径和研究领域等提出的创新性要求，借助大数据驱动社会科学研究创新；另一方面，按照"大数据+社会科学"的思路，为大数据研究提供社会科学的研究思路、方法和理论支撑，拓展大数据研究的学科基础、理论视野和人文关怀。在双重目标的驱动下，BDLSS将聚焦于网络媒介事件大数据、网络心理行为大数据、重大决策政策舆论大数据、新媒体"声音大数据"等领域的研究，通过跨学科、跨领域、跨行业协同创新，力争在绘制网民基因图谱、开展网民用户画像、探索网民行为规律和网民心态表达等方面有所突破，为学术创新助力，为决策咨询服务。

无论是"社会科学+大数据"研究，还是"大数据+社会科学"研究，都与正在兴起的"计算社会科学"（Computational Social Science）所提倡的研究路向有相通之处。概言之，计算社会科学致力于借助大数据资源来促进社会科学研究的"计算化"，依此进路，计算传播学、计算新闻学、计算社会学、计算经济学、计算金融学、计算管理学、计算政治学、计算行为学、计算心理学，乃至计算犯罪学和计算语言学等，一批走向"计算化"的新兴社会学科获得了引人注目的发展。BDLSS 会密切关注计算社会科学研究的新进展、新趋势，同时格外强调推动大数据研究的"社科化"，致力于发展"数字人文"领域的研究。

当今时代数字革命如火如荼，BDLSS 也会密切关注数字革命带来的诸多重大现实问题，希望通过理论创新为公众理解数字经济、数字社会、数字政治、数字生活领域的新发展和新趋势提供某些洞见，对网络社会的重大舆论事件、传播现象和传播规律给出深入的、科学的解释，对颠覆性数字技术蕴含的重大风险挑战及时预警，对 5G 时代的全球信息传播新秩序，以及由此引发的全球地缘政治经济格局变迁展开跟踪研究，等等。

总之，在大数据时代，亟待加快发展大数据驱动的社会科学研究，大数据研究亦亟待社会科学研究的深度参与，以适应人类社会数字化的进程，解答数字化时代带给人类的一系列新课题、新挑战。BDLSS 出版的这套"舆论先锋"丛书，是项目团队初期研究成果的一次展示。我们希望丛书能够对读者洞观当今变幻莫测的数字世界有所启示，也欢迎读者给予批评指正。

在此，我们特别感谢国家社会科学基金重大委托项目"网络舆情案例库建设与研究"和上海社会科学院舆情智库创新工程团队给予的出版资助。

社会科学大数据实验室

坚持底线思维
防范化解大数据领域风险

　　党的十九大闭幕不久，中共中央政治局就实施国家大数据战略进行第二次集体学习，习近平总书记发表重要讲话，充分体现了以习近平同志为核心的党中央对实施国家大数据战略的高度重视。习近平总书记指出，随着信息技术和人类生产生活交汇融合、互联网快速普及，全球数据呈现爆发增长、海量集聚的特点，对经济发展、社会治理、国家管理、人民生活都产生了重大影响。2017年12月8日，习近平总书记在中共中央政治局就实施国家大数据战略进行第二次集体学习时指出："要切实保障国家数据安全"，"强化国家关键数据资源保护能力，增强数据安全预警和溯源能力"。可见，大数据领域安全已成为我国防范化解重大风险的重要领域。

　　大数据是人类社会信息化、网络化、智能化发展的崭新阶段。现在，"万物皆数""一切皆量化"，人类生活在一个海量、动态、多样的数据世界，大到经济发展、社会民生，小到购物消费、沟通交流，甚至每个人自身都在被数据化。大数据无时不在、无处不在、无人不用，新闻推荐、广告推送、语音对话、快递物流、智能导航等都是大数据应用。大数据时代奔腾而来，我们已从 IT 时代进入 DT 时代①，大数据已成为新的核心资源、基础设施、思维方式。

可以说，大数据如今已像土地、石油和资本一样，成为全球政治经济社会运行的战略资源。同时，我们必须清醒地看到，大数据领域风险正从"黑天鹅"变为"灰犀牛"，世界各国均面临来自大数据领域的非对称风险。美国等西方国家把媒体和政治大数据作为维护本国政治安全、输出价值观、实现国家意志的战略手段。从"五眼联盟"到"棱镜"计划，从"诚实之声"计划到"网络魔术师"项目，从媒体实验室到互联网研究所，从帕兰提尔（Palantir Technologies）到剑桥分析（Cambridge Analytica），美国等西方国家构建了媒体和政治大数据的资源体系、舆论操纵体系、科研实验体系、产业服务体系。牛津大学"计算宣传研究项目"的研究报告《全球有组织的社交媒体操纵盘点》显示，美国、俄罗斯、德国、印度、以色列、韩国、土耳其、墨西哥、乌克兰等国家利用社交媒体大数据进行舆论操纵。外国媒体报道，俄罗斯建立了互联网研究所（IRA）等利用大数据操纵社交媒体舆论的机构，对外开展政治战和舆论战。如今，数据操纵甚至被部分国家武器化，给全球政治安全带来巨大的非对称风险。

众所周知的剑桥分析被认为是操纵 2016 年英国脱欧公投和美国总统大选的幕后黑手，其问题的实质就是大数据操纵。利用大数据可以实现对经济社会活动及民众言行的精准分析，如果政治力量雇用大数据公

---

① IT 是 Internet Technology 的缩写，指互联网技术；DT 是 Data Technology 的缩写，指数据处理技术。——编者注

司投放政治广告搞政治营销，不仅能隐蔽地影响政治议程和走向，还可以较低的成本改变政治态势。很多国家的政治竞选活动都在与大数据公司合作，利用大数据影响选民和民意。

目前，国外科技公司和大数据公司已成为我国大数据基础设施、大数据平台、大数据服务和大数据应用等领域的主要服务商，覆盖国计民生的众多领域和重点行业，涉及大数据产业链和业务的所有环节。许多有识之士提出，国外科技公司掌握我国海量数据，存在数据泄露和操纵风险，对我国社会稳定和政治安全构成威胁。同时，大数据还为境外渗透提供了便利，便于境外人员掌握我国网民的兴趣爱好和舆论焦点，向我国投放特定信息和虚假新闻，从而使我国意识形态安全存在很大的隐患。并且，我国在防范化解大数据领域风险方面还没有形成完善的研究和技术体系，与美国等西方国家相比，在科研、技术与应用层面相对滞后。如何防范他国对我国实施大数据操纵，切实维护政治安全和意识形态安全，成为紧迫的课题。

有专业人士提出："数据已经和枪杆子、笔杆子一样，成了重要的执政资源。"我们应认识到，大数据时代，数据不仅是重要的商业资源，更是带有基础性、关键性等特点的国家战略资源。数据安全不仅事关公民个人权益保护，而且与国家政治、经济、文化、军事等诸多领域安全的关系越来越直接，成为影响国家安全和国家治理的新因素。

习近平总书记强调，维护政治安全始终是头等大事，意识形态领域是政治安全的前沿阵地，意识形态安全是国家安全的有机组成部分。这需要我们坚持底线思维，着眼维护政治安全和意识形态安全，将大数据战略作为构筑维护意识形态安全的基础设施和国家重器，防范化解大数据领域风险。特别是要充分运用大数据，增强大数据治理和风险防范能力，加快大数据领域安全预警监测体系建设，打造基于大数据的空中预警机，为维护政治安全和意识形态安全提供保障，坚决守住大数据安全防线。

习近平总书记还指出要运用大数据提升国家治理现代化水平，强调要以信息化推进国家治理体系和治理能力现代化，更好地用信息化手段感知社会态势、疏通沟通渠道、辅助科学决策。目前，我国在治理体系和治理能力建设方面还面临不少困难和挑战，很多时候还是依靠传统的手段和方法，与现代化的要求存在差距。例如，获取和处理大数据的手段有限，数据共享不够，数据流通不畅，面临如何深度挖掘和充分运用网上海量信息等挑战。这需要我们善于获取数据、分析数据、运用数据，增强利用数据推进各项工作的本领，不断提高对大数据发展规律的把握能力，进而增强大数据领域的风险防范化解能力。

上海社会科学院作为国家高端智库，承担了国家社会科学基金重大委托项目"网络舆情案例库建设与研究"。课题组在深入研究"剑桥分析"事件的基础上，从落实总体国家安全观、维护政治安全和意识形态安全高度，广泛吸取国内外专家学者的研究成果，参阅境内外大量公开文献和网络资料，详细梳理大数据操纵问题，推出《操纵》这一通俗读本，目的是希望帮助大家更好地认知大数据领域风险，提高防范化解大数据领域风险的能力。

上篇
剑桥分析

01
剑桥分析风波始末

2018年3月，美国《纽约时报》、英国《观察家报》根据政治数据分析公司剑桥分析前雇员克里斯托弗·怀利（Christopher Wylie）的爆料刊发重磅报道，唐纳德·特朗普在2016年美国总统大选期间雇用剑桥分析，在未经用户同意的情况下获取社交网络平台Facebook（脸书）上超过5 000万用户（北美地区活跃用户的三分之一）的个人数据，后进一步证实为8 700万用户，其中美国用户7 063万，菲律宾、印度尼西亚和英国用户均超100万。剑桥分析将Facebook用户数据与心理测量结果相结合，建立心理模型分析Facebook用户的性格喜好和政治偏好等，然后定向精准推送政治广告，有针对性地影响2016年美国总统大选投票。剑桥分析暗中制造出了一台无形的政治操纵机器，它抓住选民的不同个性，实现了舆论的大规模引导、操纵和转向，帮助特朗普登上总统宝座。

跟随媒体持续深挖，内幕情节刺激程度与美剧《纸牌屋》不相上下。很快，英国第四台播出卧底记者以咨询业务名义进行暗访，多次与剑桥分析工作人员在酒店会面商谈的录像。剑桥分析的CEO（首席执行官）亚历山大·尼克斯（Alexander Nix）在会面时称剑桥分析在2016年美国总统大选中起到重要作用，并详述它如何帮助特朗普入主白宫，以及在世界各地使用色诱、伪造行贿视频等手段影响政治竞选。尼克斯说他与特朗普多次会面，剑桥分析全权负责特朗普的网络和电视竞选活动，为特朗普"开展了所有调查，搜集了所有数据，进行了所有分析，研究了所有目标群体，负责所有线上活动和电视活动"。他兴奋地说："数据会告诉我们采取什么策略，特朗普的每条选举信息都由数据驱动。"他还列举了一个案例：在特朗普竞选期间，反对希拉里的选民发起"打败狡诈的希拉里"运动,喊出"如果你袖手旁观,希拉里赢了,你就输了"的口号。这个话题占据社交媒体热搜榜很长时间,获得百万计的搜索量和点击量,就是剑桥分析背后操纵大数据的结果。

尼克斯还在录像中强调,剑桥分析的一系列操纵是隐蔽且不可追踪的,没人能将这一系列操纵行为与该公司联系起来。他说:"有时候可以利用代理机构,比如慈善组织、激进分子群体……给他们素材,剩下的就交给他们。我们要做的就是把信息注入网络的'血液',然后看着它持续发酵膨胀,再随着时间的推移不断地施加一些小的推动力,一段时间后就看着它成形了。这种内容会渗透网络社区并扩散,根本就找不到源头,无法追踪。"他还表示:"没人知道我们有这些账号,同时我们对通过 ProtonMail(加密电子邮箱)发出的邮件都设置了自动销毁的时间,发出的邮件被阅读两小时后就会自毁。没有证据,没有痕迹。"

有媒体评论,暗访录像一经播出,剑桥分析瞬间成为特朗普当选美国总统这个"黑天鹅"事件幕后的一只黑手,它通过 Facebook 用户数据操纵选民心理,帮助特朗普在输掉选票的情况下赢得大选。同时,剑桥分析也被认为是英国脱欧这只"黑天鹅"的幕后推手。

剑桥分析的暗黑成长史

剑桥分析创立于 2013 年,其官网曾明确宣称:"我们提供从预测选民行为到定向推送广告等一系列服务","我们会提供数据,帮助客户获取选票,赢得竞选"。从公司名称看,剑桥分析的总部可能位于英国剑桥,但实际上这只是一个幌子,是为了在对外宣传和业务承揽中提高权威性和专业性，其仅在剑桥设立了一间虚假办公室，真正总部位于伦敦牛津街 55 号。牛津街在伦敦是连接大英博物馆等文化名胜与其他商业街的重要道路，也是市中心繁华的商业街区。55 号是一栋有玻璃外墙面的现代化写字楼，共 4 层，该楼租赁给了一家地产中介公司和两家数据公司，其中一家数据公司租下了 2 层和 3 层，它就是剑桥分析。

剑桥分析在世界各地设有不少分公司和办事处，拥有 100 多名员工，大部分在英国工作。它还在美国、巴西、马来西亚设有分公司。在美国，除了纽约分公司，还有华盛顿哥伦比亚特区分公司，位于宾夕法尼亚西北大道 1901 号一栋十几层高的写字楼里，办公室在该写字楼的 9 层 902 室，聘有 4 名员工。这个地方的地理位置四通八达，商业公司集中，街对面就是国际货币基金组织大楼，与白宫只隔了几条街。

| 政坛大金主 |

剑桥分析的幕后大老板是美国对冲基金文艺复兴科技公司（最早利用算法决策投资的对冲基金）CEO、共和党金主罗伯特·默瑟（Robert Mercer）。文艺复兴科技公司的创始人是著名数学家詹姆斯·西蒙斯（James Simons），他曾经与陈省身（美籍华裔数学大师）合作于 1971 年推出"陈氏 – 西蒙斯定理"，并获得美国数学协会 1976 年的维布伦几何学奖。1978 年，西蒙斯离开学界，创建了文艺复兴科技公司，主要投资商品期货和其他金融工具，同时身兼美国国防部研究员一职。2010 年，西蒙斯正式退休，默瑟接棒。

默瑟也是一位数学家。1972 年，他在伊利诺伊大学厄巴纳 – 香槟分校获得计算机博士学位，后加入 IBM（国际商业机器公司），主导开发出一种统计机器翻译技术，这种技术基于文本，将单词分组、聚类，再通过上下文完成翻译，当时曾引起轰动。他在科技领域的贡献包括语音识别系统、文本变语音合成器、自动语音响应系统、网络搜索引擎、文本编辑器和语言教学材料等。他个人的主攻领域是 AI（人工智能），利用 AI 取代交易员。默瑟在 2014 年获得 AI 领域的最高荣誉，他被 ACL（国际计算语言学协会）授予终身成就奖。1993 年，默瑟应邀加盟文艺复兴科技公司，后来出任联席 CEO。

默瑟非常不简单，他是美国政坛极具影响力的人物和金主。2015 年，《华盛顿邮报》把他评为"十大对政界有影响力的亿万富翁之一"。2014 年，美国中期选举，共和党大获全胜。此时，实业大亨戴维和查尔斯·科赫兄弟（David and Charles Koch）、赌王谢尔登·阿德尔森（Sheldon Adelson）和默瑟等人开始为共和党阵营幕后操盘。此前，默瑟遇到美国民粹和孤立主义领军人物史蒂夫·班农（Steve Bannon），默瑟通过自己的对冲基金为班农掌控的布赖特巴特新闻网提供了 1 000 万美元的资助。默瑟作为共和党的忠实粉丝，持续为共和党捐助了数额可观的运作资金，后来他被班农说服，支持依靠民粹路线崭露头角的政坛新人特朗普。

| 年轻人怀利 |

2007 年，戴维·史迪威[①]还在诺丁汉大学心理学院攻读本科学位，他平时喜欢编写一些小程序。在 6 月毕业之际，他为 Facebook 开发了

[①] 戴维·史迪威（David Stillwell），拥有诺丁汉大学心理学硕士、博士学位，现为剑桥大学心理测量中心副主任、剑桥大学贾奇商学院大数据分析和计量社会学讲师。

一个用于性格测试的小程序——MyPersonality，测试题基于经典心理学量表编写。史迪威后来统计，约有600万用户使用该小程序，其中一小部分用户同意将他们的Facebook个人数据供研究使用。把用户的心理性格测试数据与Facebook的个人数据叠加，史迪威得到了一个包含数百万Facebook用户数据的数据库。

2008年，迈克尔·科辛斯基[①]还在华沙念书，他迎来了一个转机——被剑桥大学心理测量中心录取。剑桥大学心理测量中心是一家历史悠久的心理测验机构。

2011年，史迪威在诺丁汉大学心理学院获得博士学位，2012—2014年，他到剑桥大学心理测量中心任研究助理，后来担任心理测量中心副主任。同在心理测量中心的科辛斯基与史迪威，还有微软剑桥研究院的托雷·格雷佩尔（Thore Graepel）、约拉姆·巴克拉克（Yoram Bachrach）、普什米特·科利（Pushmeet Kohli）组成研究小组，不断改进MyPersonality，以更好地收集更多Facebook用户数据，同时开展心理测量试验，希望通过量化测量研究人的性格特征。他们发明了一种心理测量方法，即收集研究Facebook用户的点赞（Like）数据。2009年，Facebook引入点赞功能，点赞从此成为Facebook用户表达他们与网络内容有积极关联的一个机制，包括照片、朋友状态更新，以及体育、音乐、图书、餐馆等页面。点赞表的作用类似于网络搜索查询记录、浏览历史记录和信用卡使用记录。打个比方，用户对音乐的点赞类似于表明

[①] 迈克尔·科辛斯基（Michal Kosinski），拥有剑桥大学心理学博士学位、心理测量学和社会心理学硕士学位，曾任剑桥大学心理测量中心副主任、微软研究院研究员及斯坦福大学计算机科学系博士后学者，现为美国斯坦福大学商学院组织行为学助理教授。

用户喜欢在网上听音乐和搜索歌曲、歌手。另外，点赞默认是公开可见的。

更好的消息是，40% 参与 MyPersonality 心理测试的用户允许它访问其 Facebook 账号数据，这使研究小组获得了大量 Facebook 用户的点赞、人格测试等心理测验和人口统计数据，并能把 Facebook 用户的性格特征与行为关联起来。研究小组还使用了情报机构惯用的套路，其中一种方法被称作"你喜欢的东西代表了你的个性"，据此发现不少奇怪甚至不可思议的关联分布。比如，给"我讨厌以色列"点赞的 Facebook 用户通常喜欢耐克鞋和奇巧巧克力。

研究小组孜孜不倦地完善模型，科辛斯基、史迪威和格雷佩尔利用从 MyPersonality 获取的数据于 2013 年 4 月在《美国国家科学院院刊》上发表初期研究论文，题目是"个人行为和性格特质可以用数据来预测"[1]（2013 年全球最受关注的 100 篇论文之一）。论文的内容是，利用 Facebook 用户行为数据（主要是点赞数据）建立模型，预测用户的性格和其他特质（性别、性取向、党派等）的准确率比较高。比如，点赞卡通人物 Hello Kitty 的人比较神经质，更可能支持民主党，而非共和党。

研究小组所开发模型的人格判断以收集到的 70 520 名志愿者的 Facebook 点赞数据为基础。点赞被认为可以有效预测个性心理特征，比如，给某个品牌或产品点赞可表明消费者的偏好和购买行为，与音乐

---

[1] KOSINSKI M, STILLWELL D, GRAEPEL T. Private Traits and Attributes are Predictable from Digital Records of Human Behavior [J]. Proceedings of the National Academy of Sciences, 2013, 110 (15): 5802-5805.

相关的点赞可透露音乐品味。在研究实验中，来自他人的判断则由志愿者的好友完成，他们需要填写有 10 个项目的个性量表。然后，研究人员将志愿者的自我评定与计算机及志愿者好友的判断进行比较，检验志愿者自评与计算机及志愿者好友他评的一致性。考虑到自评与他评会受人际关系的持续时间和形式的影响，研究小组将"他人"分成不同的类别：朋友、配偶、家人、同居者和同事。结果发现，模型仅需 100 个点赞数据，判断的准确性就会超过他评的平均值；与同事、朋友、同居者、家人和配偶等他人的判断相比，模型分别需要 10、70、150 和 300 个点赞就能在准确性上超过他评。科辛斯基等人据此认为，点赞可以代表行为、态度和偏好。[1]

2015 年 9 月，科辛斯基和史迪威与心理测量中心的中国学生吴又又在《美国国家科学院院刊》上发表论文，题目是"基于数字足迹的算法模型比你亲近的人更了解你"（Computer-based Personality Judgments are More Accurate than those Made by Humans，2015 年最受关注和最具想象力的 22 篇顶级论文之一）。论文内容是，计算机建模的人格判断的确比熟人（朋友、家人、配偶和同事等）的判断更加准确。

最早对研究小组的研究结果表示出兴趣的是波音公司。波音公司全程赞助了科辛斯基和史迪威的博士学位课题研究。值得注意的是，波音公司是美国国防部高级研究计划局（DARPA）的赞助商。随着两人的研究取得突破，2013 年 4 月，他们发表了第一篇研究论文。此时，刚

---

[1] KOSINSKI M, BACHRACH Y, KOHLI P, STILLWELL D, GRAEPEL T. Manifestations of User Personality in Website Choice and Behaviour on Online Social Networks [J]. Mach Learn. 95 (3): 357-380.

拿到法律专业学位,准备着手进行流行预测博士学位研究的克里斯托弗·怀利读到了这篇明星论文。后来剑桥分析所使用的方法基本源自这篇论文。

怀利是加拿大不列颠哥伦比亚省人,童年时被检查出患多动症和阅读困难症,16岁读高中时就不得不辍学。怀利17岁时在加拿大联邦议会找到一份实习工作,为加拿大自由党领袖米哈伊尔·伊格纳季耶夫(Michael Ignatieff)工作,在选举办公室主要负责互联网方面的事务。在这一时期,他发现自己喜欢政治、对数据敏感,并接触了美国选情数据分析等内容,还自学编程,开发了一个可进行选民定位的软件。

2010年,20岁的怀利赴伦敦政治经济学院学习,当时他持的是Tier 1(杰出人才)签证,这类签证通常只发给科学、人文、工程、医学、电子科技、艺术等领域的杰出人才,而且数量极其有限。怀利的博士学位课题研究方向是预测时尚趋势,与剑桥分析跨越技术、数据、文化、心理的交叉研究很吻合。怀利在伦敦政治经济学院学习期间,为英国自由党工作,做与选民有关的大数据分析,并曾试图推广其开发的选民定位软件,帮助扩大支持者群体,可惜并未被采纳。

怀利对剑桥大学心理测量中心的研究论文有着超乎常人的敏感,他立刻意识到海量网络行为数据建模能精准地预测用户性别、年龄、性取向、政治倾向、购买意愿……此前,不管是营销公司、广告公司,还是公关公司、民调机构,想要了解用户,只能辛苦做访谈、发问卷,这些方法的人力、物力成本高,准确率却不尽如人意。但是,网络行为数据不仅容易获取,而且准确率高。采用MyPersonality获取用户数据为人们提供了一个新思路,即通过第三方小程序获取Facebook用户的行为数据。

这篇研究论文还让怀利豁然开朗的是，原来人格特质可以作为政治态度的表征。比如，自由主义与人的高开放度、低责任心的个性特征之间有很大关联。此时，怀利还想到自己服务过的英国自由党，它是直到19世纪末还在领导整个英国的老牌政党，为什么此后一蹶不振？怀利试图基于消费和人口统计学数据探求自由党选票的共性，但没有发现任何规律，找不到头绪。于是，怀利开始推销剑桥大学心理测量中心的这项研究成果，但是自由党领导人对怀利的提议都不感兴趣。不过，怀利很快就碰到"识货"的英国SCL集团，并一拍即合。

SCL集团是一家致力于为全世界的政府、军事机构提供数据分析和策略的公司，创立于1993年，在英国和美国分别至少有18家和12家独立公司，在阿根廷、阿联酋等国家设有17个办事处。据美国政治新闻网站POLITICO报道，SCL集团"参与社交媒体品牌和选民目标的军事虚假宣传活动"，主要是在发展中国家帮助军队和政治家研究和操纵公众舆论和政治意愿。SCL集团的选举部门（包括国防和选举业务）使用社交媒体数据、数据经纪公司提供的第三方数据及机器算法，构建了不少国家民众的"心理变数资料"。这样可以了解每个民众对具体问题的全面观点，同时可以判断他的投票倾向，从而面对全部民众有针对性地提供信息，以影响和操纵选举结果。SCL集团通常会向客户收取20万~200万美元不等的服务费。

当时还在SCL集团选举部门担任负责人的亚历山大·尼克斯向怀利开出了优厚的条件：给予完全自由，尽情实验所有疯狂的构想。SCL集团需要怀利提供的新技术，以赢得美国国防部的订单，怀利也可以借此实现自己的梦想。于是，怀利成为 SCL 集团选举部门的研究室主任，英美两国的国防部都是其客户。实际上，怀利提供的这种服务被称作心理操纵。通俗地讲，就是通过掌控和支配数据，非常规地说服和改变人们的想法，包括制造和传播谣言、传言、流言等。

这听起来太不可思议，就像《盗梦空间》的情节，进入他人的梦境，重塑他人的梦境，植入一种思想或想法。

|班农的撮合|

怀利加入 SCL 集团几个月后，就开始和同事塔达斯·朱西卡斯（Tadas Jucikas）、布伦特·克莱卡特（Brent Clickard）考虑创办自己的公司 Arg.us。

2013 年秋，怀利见到了当时还是布赖特巴特新闻网掌门人的班农。班农此行来英国是为他的好友奈杰尔·法拉奇（Nigel Farage，独立党领袖）的脱欧战役提供精神和策略支持的。法拉奇与班农进行了秘密长谈，主要议题是如何利用社交媒体实现舆论脱欧。

怀利和班农一见面，即是英雄所见略同，惺惺相惜，相见恨晚，他们都认为政治和社会文化紧密相连，想要改变政治，先得改变社会文化。班农的布赖特巴特新闻网的理念是："政治处于文化的下游，要想改变政治得先改变文化，而流行是一个有效的文化代理。"而怀利攻读博士学位的研究方向就是流行预测，他认为让一件商品流行和让一个候选人获胜极为相似。如果特朗普是一双雪地靴，让他当选总统就如同让认为雪地靴很丑的人喜欢并购买它。怀利向班农表示，他想要验证"政治就像时尚"，班农一听就表示了赞同。

在班农的热情撮合下，默瑟父女粉墨登场。班农对默瑟表示，要宣传自己的政治观点，实现最大化传播，现在变得很简单。社交媒体是一个极好的平台，可以利用社交媒体数据分析技术，针对每个选民投放不同政治内容的广告，潜移默化地影响每个人的思想观点和投票倾向。如此这般，可以慢慢地引导选民投票给我们想要他们投的那个候选人，从而一点点改变美国的政治格局。班农所谓的社交媒体数据分析技术就是剑桥大学心理测量中心当时正在进行的心理测量研究。默瑟和班农达成共识，想方设法将大数据和社交媒体融入政治竞选信息活动，然后运用于美国选民。

默瑟的三个女儿中的老二丽贝卡·默瑟（Rebekah Mercer）后来成为剑桥分析的最大股东，也是特朗普政府过渡小组的成员。丽贝卡拥有斯坦福大学数学学位，她掌管着家族基金，资助了班农的布赖特巴特新闻网，为特朗普竞选投入数百万美元。丽贝卡很欣赏怀利，觉得共和党阵营太过迂腐朽旧，需要年轻另类的新鲜血液。于是，默瑟家族试图把已在商业领域被证明有效的数据操纵引入政治领域，让数据分析为政治服务，通过数据潜移默化地影响每个选民的思想，改变美国政治格局，打一场高规格的思想操纵战。

默瑟本人曾是人工智能和机器翻译领域的先锋，利用算法替代交易员进行基金交易就是他的发明。他仔细倾听了怀利的讲解，认为基于社交媒体数据分析个性的想法可行，相信其精确度远超人类的判断。但是，作为一名科学家，他需要怀利的进一步验证。

怀利兴致勃勃地找到剑桥大学心理测量中心的科辛斯基和史迪威，提出想合作交流。英国《卫报》报道，他们两人要价50万美元，最终

上篇｜剑桥分析
01 剑桥分析风波始末

导致谈判流产。也有媒体报道，或许是谈话透露了过多的政治动机，最终两人拒绝了怀利的请求。不甘心的怀利并没有放弃，四处辗转寻人，终于认识了剑桥大学的心理学助理教授阿列山大·科根（Aleksandr Kogan）。科根表示，他可以复制科辛斯基、史迪威研究小组的研究方法。

科根是让剑桥分析与英国、美国和俄罗斯三国同时产生关联的关键人物。科根出生于摩尔多瓦，7岁前生活在莫斯科，后随全家移民美国并取得公民身份，拥有美俄双重国籍。他在美国加州大学伯克利分校取得了心理学学士学位，后到香港大学攻读心理学博士，在加拿大多伦多大学获得了博士后奖学金。再后来，他又到剑桥大学担任心理学助理教授，研究领域涉及情感和心理健康，研究方法包括利用大规模数据集，是社交媒体心理测验专家。他在剑桥大学工作期间，同时兼有圣彼得堡大学副教授的职位。科根还曾获得俄罗斯政府的资助，开展一个以分析Facebook用户数据研究社交媒体的压力与心理健康的项目。他到美国之后，刻意隐瞒了这段经历。剑桥分析的心理测量建模方法就是科根从剑桥大学获取的。

有了技术和数据支持，默瑟出资1 500万美元，联合SCL集团，聘请亚历山大·尼克斯担任首席执行官，班农担任副总裁，剑桥分析正式开张。科根为了帮剑桥分析收集和分析数据，还成立了GSR（全球科学研究）公司。很多知名大公司和机构都是剑桥分析的客户，包括万事达卡、纽约扬基队、美国参谋长联席会议等。剑桥分析还将业务拓展到巴西和澳大利亚。

默瑟家族和班农共同将剑桥分析获得的Facebook用户数据运用到

2016年美国总统大选的竞选行动。不过，剑桥分析最早选择的支持对象是泰德·克鲁兹[①]和本·卡森（Ben Carson）。在他们两人退出总统角逐后，老默瑟又为特朗普竞选投入1 350万美元，还为剑桥分析额外提供了1 000万美元作为资助，他在纽约的联系地址就是剑桥分析的办公地址。

班农作为剑桥分析的创始人和副总裁，取了剑桥分析这个公司名称。他在公司的股份估值为100万~500万美元。2016年8月，班农离开布赖特巴特新闻网，担任特朗普竞选团队总干事，为特朗普胜选立下汗马功劳，曾被称为"站在特朗普身后的人""幕后人""特朗普政府主要意识形态推动者"。

2011年，特朗普是通过竞选副经理戴维·博西（David Bossie）认识班农的，之后多次到班农的布赖特巴特新闻网电台接受采访。2016年11月，班农被提名为白宫首席策略师和资深顾问；2017年2月，班农被破格调入美国国家安全委员会。半年后，班农在特朗普"通俄门"曝出期间离开白宫，重掌布赖特巴特新闻网。有评论说，也许是因为功高盖主，或许是为保护特朗普而做的掩护。

而怀利可以说是全程参与了与班农及默瑟家族的谈判，继而创建剑桥分析，并负责产品设计和实现，筹划政治选举宣传。

尼克斯的吹嘘

42岁的亚历山大·尼克斯是"剑桥分析"事件的主角。他是伊顿

---

① 泰德·克鲁兹（Ted Cruz），得克萨斯州参议员，2016年美国总统大选共和党候选人。

公学的毕业生，在曼彻斯特大学取得了艺术史学位。尼克斯在 2003 年加入 SCL 集团之前曾在墨西哥和英国工作，担任金融分析师。2007 年起，他开始负责 SCL 集团的选举部门，自称在全球参与过 200 多场选举活动。尼克斯参与创建的剑桥分析主要支持美国的选举项目。他曾表示，剑桥分析拥有 2.2 亿美国公民的心理概况（美国注册选民总数为 2.3 亿，2016 年总统大选投票选民约 1.3 亿），以数据驱动的心理分析模型、行为分析技术深度参与美国政治选举，仅 2014 年就参与了 44 场美国政治选举。2015 年，他为克鲁兹的竞选活动提供数据分析服务。2016 年，他为特朗普的竞选活动以及英国支持脱欧的运动组织 Leave.EU（离开欧盟）提供服务。2016 年 11 月 9 日，尼克斯在特朗普获胜后随即发表声明："我们很高兴，我们革命性的数据驱动沟通方式在特朗普非凡的胜利中发挥了不可或缺的作用。"

| 无底线操纵 |

　　除了尼克斯，剑桥分析市场总监马克·特恩布尔（Mark Turnbull）和首席数据官亚历克斯·泰勒（Alex Taylor）等都曾对外介绍其工作理念。他们认为，互联网传播能否影响人心，关键在于让民众知道何为希望、何为恐惧。他们的工作就是唤醒人们内心深处被隐藏的情绪。特恩布尔介绍说："只立足于事实打选举战是不明智的，毕竟事实上一切都是情绪化的。"在某个东欧国家的选举过程中，剑桥分析雇用的私人调查组织发挥了很大作用。尼克斯表示："悄无声息地潜入，把工作做完，然后神不知鬼不觉地离开，不能让人觉察到那是一种宣传。"这就是《盗梦空间》的现实版。剑桥分析一旦获得所需信息，就以搜集到的

用户数据绘制用户画像，细化目标群体，向他们"投喂"精心选择的传播内容。

特恩布尔概括其工作表示，搜集情报时都非常谨慎。一些曾在军情五处、六处工作的人都在私营企业工作。"他们会静悄悄地、谨慎地找出调查对象各种不为人所知的秘密，然后给你一份报告。不能让任何人认为这是政治宣传手段，因为一旦你觉得这是政治宣传手段，你立马就会问谁把这件事散播出来的，所以我们的手段必须非常微妙。"

在媒体曝光的暗访录像中，剑桥分析的高管们还表示，公司不仅受雇于特朗普竞选团队，还曾为英国脱欧推波助澜，擅长权色钱交易。在录像中，尼克斯表示他们不只是挖黑料，也会直接去找在任官员，送给他们一份"大礼"，并确保这个过程都被录下来，"有了他们腐败的视频证据，然后把视频传到网上"，这些策略非常有效。他们一般会让与目标人物相熟的人去干这些事，比如让一个有钱的地产商假装想给候选人一大笔钱，说是要资助他的竞选，以换来一片土地，"我们会将整个过程录下来，把我们的人的脸打马赛克，然后将视频传到网上。还可以派一些姑娘去候选人家里"，"可能会带一些乌克兰姑娘一起度假，她们很漂亮、很乖巧"。此外，尼克斯还介绍了其他手段，比如创建一些假的ID（身份信息）和网站，然后以学生名义做一些调研项目。这些都需要动用剑桥分析在不同地区的力量，比如英国和以色列的公司，来运作一些项目。

怀利透露，剑桥分析团队由数据科学家、心理学家、摄影师、摄像师、创意人员和媒体策划专家组成，他们可以确定正确的信息、频率和位置，以推动选民想法和投票倾向的变化。"网站将被创建，博客将被创建，无论我们认为这个目标配置文件是否容易接受，我们都会在互联网上创建内容，以便他们找到……直到他们想到不同的东西。"怀利表示，剑桥分析是"全方位服务的宣传机器"，其活动相当于"严重不道德的实验"，与整个心理学和民主进程相混淆。剑桥分析的策略就是创造一种文化武器来赢得战争。

树倒猢狲散

2014年年末，怀利离开了SCL集团，并签署保密协议。

2016年，怀利曾向Facebook报告剑桥分析滥用数据一事，但Facebook对此反应平淡。随后，他从加拿大飞往伦敦，找到英国《卫报》专栏作家卡萝尔·卡德瓦拉德（Carole Cadwalladr），讲述了这件事情。在内心挣扎的这一年里，他得知剑桥分析有可能与美国国防部合作，SCL集团还赢得了美国国务院的合同。比如，美国国务院于2017年向SCL集团支付近50万美元，以了解宗教极端主义组织伊斯兰国（ISIS）的宣传如何"激励"新成员开展恐怖活动。

怀利认为如此发展下去，事态将越发严重，他宁愿违反保密协议，也要向公众揭露此事。怀利最终走到聚光灯下，提供了一系列文件，曝光了剑桥分析背后的秘密工作。剑桥分析员工的电子邮件显示，一年多以来，剑桥分析为特朗普所做的报告全部围绕"选民个性特征"这个问题展开。怀利提供的文件还包括剑桥分析为俄罗斯卢克石油公司制作的一个文档。在2014年7月17日关于美国总统大选初选的电子邮件中，尼克斯写信给怀利称，剑桥分析被要求向卢克石油公司提供一份文件，向其解释如何以数据分析技术服务石油公司。这也成为特朗普"通俄门"的一个证据。

2018年3月，随着媒体陆续曝光剑桥分析非法获取和使用数据的行为，剑桥分析董事会立刻暂停了尼克斯的工作。5月，母公司SCL集团创始人奈杰尔·奥克斯（Nigel Oakes）确认，剑桥分析及SCL选举公司即刻起停止运营，在英美两国启动破产程序。两家公司在美国的所有办公室陆续关闭，美国员工被要求归还钥匙和电脑。

"剑桥分析"事件余波未平

2018年，剑桥分析已在美国依据美国《破产法》第七章向曼哈顿一家联邦破产法庭提交自愿破产申请。同时，SCL集团旗下另一家美国子公司SCL USA也申请破产。SCL USA注册于2015年1月，办事处位于伦敦Westferry Circus，仅有一名员工，董事兼首席执行官是亚历山大·尼克斯。尼克斯与SCL集团CEO朱利安·惠特兰（Julian Wheatland）还在伦敦注册了两家公司——Firecrest Technologies和Emerdata Limited，前者主要经营英国软件开发业务，后者主要负责数据处理、数据托管等业务，两家公司的注册地址相同，都位于伦敦金融购物区金丝雀码头。除了上述两家公司，尼克斯还是在伦敦共享注册地址的6家SCL集团子公司的董事。

当时，剑桥分析的资产只剩下不到50万美元，负债则高达1 000万美元，包括SCL集团、SCL Analytica、SCL Commercial、SCL Social以及剑桥分析的子公司都在英国启动了破产程序。

剑桥分析及SCL集团虽然已宣告破产，但其数据还在，剑桥分析的始作俑者班农、默瑟家族都还活跃于政治领域，剑桥分析的核心员工也早已洗白上岸。

| 前高管，新公司 |

2016年5月，两名拥有剑桥大学博士学位的数据科学家塔达斯·朱西卡斯和布伦特·克莱卡特创办了Genus AI，这家公司使用人工智能技术整合第三方信息和一手数据，运用特殊算法和分析能力揭示数据隐藏的价值。朱西卡斯和克莱卡特当年和怀利是同事，都是剑桥分析的重要员工，也都是SCL集团选举部门的员工。他们研究了各种算法，构建了剑桥分析数据挖掘技术的基础。

2017年10月，Genus AI通过柏林一家风险投资公司以及一些硅谷创业者融资100万美元。该公司网站显示："我们是一个由数据科学家、工程师和营销专家组成的团队，我们热衷于利用人工智能技术延伸消费触角，拓展沟通渠道。""我们希望增进对世界各地的人的理解并改善互动的方式。"2015年2月至2017年8月，Genus AI聘请美国共和党全国委员会首席数字官杰西·坎采尔（Jesse Kamzel）担任其数据负责人。Genus AI还为一家租车公司开发了一套反欺诈系统，并使用人口数据分析来告知政府部门如何调整反欺诈政策。

除了Genus AI，跟怀利当过一段时间室友的朱西卡斯还创办了另外一家研究公司，并担任一家能源创业公司的顾问，协助其使用人工智能。朱西卡斯还在一家求职招聘分析公司担任顾问。克莱卡特曾与科根及另一名数据科学家一起从事一项调查研究，该研究也被剑桥分析采用。克莱卡特还为科根后来就职的Philometrics调查研究公司服务过，该公司号称使用"在线行为大数据分析"。

Genus AI 的很多员工还在其他数据和心理测量公司就职。朱西卡斯和 Genus AI 技术顾问托比亚·克罗珀（Tobia Kloepper）共同创办了 Whitehat Analytics 公司，这家公司创办了一个叫 Our Values 的网站，专门与老政客互动，该网站是 2017 年由特朗普的两名支持者资助的。克罗珀还在科学数据分析平台 Aigenpulse 担任 CEO。

2017 年 8 月，Emerdata Limited 在英国完成登记。剑桥分析首席数据官亚历克斯·泰勒、SCL 集团 CEO 朱利安·惠特兰都是 Emerdata Limited 的股东。2018 年 3 月，Firecrest Technologies 被收购成为 Emerdata Limited 的子公司。起初，亚历山大·尼克斯被任命为这两家公司的董事，但随后被从董事名单中移除。但是，剑桥分析投资人、特朗普选举活动资助人罗伯特·默瑟的两个女儿丽贝卡·默瑟和詹妮弗·默瑟（Jennifer Mercer）依然是 Emerdata Limited 的董事。

对于这些与剑桥分析有关联的公司，英国资深议员们担心它们或将重蹈覆辙。英国数字、文化、媒体和体育事务特别委员会主席达米安·柯林斯（Damian Collins）不禁感叹："就像古希腊神话里面的九头怪物，斩掉一个头，另一个又冒了出来。对剑桥分析来说并不会有什么变化，只是改下头、换下面而已。"

| 剑桥分析 2.0 上线 |

2018 年 2 月，美国 Cloud Commerce 公司首席执行官安德鲁·范诺伊（Andrew Vannoy）在美国内华达州成立了一家新的政治咨询公司 Data Propria，高管为剑桥分析的前产品负责人马特·欧兹科夫斯基

（Matt Oczkowski）。

Data Propria 提供的服务与剑桥分析类似，包括依据心理学数据分析选民，根据选民态度、喜好和其他心理特征调整投放广告或营销策略。至少有 4 名剑桥分析前员工在 Data Propria 任职，其中就有剑桥分析的前首席数据科学家戴维·威尔金森（David Wilkinson）。威尔金森是英国公民，曾在 2016 年美国总统大选期间协助监督选民数据建模。然而美国《联邦选举法》禁止外国公民指导、控制、直接或间接参与美国竞选活动的决策过程。

Data Propria 专注于特朗普 2020 年的竞选活动，并获得了为共和党提供 2018 年中期选举民调服务的合同，还与 2020 年美国总统选举中特朗普的竞选经理布拉德·帕斯卡尔（Brad Parscale）合作。

帕斯卡尔与 Data Propria 有很大联系，他是 Data Propria 母公司 Cloud Commerce 的股东之一。此前一年，Cloud Commerce 围绕帕斯卡尔的前公司（已更名为 Parscale Digital）进行重组。Cloud Commerce 提交给美国证券交易委员会的文件显示，帕斯卡尔是该公司的董事会成员。2017 年，Cloud Commerce 收购了帕斯卡尔的数字营销公司 Giles-Parscale。

帕斯卡尔曾是得克萨斯州的数字顾问，他与特朗普是老相识，与特朗普家族多名成员关系紧密，比如与特朗普的女婿贾里德·库什纳（Jared Kushner）的关系密切，他们都曾为特朗普的总统竞选效力。帕斯卡尔在数字行业的职业生涯是从一家书店开始的，他上前去拍那些浏览网页者的肩膀，推荐他们浏览自己创建的网站。

2010 年，设计师吉尔·贾尔斯（Jill Giles）在一次西班牙商会活动中遇到帕斯卡尔。2011年，吉尔·贾尔斯和布拉德·帕斯卡尔创立了Giles-Parscale，该公司位于得克萨斯州圣安东尼奥市。随后，帕斯卡尔带领公司进入快速发展的数字空间。

2011年的一天，帕斯卡尔收到特朗普集团的一封电子邮件，邀请他为特朗普旗下的不动产项目开发一个网站设计项目。他一直干到2015年，其间完成许多指定任务，还曾在共和党全国委员会任职。2015年，帕斯卡尔又收到一封电子邮件："唐纳德·特朗普正在考虑竞选总统，我们需要在两天内建设一个竞选网站。"帕斯卡尔回复电子邮件说："好，我要价1 500美元。"特朗普聘请帕斯卡尔和他的Giles-Parscale帮助其竞选。

2014—2016年，Giles-Parscale收入增长4 782.2%，2016年收入超过9 760万美元。美国不少政界人士认为，特朗普战胜共和党对手并在选举中击败希拉里很大程度上要归功于Giles-Parscale的数字和社交媒体策略。

在共和党初选中，帕斯卡尔负责特朗普总统竞选网站以及数字媒体策略和在线筹款活动。2016年6月，帕斯卡尔被任命为特朗普总统竞选的数据团队主管，负责数字媒体和在线筹款的所有方面，以及传统的媒体策略，如播放电视广告。

到竞选活动结束时，Giles-Parscale的收入高达9 400万美元，其中包括特朗普在融资、政治广告和数字媒体服务方面的支出，以及特朗普的竞选网站创建费用。帕斯卡尔表示，他的工作包括数字广告、电视广告、小额筹款、直邮、广告预算等，还能基于社交媒体实验制作发布社交媒体广告，比如选择广告的不同表情、字体、颜色和口号等。

特朗普胜选后，帕斯卡尔曾接受哥伦比亚广播公司知名节目《60分钟》访谈，他在节目中大谈自己如何利用 Facebook 等社交媒体帮助特朗普攻克一个又一个州。他领导一支 100 人的数据团队，每天在 Facebook 上投放数以万计的广告，以确保特朗普每天的社交媒体出镜率，使支持者最大限度地提供支持和在线捐赠。

| 阿拉莫计划 |

阿拉莫计划（Project Alamo）被认为是特朗普胜选的一个重要因素。阿拉莫计划最初附属于 Giles-Parscale 在 2016 年竞选期间创建和使用的选民信息数据库，涉及相关筹款和政治广告工作，能帮助特朗普竞选团队在社交媒体上发布具有强针对性的竞选广告。阿拉莫计划的融资规模和社交媒体广告的成绩不容小觑。

• 筹款

Giles-Parscale 通过 Facebook 筹集资金超过 2.5 亿美元。该公司使用 Facebook 广告平台的定位工具，提供精心制作的广告，征集由人口统计、兴趣和亲和力来确定的特定受众的小额捐款。当支持者进行小额捐赠时，这些人的信息就会被汇总到支持者数据库阿拉莫计划，然后这些数据将被直接用于筹款活动。由此，阿拉莫计划能有效地发现潜在支持者。

选举结束后，帕斯卡尔透露了 Facebook 的筹款运作方式："选民在 Facebook 上看到一则竞选广告并捐出 5 美元后即被记入阿拉莫计划系统，但因为其已通过 Facebook 捐款，在 Facebook 上向其继续筹款缺乏效率，所以我选择使用其他方式——手机、电子邮件等操作，来引导选民进一步捐款。"

• 定位广告

Facebook 的广告工具可以协助广告商锁定不断细化的用户群，它被称为微定向（micro-targeting）。和传统广告一样，微定向正以前所未有的规模和精度出现在政治竞选广告中。随着越来越多的选民与广告互动，Giles-Parscale 能提高其作为消息传递工具和捐赠者发现机制的效率，使筹款广告成本逐步下降。

Facebook 允许微定位到社区（地理位置）。Giles-Parscale 则通过 Facebook 微定位每个社区，在摇摆州关键地区确定了 1 440 万名可说服的选民，并通过 Facebook 和其他社交媒体平台向他们推送政治广告。这些广告旨在刺激特朗普的支持者投票，并抑制民主党选民的投票率。比如，针对关心基础设施的民众，传播特朗普有关加强美国基础设施建设以防美国基础设施崩溃的言论。帕斯卡尔表示，弗吉尼亚州和俄亥俄州难以撼动，于是我们重新分配竞选资源到密歇根州和威斯康星州，决定让特朗普专注于这两个州的选举。这个决定对特朗普获胜极为关键。帕斯卡尔表示："这就是为什么我们赢了。我们只关注我们需要的选民，然后向他们大力宣传。"

Giles-Parscale 还通过 Facebook 的相似相貌受众（Lookalike Audiences，一种受众发现应用模式）功能定位筹款广告，并结合人口统计、用户兴趣和亲和力找到与特朗普支持者具有类似特征的新人。2012 年，Facebook 开始在广告推广领域使用定制受众（Custom Audiences）功能，由此产生"受众发现"这种应用模式。什么是受众发现？如果一个企业广告主已经积累了一定数量的客户，无论客户是否关注该企业或是否与该企业 Facebook 互动，他都能通过 Facebook 广告系统触达。在此之前，广告投放一般是使用兴趣标签区分用户，再给这部分用户发送广告。定制受众功能则使广告主不用选择兴趣标签区分用户，只需要上传一批广告主已有用户或感兴趣用户的情况，包括电子邮箱账号、电话号码或 Facebook ID，以筛选出 Facebook 上符合条件的目标用户，从而将广告投送受众范围从广泛的兴趣类别缩小为精确的用户，提高广告的精准抵达率。

2013 年 3 月 19 日，Facebook 推出定制受众功能的延伸服务——相似相貌受众功能，它基于一种以人找人的理念，根据定制受众功能筛选的受众群体名单，再找出另一批与其相似的受众，这样广告主就可以将广告投送给这些相似用户。简单来说，就是通过相似受众找出潜在新受众。Giles-Parscale 运用相似相貌受众功能时使用的已有选民数据，来自特朗普支持者数据库及共和党全国委员会的多个数据库，该功能通过这些数据库找到相似的潜在选民，然后基于对已有相似选民的了解，有针对性地推送广告。

Giles-Parscale 每天还会以千万计的广告变体进行 A／B 测试，以确保其有效性。共和党全国委员会广告总监加里·科比（Gary Coby）说："每天都有四五万种广告变体，测试不同格式、字幕等小差异。第三次总统辩论，团队测试了 175 000 支变体广告。"帕斯卡尔表示，8 月的一天，他的数据团队向 Facebook 用户投放的广告覆盖了 10 万个不同页面，每个页面都具体针对不同类别的选民。

研究过胜选策略的记者萨莎·伊森伯格（Sasha Issenberg）表示，在理想情况下，竞选团队会调查美国的每一位选民，然后制定策略说服有意向的支持者和摇摆选民为其投票。而在现实世界中，竞选团队肯定达不到如此精准的程度。

• 暗帖

Giles-Parscale 制作和发布的大多数 Facebook 广告都是暗帖，它只针对特定群体，并且由于缺少链接，可以规避对广告商的跟踪或追责。虽然暗帖听起来不光明磊落，但实际上已被广泛用于商业广告，而不仅仅是政治广告。

为了回应美国民众对 Facebook 暗帖的抗议，Facebook 的 CEO 马克·扎克伯格于 2017 年 9 月宣布，未来所有的政治广告都将与广告商关联，所有政治广告都会标注或以横幅显示谁付费。Facebook 还将在特殊页面汇总广告客户购买的每个广告，并保留每个广告客户四年内可查询的广告档案。

剑桥分析还曾与 Facebook、Alphabet（谷歌的母公司）和 Twitter（特推）的代表就特朗普的数字活动进行过"协商和安排"。

帕斯卡尔与剑桥分析相互配合进行微定向，剑桥分析表示这是特朗普获胜的关键。后来，帕斯卡尔否认他获得过剑桥分析的帮助，并认为剑桥分析对心理图谱的使用不起作用，他也否认与俄罗斯有任何联系。2018 年 2 月，特朗普宣布竞选连任，帕斯卡尔被任命为连任竞选经理。

| 前赴后继的效仿者 |

2018 年 4 月，一家名为 CubeYou 的数据公司被曝光，其通过答题测试来收集 Facebook 用户数据，非常类似于剑桥分析。Facebook 立刻暂停了该公司访问其数据的权限。CubeYou 的主要业务是为广告代理商

提供服务,确保广告精准投放给受众。

CubeYou 的数据是通过在 Facebook 上发布"用于非营利研究项目"的心理测试小程序来收集的。该公司网站宣称在全球范围内有超过 4 500 万用户。它使用剑桥大学心理测量中心的理论和模型,通过分析 Facebook 用户信息对用户进行画像,包括姓名、年龄、职业、受教育程度、家庭信息、邮件地址、电话号码等。CubeYou 也收集 Facebook 用户的点赞、关注、分享、发帖、评论等信息。

数据选举的未来

2012 年奥巴马的数据团队助其连任胜选,证明了数据分析的重要性,之后的候选人都把大量竞选资源投入追踪选民、改进数据技术领域,竞选变得越来越精准化。

2012 年之前的政治选举,基本竞选策略是无穷无尽的广告轰炸,但广告的真实效果无法评估。后来,人们开始利用选民资料搭建数据库,包括投票登记地、投票历史和个人信息等。特朗普的数据团队拥有的选民邮箱列表比希拉里多 9%。凭借数据优势,特朗普的竞选团队可以更好地了解选民的想法,更准确地展开宣传,更有效地使用资金。当他的竞选团队挨家挨户敲门拉票时,很清楚是在敲谁的门,知道开门的人是不是潜在支持者。

今天,竞选团队成员就像科学家一样,提出一些假设,然后验证,悉数评估选民,再根据数据评估报告追踪锁定他们。如果利用数据分析制定更优选举策略,就能使得票率提升 2~5 个百分点,这足以帮助候选人在实力接近的选战中胜出。这种竞选策略也可能是受到了 2011

年好莱坞电影《点球成金》的影响,这部电影讲述了一位棒球队经理如何将数据分析引入球员选秀,依靠数据分析结果签下合适的球员。这个做法已被应用到政治选举领域,一系列新奇的数据分析方法能帮助候选人更好地观察选民,与选民深度互动,从而影响甚至操纵他们。

"特朗普2020" App

在2020年的美国总统大选中,两位候选人特朗普和拜登又在故伎重演,竞相利用竞选App大规模收集选民数据来助选。大部分参与竞选活动的美国民众,包括组织者、志愿者和支持者,都下载了竞选应用"投票给乔"App或"特朗普2020"App。值得注意的是,民众在注册时需要将电话号码提供给App以订阅竞选信息。例如,"投票给乔"App要求用户授权访问其联系人列表,以便向潜在选民精准推送竞选广告;"特朗普2020"App要求用户授权访问其GPS(全球定位系统)和蓝牙数据,以便针对选民所在地推送个性化广告。支持者可通过App自愿捐款或表示支持,并通过发送信息动员更多人。

得克萨斯大学媒体互动中心宣传研究项目组的塞缪尔·伍利(Samuel Woolley)和同事分析了这两款App,并在《麻省理工科技评论》上发表研究结果。总的来看,"投票给乔"App是一个组织工具,用户可以给朋友发短信支持拜登,并从活动中获得更新的信息,"分享竞选动态、提问、分享关于竞选的想法、支持竞选活动"。"特朗普2020"App可以让用户参与特朗普的竞选活动,用户可注册成为志愿者,获得竞选活动门票。这两款App还可以直播竞选集会,为用户提供经过挑选的推文和文章。研究人员发现,两款App的关键区别在于,特朗普的 App 比拜登的 App 拥有更长的请求许可列表，它要求读取用户的联系人，并读取用户精确的位置（基于 GPS 和网络位置）信息，要求读取用户的手机状态和身份，还要求读取、写入或删除设备的 SD 存储卡。

美国媒体曾曝光，特朗普竞选团队收集和标记了 2 亿人的详细信息，并根据标记向不同人群精准投放虚假广告和诱导型宣传广告。无论是民主党还是共和党，为了收集民众数据可谓竭尽所能。民主党的秘诀是获取"关系"：让支持者联系朋友和家人，动员他们参与投票。这也是"投票给乔"App 要求用户授权访问其联系人列表的原因。一旦获得访问用户联系人列表的许可，App 会将用户的联系人与全美选民档案进行匹配，并通过政治背景、投票历史以及他们是否在同一个投票州筛选用户的朋友和家人，以帮助竞选志愿者知晓最该把精力用在何处。这曾是奥巴马竞选团队在 2008 年和 2012 年实施的策略，该策略为奥巴马胜选和连任立下汗马功劳。

"特朗普 2020"App 则充分体现了共和党收集用户数据的策略。例如，蓝牙被越来越多地用于基于特定位置的广告定位。一种称作蓝牙信标的科技可以被放置在某个地方，用来定向路过的人。在教堂附近，竞选团队可以用蓝牙信标向集会人群投放政治广告。蓝牙信标不仅可以用来锁定路过的人，还可以用来建立个人档案，然后出售给第三方。共和党就曾在草坪上设置蓝牙信标，跟踪经过的路人。据美国国家公共广播电台报道，共和党还曾在教堂周围设立电子地理围栏，以识别未登记参加天主教弥撒的人。特朗普的竞选经理布拉德·帕斯卡尔透露，团队曾在特朗普的集会上大量收集选民数据，"特朗普 2020"App 会要求与蓝牙设备（如地理定位信标）配对。2020年9月，《纽约客》经调查披露，开发"特朗普2020"App的大数据公司Phunware就像"剑桥分析2.0"，而且Phunware的部分高管就来自剑桥分析。这款App以红色和蓝紫色为主色调，设有很多栏，包括Home（主页）、Events（活动）、Engage（参与）、Profile（档案）以及More（更多），用于发布信息、动员选民、招募志愿者以及捐款等竞选活动的关键环节。用户可以在App上查看社交媒体帖子、新闻、总统竞选活动日程、视频……该App还特别嵌入了Phunware的位置追踪功能。

Phunware是何方神圣，为何能够媲美剑桥分析？它是一家成立于2009年、总部位于得克萨斯州首府奥斯汀的广告代理和软件公司，以强大的位置跟踪能力而知名，客户包括美国电话电报公司（AT&T）、休斯敦机场以及知名占星师。它的主打服务为"多屏即服务"（Multiscreen as a Service）平台，已获取了10亿台移动设备ID，并每月通过这些移动设备收集用户数据，而不必购买用户数据。

与剑桥分析相比，Phunware有很大不同，因为它拥有自己的广告SaaS（软件即服务）平台，能通过各个网络平台分发广告。除了通过安装了Phunware代码应用程序的手机和平板电脑收集数据，其还将数据收集置于广告竞标过程。竞标某个广告业务时，它会被允许将其广告程序代码嵌入Pandora类应用程序。即使Phunware没有赢得竞标项目，它也已经获取每部安装了Pandora类应用程序的手机和平板电脑的ID。通过收集和存储用户数据，Phunware可以对这些设备上的每个应用程序，以及用户为使用应用程序而共享的所有注册数据进行全面收集整理。这些经过整理的信息可以形成丰富的人口统计数据。如果某项竞选活动需要寻找对枪支感兴趣的年轻人,它就会去寻找谁下载了《使命召唤》等游戏。然后,它会使用与移动设备 ID 相关联的位置数据,将数据匹配并关联个人。一旦竞选活动方知道这个人是谁、住在哪里,就不难对其施加影响,有针对性地定制广告和推送消息。美国联邦通信委员会前主席汤姆·惠勒(Tom Wheeler)表示:"这些都是类似剑桥分析的技术,它拥有从多个来源收集数据的能力,而大多数消费者甚至对此都一无所知。"路易斯安那州共和党参议员比尔·卡西迪(Bill Cassidy)等议员致信联邦贸易委员会主席,要求调查如此利用竞标信息是否构成不公平和欺骗。他们写道:"很少有美国人意识到公司正在窃取并共享'竞标'数据来汇集有关他们的详尽档案,然后将其出售给对冲基金、政治运动,甚至在没有法院命令的情况下出售给政府。"

Phunware 能够帮助客户(广告主)对其全球移动应用的用户进行画像及实时影响。客户(广告主)则通过 Phunware 提供的可反映目标受众特征和习惯的数据推送广告信息,将潜在购买者变为消费者。德勤曾将 Phunware 评为 2016 年发展最快的 500 家科技公司之一。2017 年,Phunware 进入选举领域,该公司网站宣称以移动广告定位目标对选民动员来说具有巨大的价值。一年后,Phunware 利用位置跟踪功能为一家医疗保健公司发起一次游说活动,旨在影响佐治亚州的立法者。它在州长官邸周围设置一道电子地理围栏,记录进出建筑物的每台移动设备的 ID,然后利用 ID 向这些电话号码发送有关其立法目标的定向消息。通过这种定向影响,医疗保健公司想要的立法最终通过了。有了这一次成功,Phunware 具备了利用电子地理围栏监控投票场所的能力,可以用于监控民众的言论,掌握其身份、兴趣等信息,向他们发送定向竞选广告。这种发送针对性广告的方式正在使竞选活动秘密越界。

2020 年 5 月，Phunware 的执行总裁艾伦·尼特威斯基（Alan Knitowski）宣布已与美国制造媒体咨询公司（AMMC）建立了战略合作，肩负着为美国总统和副总统开发、启动、持续管理和发展"特朗普—彭斯 2020 年连任竞选"移动应用程序产品组合的任务。应用程序可以帮助用户虚拟参加重要竞选活动，志愿者有机会实时参与集会、筹款和辩论活动。应用程序还包括以下核心功能[①]：

- 提供文章、视频以及特朗普的社交信息、推文和公告的最新动态和新闻源；
- 注册和学习工具，学习如何做志愿者、如何筹集资金、如何帮助竞选连任；
- 发现和记录本地、州和国家级竞选事件的计划安排；
- 游戏化的忠诚度系统，积累奖励积分，包括兑换独家商品和升级体验的功能；
- 实时直播活动，实现虚拟参与；
- 提供现场活动的移动票务。

AMMC 是特朗普竞选团队在 2018 年创办的一家空壳公司。它曾发表声明表示，AMMC 是一家竞选活动供应商，负责安排和执行与媒体

[①] https://www.proactiveinvestors.com/companies/news/920537/phunware-forms-strategic-relationship-with-consulting-firm-working-on-president-trumps-re-election-campaign-920537.html

相关的采购业务。由此,外界很难追踪到谁在为特朗普的媒体服务买单、费用数额等情况。Phunware 也从未在美国联邦选举委员会的报告中出现,但 Phunware 提供给美国证券交易委员会的文件显示,自 2019 年以来,AMMC 已向其支付约 400 万美元。

AMMC 选择 Phunware 来研发后来被命名为"特朗普 2020"的 App 并非寻常之举。此前,Phunware 并没有很多研发 App 的经验。此外,Phunware 仍深陷一项与 Uber(优步)的诉讼,它假装将 Uber 广告投放在 CNN(美国有线电视新闻网)等网站上,但实际上是出现在一些色情网站上。AMMC 选择与 Phunware 合作,是"醉翁之意不在酒",其真正目的是 Phunware 掌握的用户数据。"特朗普 2020" App 需要用户在注册时提供电话号码、全名、电子邮件和邮政编码,而且用户会立即被要求分享他们的位置信息。

"特朗普 2020" App 对用户提出明确的隐私政策:"系统可能会要求您提供某些信息,包括您的姓名、用户名、密码、电子邮件、出生日期、性别、地址、就业信息,以及其他描述性信息……(应用程序的)服务可能包括依赖于使用存储在移动设备上或通过移动设备提供的信息的功能……我们保留存储通过服务与您联系的人的任何信息的权利……我们保留出于任何合法目的使用、共享、交换或向第三方披露您的任何信息的权利。"竞选活动为何要求用户分享他们的联系人?因为当用户共享他们的联系人以赚取积分时,应用程序实际上会向用户的联系人发送消息,要求他们下载该应用程序。因此,应用程序不仅可以获取用户的朋友和家人的数据,还可以打着用户的旗号与他们联系。如果"特朗普 2020" App 的用户愿意共享通信录,那么只需要 140 万用户下载，应用程序就能获取 1 亿人的电话号码。这与剑桥分析收集近 9 000 万毫无戒心的 Facebook 用户的数据没有什么不同。"政治上最重要的事情是手机号码，"帕斯卡尔说，"当我们收集手机号码时，它实际上可以让我们在数据库中识别它们，手机号码使用者是谁、其投票历史，以及其他一切。"

"特朗普 2020" App 的隐私政策还表示，该活动将收集从 GPS 和其他位置服务收集的信息，并跟踪用户移动通信时的情况。用户还需要同意授予广告功能访问手机蓝牙连接、日历、存储设备和麦克风的权限，并允许其读取存储卡中的内容，修改或删除存储卡中的内容，查看手机的状态和身份，查看无线网络连接，防止手机进入睡眠状态。这些权限使"特朗普 2020" App 得以获取用户的详细信息，监听用户的生活，并随时随地关注用户。由此，"特朗普 2020" App 也被称为"非凡的选民监视工具"。

需要指出的是，"特朗普 2020" App 进行数据挖掘的一个主要组件是追踪用户位置，Phunware 先前已为医院和购物中心提供了该服务。访客可以将手机的蓝牙与建筑物设置的信标配对。最初，"特朗普 2020" App 围绕大型集会来收集用户的地理坐标信息。然而，Phunware 的一位前雇员称，即便用户没有打开"特朗普 2020" App，它也会悄然运行，搜集比地理信息坐标更多的信息。它可以搜集任何形式的注册数据，知晓手机上有多少个应用程序、有什么类型的应用程序、用户最近删除了哪些应用程序、在一个应用程序上花费多少时间，以及在各个特定位置的停留时间，并由此非常精准地描绘出用户及其移动设备与外界的关系。

Phunware 的一位前合作伙伴表示，可以想象，针对特朗普的竞选对手拜登，Phunware 的各个数据系统会自动筛选可能支持拜登的人，然后在这些用户打开手机时，通过各个网络平台向他们推送有关拜登的坏消息，诸如"拜登领导的美国意味着我们将在街上发动战争"。即便这可能是假消息，但经过不断地"信息轰炸"，某一部分选民的政治倾向还是会在"假消息"的影响下发生逆转。这个转变过程是潜移默化的，几乎不可能被察觉。这才是 AMMC 真正要购买的 Phunware 服务。例如，"特朗普 2020" App 的一个功能是实时新闻广播，它由竞选团队精心策划，还有针对特定人口群体的信息渠道，包括妇女、黑人和拉美裔。民主党数字策略师斯蒂芬·史密斯（Stefan Smith）认为，"特朗普 2020" App 创建了一个"围墙花园"或者说"数字捕鼠器"。塞缪尔·伍利表示："不同于拜登的 App，该应用程序旨在根据用户提供的数据展开特定用途的意识控制，应用程序会尽可能多地收集信息，并且对这些数据的特定用途不做任何保证。"也就是说，Phunware 的"特朗普 2020" App 就像一个游戏化的拓展工具、新闻聚合器、媒体创建器和虚拟活动平台，它能最大限度地收集用户数据，俨然一台强大的数据收割机，一个"数字陷阱"。

为了吸引用户下载，"特朗普 2020" App 采用了与剑桥分析如出一辙的手法——游戏激励的积分制。用户获取积分的方式很简单，比如，下载并完成注册可以获得 100 分，共享手机通信录的联系人可以获得积分，邀请好友下载注册可以获得积分。达到一定积分就可以获得 25 美元的购物优惠券（向特朗普捐款，1 美元相当于 10 分，此项积分最高为 2 500 分，而在 App 关联的特朗普商店，特朗普帽子的基础款是 25

美元），如果按照App的积分制累积10万积分，甚至可以与特朗普合影留念。用户还可以进一步帮助特朗普实现连任梦想，比如参与敲门拉票活动。可以说，"特朗普2020"App提供的是一站式体验，聚合多种功能，便于用户参与竞选活动。竞选经理帕斯卡尔通过Facebook敦促他的粉丝"下载具有开创性的'特朗普2020'App吧——不像你见过的其他差劲儿的政治应用"。据统计，"特朗普2020"App上线后，经常位列苹果商店排行榜前10名，有时甚至高于CNN、《纽约时报》、路透社等新闻机构App的下载排名。[①] 截至2020年10月，"特朗普2020"App的下载量是"投票给乔"App的15倍。

Phunware的数据秘密收集活动不限于"特朗普2020"App，它还创建了一个"数据交换"模块，可以让竞选团队在几分钟内，根据地理、兴趣、意图和人口统计细分信息来开展内容分发和竞选动员。这些交换的数据来自美国数亿台移动设备的高质量GPS位置数据点。它还开发了知识图谱，可以从数据中识别消费者的行动偏好、特征和预期行为，就像Facebook的社交图谱（被描述为"每个人的全球映射以及他们之间的关系"），能够快速地对大型数据集进行分类，发现原本隐藏的联系和关系。

| 10亿美元操纵战 |

2020年2月20日，美国记者和作家麦凯·科平斯（McKay Coppins）在《大西洋月刊》（*The Atlantic*）发表深度报道，揭露一场旨在连任的

---

① https://www.foxbusiness.com/technology/trump-2020-app-sees-huge-spike-in-downloads

10亿美元信息操纵战。特朗普竞选团队在信息战中突出两大方面——微目标定位和赢得话语权。微目标定位主要是依托Facebook、谷歌的投放广告，以及点对点短信平台来重塑特朗普的形象并打击竞争对手；赢得话语权则强调摧毁主流媒体以及开辟地方媒体，大力宣传共和党。①

2019年秋，科平斯注册了新的Facebook账户，然后在特朗普连任竞选官方页面点赞，Facebook的算法会引导他关注福克斯商业频道等，以及"我们信任特朗普"等粉丝页面。同时，他加入了几个"让美国再次伟大"铁杆粉丝的Facebook私人群组。当时，总统连任竞选正处于耗资巨大的广告攻势之中，旨在消除美国人对当时启动弹劾程序的反感。成千上万具有目标性的微目标定向广告涌入网络，把特朗普描绘为打击外国腐败的英勇改革者，把民主党描绘为正在策划政变的小人。这种叙事与现实完全不符，但其大范围传播。接下来几周，虽然科平斯观看弹劾听证会电视直播时，听到的都是对总统行径的不满和愤慨言辞，但是Facebook上那些经过精心编辑的视频（由特朗普竞选团队提供）多是呼吁特朗普免责的言辞。当科平斯刷手机时，满屏都是支持特朗普的宣传信息："没错，告密者自己的律师说'政变开始了……'""这些激进的极端主义者所能理解的唯一信息是带有毁灭性的……""只有一个人能阻止这场混乱……"

特朗普竞选团队计划花费超过10亿美元——其中大部分由党派媒体、外部政治团体和自由职业者组成的庞大联盟出资——发动最广泛的

---

① https://www.theatlantic.com/magazine/archive/2020/03/the-2020-disinformation-war/605530

虚假信息战。信息战的大本营位于弗吉尼亚州罗斯林一座现代化办公大楼里，大楼位于14层的玻璃墙会议室可俯瞰波托马克河。与2016年竞选时不同，特朗普在2020年大选中拥有雄厚的资金和先进的技术，并配有数十名经验丰富的工作人员。竞选经理兼数据总监帕斯卡尔曾在特朗普入主白宫的过程中起到关键作用，他的工作将继续影响2020年大选。2018年，帕斯卡尔被正式任命领导特朗普连任的数据团队。

帕斯卡尔的数据团队会制造一台庞大的虚假信息架构机器，核心部件是竞选活动的微目标定位，即将选民分为不同群体，然后用量身定做的信息吸引受众。这种方法的优点显而易见，如一条呼吁取消资助"计划生育"项目的广告，可能会得到褒贬不一的回应，但它可以通过Facebook直接投放给艾奥瓦州迪比克市的800名罗马天主教妇女，并得到更为积极的反响。如果候选人大声喊出竞选承诺，微目标就可让数据团队悄悄接近选民，向他们推送一系列个性化信息。微目标的做法并非首创。奥巴马的竞选团队在2012年就使用过，希拉里·克林顿也使用过，但2016年特朗普的使用规模是前所未有的。

剑桥分析丑闻曝光后，Facebook因对用户数据保护不当以及散播虚假新闻而饱受批评。马克·扎克伯格承诺要做得更好，并推出一系列改革措施。但是2019年秋，他却将改革成果拱手让给了政客，因为他表示："候选人将被允许继续在Facebook上发布虚假广告。"扎克伯格表示，Facebook因为政治广告已经受到太多审查，所以不应为政治言论的仲裁负责，相反，记者和监管机构应担起责任，向撒谎的候选人刨根问底。为了支持自己的言行，扎克伯格强调了Facebook新发布的"图书馆"功能，即将发布的每个政治广告存档，公众可以随时访问，以显示广告的透明度。不过，如果仔细研究特朗普连任的广告档案，人们就会发现这种透明度的局限性。在既定主题之下，特朗普竞选团队不止投放一个广告，广告内容会根据语言、音乐甚至是"捐款"按钮的不同进行数百次变换。在众议院开始弹劾的10周内，竞选团队投放了约1.4万个包含"弹劾"一词的不同广告，记者和监管机构要想对其进行筛选过滤是不可能的。

在2020年大选中，两党都依靠微目标广告，但特朗普的优势更加明显。共和党全国委员会和特朗普竞选团队收集了每个选民的3 000个数据点。多年来，他们利用各种方法收集能够获取的信息，不仅包括选民的性别和地理位置，还包括其是否拥有枪支或观看高尔夫频道。一旦掌握这些信息，就可以定制相应广告来争取尚未拿定主意的选民，也可以用于筹款、动员和激发选民信心。

除了Facebook广告，特朗普竞选团队还投资了一个短信平台，该平台可在未经选民允许的情况下将匿名信息直接发送到选民手机上。特别是随着特朗普高级顾问加里·科比研发的点对点短信应用的出现，一名志愿者每小时可以发送数百条短信，而一条短信单击一次"发送"就可完美绕过联邦法规。因为美国联邦选举委员会在2002年裁决限制短信字数，所以在限制字数以内的匿名短信无法被追踪和曝光。因此，两党竞选团队都尽可能多地收集手机号码，帕斯卡尔表示，短信将是特朗普连任战略的核心。短信接触选民的能力很强大：自动电话可能连至语音信箱，电子邮件可能会锁在垃圾邮件文件夹，而点对点短信至少有90%是能被阅读的。特朗普竞选团队的短信平台一直致力于筹款，并取得了不错的成效（短信内容如"他们什么都没有""弹劾结束了""现在让我们粉碎他们的月底目标"）。然而，其他政客也可能滥用点对点短信技术，因为利用短信进行一场无法追踪的政治诽谤很容易。2018年，田纳西州共和党州长初选的预投开始后，选民们陆续收到攻击两位候选人保守派资历的短信。短信内容就像朋友间对话，不附带签名，若尝试回拨则会听到忙音。当地媒体曝光了这场诽谤运动，但是短信源头未被找到。

2019年的一天，《商业内幕》的记者约翰·霍尔蒂万格（John Haltiwanger）经历了糟糕的一天，只因他在Twitter上发了一些惹恼小唐纳德·特朗普的内容，导致小特朗普的盟友们炮制了一篇破坏该记者声誉的热门文章。布赖特巴特新闻网发出一篇文章，内容是基于霍尔蒂万格在《商业内幕》工作之前的一系列Instagram[①]帖子，记录了霍尔蒂万格"对特朗普强烈仇恨的历史"，包括他嘲笑总统和对自由抗议者的声援。第二天，小特朗普在Twitter上向300万粉丝转发这篇文章，并谴责霍尔蒂万格是"愤怒的自由派"。于是，大量辱骂性信息和要求解雇这名记者的呼声蜂拥而至。霍尔蒂万格的雇主发表声明，承认其在Instagram上发表的帖子"不太合适"。

布赖特巴特新闻网只是特朗普竞选团队协调行动的一部分，目的是曝光那些对特朗普进行批评性报道的记者的尴尬信息。特朗普竞选团队已收集数百名政治记者的社交媒体账号，并将他们多年来所发帖子整理成档案。当一个特定新闻报道被认为对特朗普有失公允，或在政治上对特朗普造成损害时，小特朗普便会在手机对话中进行着重标记。一旦

[①] Instagram（照片墙）是一款移动端的图片分享社交应用软件。——编者注

一篇报道被标记为"攻击",就会有人在档案中搜索该报道记者的资料。一旦发现该记者的污点,它就会变成布赖特巴特新闻网的头版头条。这些档案已经扩大到至少2 000人,不仅包括记者,还包括知名学者、政治家、名人以及特朗普的潜在对手。过去一年,他们已经盯上了CNN、《华盛顿邮报》和《纽约时报》的记者。他们曝光过一名记者在读大学时曾使用fag(对男同性恋者的侮辱性称呼)一词,还有一名记者在多年前发布过反犹太和种族主义的玩笑。随着竞选活动日益激烈,团队计划开展更多针对反对声音的反击活动。

与此同时,帕斯卡尔计划开辟一条新战线,即地方新闻,目的是训练"大批代理人",以削弱地方电视台和报纸的负面报道。因为民调显示,美国民众对地方新闻的信任超过对国家媒体的信任。帕斯卡尔表示:"不仅要在福克斯新闻、CNN和MSNBC(微软全国广播公司节目)上战斗,还要与当地报纸进行斗争。"过去几年,数百个名字听起来平常无奇的网站涌现,例如"亚利桑那观察""卡拉马祖时报"。这些网站乍一看就像普通地方新闻网站,报道涵盖当地社区公告以及学校报告,但仔细研究就会发现这些报道无作者署名,网站也无办公地址,它们中的很多属于共和党游说团体的特定机构,一些则属于一家叫作"当地实验室"的神秘机构。候选人想要制造对手的负面新闻,可以花钱让他们想要的新闻标题出现在虚假地方新闻网站上。候选人通过与第三方公司合作,而不是直接向虚假地方新闻网站付费,可以在向联邦选举委员会申报开支时掩盖不当行径。比如,2020年11月,肯塔基州州长选举投票结束后不久,一位名为@Overlordkraken1的匿名Twitter用户向粉丝宣布,他在路易斯维尔"撕碎了一箱共和党的选票"。这种说法荒谬至极，完全不具备真实性，甚至连路易斯维尔的名字都拼错了。当时网上很快出现激烈争论，时任州长马特·贝文（Matt Bevin）在总票数上开始落后，一群 Twitter 机器人进而散播他操纵选举的言论。虽然最初的帖子被删除，但是此后成千上万的 Twitter 账号疯狂转发，活跃的右翼网络分子也加入了。当竞争对手赢得州长选举后，贝文拒绝让步，但最终无果。

得克萨斯州国会议员贝托·奥洛克（Beto O'rourke）的竞选团队数据总监罗布·弗莱赫蒂（Rob Flaherty）表示，2020 年的 Twitter 会是一个"镜厅"。曾有一个神秘账号发布谣言称，2019 年夏在得克萨斯州敖德萨杀死 7 人的枪手的汽车保险杠上有一张"支持贝托"的贴纸；另一个人假扮成贝托的支持者，对一名记者进行种族主义谩骂。这些策略与 2016 年大选如出一辙。人们压根不知道谁是幕后黑手，还没来得及采取逆转不利局面的行动，奥洛克就遗憾地退出了竞选。此后，弗莱赫蒂加入拜登的竞选团队，也不得不应对类似的事实歪曲。2019 年，一个类似拜登官方竞选页面的网站出现，其突出可能会对拜登民主党初选产生不利的一系列因素，如反对同性婚姻、支持伊拉克战争，以及他与女性的不雅视频。该网站很快就成为与拜登相关的热门网站之一，而它正是由特朗普的咨询团队设计的。

两党如此攻讦的情况频现。在 2017 年亚拉巴马州的特别选举中，乐于尝试数字化伎俩而臭名昭著的德米特里·梅赫霍恩（Dmitri Mehlhorn）资助了至少两起针对共和党参议员候选人罗伊·摩尔（Roy Moore）的攻击行动。其中一起是让一系列虚假的俄罗斯 Twitter 账号关注该候选人，让摩尔看起来背后有俄罗斯支持；另一起是通过一场名为

"亚拉巴马戒酒"的虚假社交媒体运动,将摩尔与禁止饮酒的浸信会教徒相连。2019 年秋,民主党一位年轻且精通技术的战略家塔拉·麦高恩(Tara McGowan)和奥巴马的前顾问戴维·普劳夫(David Plouffe)成立了一个政治行动委员会,承诺投入 7 500 万美元在网上攻击特朗普。麦高恩的反攻计划除了广告,还有更多创意和争议并存的措施。例如,成立由一群作家组成的媒体组织,专门制作"左倾"的"家乡新闻"故事,这些故事可以微目标定向于一些可被说服的选民,并且不会显露任何幕后操纵迹象。这种情况在其他国家也不时出现。

与 2016 年相比,特朗普拥有总统权力。历届总统都会想方设法利用在任优势赢得连任,特朗普的意愿似乎更强烈。他在上任后抛出一系列谎言、大话,编造了乌克兰丑闻。在 2018 年中期选举的准备阶段,他抓住一则移民大篷车从中美洲前往美国的报道,声称南部边境正面临国家安全危机。同时,他向民众警告即将到来的"入侵",并在没有证据的情况下指控该移民大篷车被帮派成员渗透。为此,帕斯卡尔制作了一个 30 秒的广告,内容充斥着诸多拉美裔移民的画面,并穿插一名被判有罪的警察杀手的片段,广告最后以一个呼吁式标题结尾:"杜绝移民大篷车,将票投给共和党。"在第一轮出口民调公布后,网上出现了一段来源神秘的视频,记录了非法移民在投票箱前进行投票。随后,特朗普便开始转发有关选票造假的信息,建议派海关执法人员前往投票站。于是,特朗普借此可对全美大部分地区的投票情况了然于胸。

由于技术滥用和监管缺失,政治操纵愈演愈烈,美国大选或许可以给人更多警示。

02

剑桥分析操纵模式

2016年9月，美国总统大选投票日前一个月，在纽约凯悦酒店的深蓝大厅举行的康科迪亚峰会（Concordia Summit，被称为世界经济峰会迷你版）上，亚历山大·尼克斯发表名为"大数据和心理图表在选举过程中的力量"的演讲，此时他已是特朗普的数据服务供应商。

在演讲中，尼克斯展示了泰德·克鲁兹在艾奥瓦州赢得大量选票的案例。在他展示的地图上有密密麻麻的红点和蓝点，尼克斯不断缩小数据条件范围：去掉"共和党"条件，蓝点就会消失；去掉"仍未被说服"条件，更多的点消失……最后，只显示一个选民的名字，包括这个选民的年龄、住址、兴趣、个性和政治倾向等。

2016年6月，距美国总统大选投票日还有5个月。剑桥分析和另一家数字营销公司Giles-Parscale被招募到特朗普竞选团队麾下。剑桥分析以选民为目标，分析选民的性格喜好和政治倾向，帮助Giles-Parscale精准投放广告，影响选民的投票决定。

不过，当特朗普宣布招募剑桥分析加入竞选团队时，不少人嗤之以鼻。特朗普的竞争对手希拉里当时主要依赖总统奥巴马的社交媒体数字遗产，她拥有民主党支持者的详细数据，与蓝色实验室[①]合作，并获得谷歌和梦工厂的支持。

实际上，人们并不知道剑桥分析两年前就参与了美国竞选活动，担任泰德·克鲁兹和本·卡森的顾问。2015年12月，克鲁兹团队将其成功归于数据和分析的心理学应用。2016年5月，克鲁兹退出竞选前，剑桥分析帮助他识别了艾奥瓦州的选民，克鲁兹随即在该州选

---

① 蓝色实验室（BlueLabs）是创办于2013年的数据分析和技术公司，公司位于华盛顿，创始人包括奥巴马数据团队高级成员。

举中获胜。与之相反，特朗普的数据团队只有帕斯卡尔一人，帕斯卡尔以1 500美元的价格为特朗普搭建了一个竞选网站。然而70来岁的特朗普当时并不热衷数字科技，办公桌上甚至没有电脑，也不会发电子邮件。在助理不断劝说之下，他才买了一部智能手机，由此开启"Twitter总统"之路。

在康科迪亚峰会上，尼克斯详细介绍了剑桥分析进行政治调查和分析的方式：将搜集来的大量个人信息通过大数据技术进行归纳，然后基于心理测量学中著名的大五人格（OCEAN）模型为成千上万选民构建大五人格特征，再将人格特征与住址、收入、职业等数据相结合分析。由此，选民数据就变成了一个个有血有肉、有性格的真人选民，选民的兴趣爱好等充分暴露。尼克斯表示："我们的逻辑是，想要改变政治就要改变文化，而要改变文化就必须理解人们的文化是什么，必须理解人们的想法。你可以改变人们的想法，进而影响文化，最终改变政治。"

归纳总结剑桥分析的手段方法，主要步骤是：

第一步，通过心理测试App获得用户授权。

第二步，搜集授权用户及其好友的个人数据，包括点赞数据等，并购买线下选民数据库，构建核心数据资源。

第三步，从用户点赞等网络行为入手，分析用户的性格特征，实现对用户个人兴趣爱好，特别是政治倾向等的精准画像。

第四步，根据用户的人格特征和政治倾向，采用智能算法，按照一定意图和方向开展定向宣传和精准推送，以影响和干预用户的思想观点和判断选择，导控选举的舆论走向，甚至改变选举事件乃至国家政治走向，以获得最大的政治和商业利益。

以往这些技术也都曾被单独使用，但是如今集合起来使用，就黑化为一台无比强大的操纵机器，成为全球许多国家选举结果的决定性因素之一。美国依隆大学助理教授兼数据科学家乔纳森·奥尔布赖特（Jonathan Albright）说："这简直就是一台强大的宣传机器，它一个一个地拉拢公众，使他们拥护某个立场。如此的社会工程，我还是头一次见。他们用情绪作为缰绳，套住人们，然后就再也不松手了……""若你在Facebook上给某类帖子点个赞或访问类似网页，你就被盯上了。像剑桥分析这样通过数据挖掘进行政治运作的公司，可以精准定向个人，在网上'贴身'跟踪你，向你发送高度定制化的政治宣传信息。"

虽然希拉里等民主党人也会做类似事情，但他们没有剑桥分析的人格模型和海量Facebook用户数据的支撑。一般来说，基于人口统计学的选拉票活动只是基于非常有限的数据信息。比如，所有女性会因她们的性别而收到同样的信息，所有非裔会因他们的种族而收到同样的信息。希拉里的竞选活动更多地依赖人口统计学信息，而剑桥分析采用的是心理测量学分析，精准地为用户画像，从"人以群分，物以类聚"的分众传播升级到"千人千面"的分人传播。他们能将美国民众分为32类性格特征，并集中关注17个州，特朗普竞选团队的每位游说者可以精准了解每栋房子住户的性格、喜好，对每位选民会不会投票、可能投票给谁都了如指掌。

有学者把剑桥分析的这种操纵模式称为"社交媒体操纵",也称"社交媒体宣传操纵",即在社交媒体上通过自动化程序或机器人进行蓄意宣传和虚假消息宣传,进而达到改变用户政治认知和政治态度的目的。[①] 社交媒体操纵是"试图操纵公众观点,要么有意散布假消息,要么攻击那些支持反对党的言论"[②],并且通过技术手段大规模提升信息内容的传播效果。苹果首席执行官蒂姆·库克曾在接受美国全国广播公司夜间新闻采访时,针对社交媒体和广告公司卷入俄罗斯干涉2016年美国总统大选一事表示,问题不在于针对群体和个人的广告,而是社交媒体作为不实信息和舆论操纵工具的整体性质。

搜集选民个人数据

选民的实时数据是剑桥分析操纵模式的基础,包括选民在Facebook上的行为、消费模式及相互关系。为了获取选民数据,剑桥分析以未经用户授权的方式大规模搜集选民社交行为数据,为特朗普提供选民数据挖掘与定向营销服务。

| GSR 公司 |

剑桥分析主要通过剑桥大学心理学助理教授阿列山大·科根搜集选

[①] BRADSHAW S, HOWARD P N.Challenging Truth and Trust: A Global Inventory of Organized Social Media Manipulation [M]. London: University of Oxford, 2018.

[②] 牛津大学"计算宣传研究项目",2017年第12号研究报告《网军、巨魔和麻烦制造者:社交媒体操纵组织全球清单》(Troops, Trolls and Troublemakers : A Global Inventory of Organized Social Media Manipulation)。

民数据。

2014年年初，科根认识了科辛斯基。科根说，他代表一家公司来咨询，想使用MyPersonality的数据库。一开始，科辛斯基并没有拒绝，但是之后又犹豫了，因为这家公司是SCL集团，其核心业务是影响选举，优势是创新的政治营销——微定向，基于大五人格模型从数字足迹测绘真实个体。科辛斯基怀疑科根的公司仿制了基于Facebook点赞数据的人格测量工具，并将它卖给SCL集团。他立刻与科根中断了联系。

实际上，科根早已秘密注册公司，并与SCL集团有生意往来。他利用科辛斯基所在研究小组的成果，和约瑟夫·钱塞勒（Joseph Chancellor）一起成立了GSR公司，以学术研究为名挖掘Facebook用户数据。2014年6月2日的一份合同证实SCL集团已与GSR公司达成商业协议，允许其获取并处理Facebook用户数据。但是，GSR公司与Facebook协议商业购买数据并未取得进展。

当时，剑桥分析得到美国大数据领域"独角兽"帕兰提尔雇员的驰援，其中一名雇员建议剑桥分析开发自己的应用以获取Facebook用户数据。剑桥分析采纳了这一建议，计划复制科辛斯基获取Facebook用户数据的模式。

于是，GSR公司在剑桥分析的资助下，借鉴科辛斯基研究小组的MyPersonality心理测验应用，2014年开发出自己的人格测验应用Thisisyourdigitallife，内置Facebook的登录和开放平台Facebook Connect，允许用户用自己的Facebook账号登录。用户协议称，以心理学研究为目的，索要用户授权，收集用户信息，包括用户所在地、点赞的内容、打开的链接等，并抓取已授权用户的好友信息。根据Facebook于2010年推出的接口 Graph API 1.0 设置，第三方 App 不仅可以获取用户数据，还可以获取大量用户好友的详细数据，包括名字、地点、衍生好友、家庭成员、工作经历、教育背景、出生日期、打卡地点、所参加的活动、家乡、点赞内容、照片、情感状态、信仰和政治倾向等。

| 种子用户 |

Thisisyourdigitallife 吸引用户的噱头是"测性格，领奖金"，参与回答一些性格测验题，就告诉用户跟××的性格吻合度是百分之多少。为了吸引更多用户参与，App 为每个完成测验的用户发放 5 美元红包。具体做法是：以"有偿心理学研究"为名先广泛发布广告，用 5 美元作为奖励，吸引用户到亚马逊的交易平台 Mechanical Turk 和网络调查平台 Qualtrics 通过 Thisisyourdigitallife 参加性格测验。Mechanical Turk 是亚马逊旗下的兼职网站，上面有很多小调查任务，完成一项任务就会获得一定报酬，但通常非常低廉，需要 10 分钟的任务，报酬仅 0.1~1 美元。相较之下，5 美元不亚于天文数字，迅速吸引很多人参与。2014 年 6—8 月，科根在班农的支持下花费 100 多万美元，最终吸引 32 万 Facebook 用户参与性格测验，并出让自己的 Facebook 数据。

Thisisyourdigitallife 的问卷调查末尾请求用户同意该 App 查看其 Facebook 个人资料。但是，用户们并不知道点击"同意"之后，App 不仅会搜集其本人的数据信息，还会顺藤摸瓜地搜集其 Facebook 页面能看到的其他所有 Facebook 好友的数据信息，包括所有好友的详细个人信息，以及好友在 Facebook 上发帖、阅读、点赞的所有情况。也就是说，32 万 Facebook 用户在知情或不知情的前提下，把好友列表和好友信息授权给了 Thisisyourdigitallife。这 32 万用户就成了"种子用户"，变成特洛伊木马。每个 Facebook 用户平均有 160 个好友，这让科根轻易就获得大量用户数据。其中，3 000 万用户数据充分，数据资料详细到可以与其他公共资料（如选民登记表）一一对应（包括用户详细地址），建立心理模型，分析预测个人性格、政治立场、投票倾向等。

以这种方式违规获取用户数据的问题在 Facebook 上很常见，数以万计的 Facebook 小程序都在这么干。比如，小游戏《糖果传奇》靠好友的网络效应进行病毒式传播，一旦李某安装了《糖果传奇》，游戏就可以通知王某：你的好友李某玩得很开心，你要不要也试试？2010 年也有研究者使用过类似小程序游戏的方法，其论文《社交网络中真实的和感知的态度一致》(Real and Perceived Attitude Agreement in Social Networks) 对此有详细阐述。[①] 面对这种情况，Facebook 在 2015 年不得不调整隐私设置，用户不能再轻易地把好友信息共享给小程序。

2015 年，剑桥分析收购了 GSR 公司。科根则继续在剑桥大学工作，钱塞勒被 Facebook 招募到硅谷总部，职位为"量化社会心理学家"。Facebook 自然知晓剑桥分析的这些行径。直到 2016 年 8 月大选前夕，已是风声鹤唳，Facebook 的律师才写信给当时已离开剑桥分析的怀利，让他马上删除搜集到的数据，但怀利是否照做了，Facebook 也没去核实。后来，科根搬到新加坡居住，结婚时还改姓为斯佩克特，后又恢复为科根。2018 年 9 月，Facebook 表示，涉嫌转移数据给剑桥分析的员工钱塞勒已经离职。

---

① https://5harad.com/papers/friendsense.pdf

选民数据库

剑桥分析除了获取 Facebook 用户数据，还从不同渠道大量购买数据，如土地登记、汽车销售、购物网站、俱乐部、过往投票记录、人口统计信息、有线电视浏览习惯，甚至去哪个教堂、光顾哪些店铺、订阅什么杂志，等等。在美国，这些数据都可以从各种数据经纪公司以及兜售个人信息的第三方买到。安客诚（Acxiom）和益博睿（Experian）都是全球活跃的数据公司。剑桥分析将购买的数据与共和党选民名册及 Facebook 用户数据结合，挖掘分析选民的大五人格特征。在这个过程中，剑桥分析使用大量 Facebook 用户数据，通过数字足迹勾勒真实世界有恐惧、需求、兴趣和住宅地址的选民。

剑桥分析的数据库包含 11 个州的 200 万个匹配文件，其中有四分之一是选民。所谓匹配就是个人信息与选举登记匹配，包括家庭住址、性别、种族、年龄、工作经历、教育背景、人际网络、平时参加何种活动、发表了什么帖子、阅读了什么帖子、对什么帖子点过赞，等等。

建构人格分析模型

剑桥分析不仅复制了剑桥大学心理测量中心的心理测验应用程序来搜集数据，还仿效科辛斯基研究小组的人格分析模型对选民人格进行分析。

大五人格

20 世纪 80 年代，心理学家发展出一套五种人格特征评估模型，即

著名的大五人格模型。五种人格特征分别是:

- 开放性(Openness):具有想象、审美、情感丰富、求异、创造、智能等特质,反映的是对新体验的开放程度。
- 尽责性(Conscientiousness):显示胜任、公正、条理、尽职、成就、自律、谨慎、克制等特质,反映的是追求尽善尽美的程度。
- 外倾性(Extraversion):表现出热情、社交、果断、活跃、冒险、乐观等特质,反映的是社交活跃程度。
- 宜人性(Agreeableness):具有信任、利他、直率、依从、谦虚、移情等特质,反映的是体贴和合作的程度。
- 神经质性或情绪稳定性(Neuroticism):具有焦虑、敌对、压抑、自我意识、冲动、脆弱等特质,反映的是焦躁不安的程度。

国内外许多学者研究过人的言行表现与大五人格的关系。雅科尼·塔尔(Yarkoni Tal)等学者分析了694个博客用户(每个博客平均包含115 423个单词),随机挑选约10万个词语,分析其与大五人格之间的关系。研究发现:神经质性强的人使用的消极情绪词语更多,包括"糟糕""虽然""好懒""更糟"等;外倾性强的人使用的积极情绪和人际互动词语更多,包括"其他人""酒和饮料""餐厅"等;宜人性强的人会避免使用过于绝对的词语,并很少使用消极情绪的词语(尤其是表达愤怒的词语),包括"太棒""一起""拜访"等;开放性强的人更多地使用文化类词语和介词,包括"诗歌""艺术""文化""的""被"

等；尽责性强的人则很少使用否定词。①

墨尔本皇家理工大学学者曾对澳大利亚网络用户进行调查，调查范围既包括大五人格及自恋、害羞和寂寞的程度，也包括使用社交媒体的频率和习惯。研究人员发现，经常使用 Facebook 的用户更加外向、自恋，更爱表现自己，但家庭生活比较寂寞；那些不大用 Facebook 的用户则更加尽责、害羞，也不擅长社交；那些较为神经质或寂寞的人更流连于社交媒体；外倾性强的人热衷于所有的交流功能，自恋的人则沉浸于上传照片和更新状态。②

马里兰大学人机交互实验室还在 Facebook 上开发小程序，让参与者填写大五人格测试，并自动收集用户在网上的公开信息。结果发现：外倾性强的人通常拥有更多好友，好友分布更加广泛，来源更加多样；开放性强的人社交圈更大；有这两类人格特征的人都喜欢展现其兴趣爱好；尽责性强的人较少说脏话，较少用"看见""听见"等感性词语，喜欢用"配偶""说""孩子"等社会活动类词语；宜人性强的人常使用"快乐""爱""甜蜜"等阳光正面的词语；神经质性强的人总是把"担心""紧张""害怕"挂在嘴边。③

学者们还发现，大五人格与兴趣爱好同性格紧密相关。以音乐为

---

① YARKONI T. Personality in 100 000 Words: A Large-Scale Analysis of Personality and Word Use among Bloggers. Journal of Research in Personality, 2010, 44 (3): 363-373.
② RYAN T, XENOS S. Who Uses Facebook? An Investigation into the Relationship between the Big Five, Shyness, Narcissism, Loneliness, and Facebook Usage[J]. Computers in Human Behavior, 2011, 27(5): 1658-1664.
③ GOLBEECK J, ROBLES C, TURNER K. Predicting Personality with Social Media. Proceedings of the 2011 Annual Conference Extended Abstracts on Human Factors in Computing Systems, 2011.

例，痴迷古典音乐、蓝调音乐、爵士乐等较复杂音乐的人通常具有较强的开放性和较高的智商；热衷说唱、嘻哈、舞曲等强节奏感音乐的人更加外向；喜欢乡村音乐、宗教音乐、电影配乐的人尽责性和宜人性都较强。[1] 品牌个性与消费者个性之间也紧密关联。学者对中国台湾玩具和游戏市场的研究表明，外向性强的人偏爱令人兴奋的品牌，宜人性强的人则选择真诚、有实力的品牌，开放性和宜人性强的消费者的品牌忠诚度更高。[2]

| 心理测量学 |

2012 年，当科辛斯基和史迪威齐聚剑桥大学心理测量中心时，他们的研究小组开始通过 MyPersonality 运用大五人格理论，构建预测用户性格与政治倾向的模型。早在 2011 年，科辛斯基就与史迪威等学者合作发表研究论文《我们的推特个人资料，我们自己用推特预测个性》[3]，分析 Twitter 用户行为数据与个性特征之间的关系。他们发现，通过关注者、被关注者以及关注列表这三个变量，可以分析用户的人格特征。

当时，科辛斯基、史迪威和研究小组其他成员进行的人格分析模型

---

[1] RENTFROW P, GOSLING S. The Do Re Mi's of Everyday Life: The Structure and Personality Correlates of Music Preferences[J]. Journal of Personality and Social Psychology, 2003, 84 (6): 1236-1356.

[2] LONG-YI LIN. The Relationship of Consumer Personality Trait, Brand Personality and Brand Loyalty: An Empirical Study of Toys and Video Games Buyers[J]. Journal of Product & Brand Management, 2010, 19 (1): 4-17.

[3] QUERCIA D, KOSINSKI M, STILLWELL D, CROWCROFT J. Our Twitter Profiles, Our Selves: Predicting Personality with Twitter. Privacy, Security, Risk and Trust（PASSAT）IEEE Third Inernational Conference on Social Computing（Social-Com）, 2011: 180-185.

研究不再是分析人口统计学特征，而是分析每个人的人格特征，这是剑桥大学心理测量学的重要科研成果。心理测量是衡量个体心理能力和行为方式的测验方法。心理测量学则是由数据驱动的心理学分支，主要研究心理特征，如人格。它不是通过人口统计学来分析人群，而是综合大数据分析和心理测量结果分析如何影响受众心理和行为。

研究小组不断改进 MyPersonality，让用户参与填写心理测验问卷，包括许多大五人格模型的心理测验题（比如，"我容易惊慌""我爱反驳他人"）。填完问卷后，用户会收到一份个性侧写报告，内容包括大五人格数值。此时，用户可以自行决定是否授权将他们的 Facebook 个人数据分享给研究人员，没想到此举吸引了成百上千人参与调查。

研究小组基于测验对象填写的问卷计算每个测验对象的大五人格数值，然后对比计算结果和测验对象的 Facebook 个人数据，包括他们点赞了什么、在 Facebook 上分享或发布了什么内容，或性别、年龄、居住地点，从而把大五人格与个人资料相关联。于是，基于个人简单的上网行为就能推断出可靠的个性特质。比如，为 MAC 品牌化妆品点赞的男性更有可能是同性恋，识别同性恋最好的指标是喜欢美国 Hip-Hop 组合 Wu-Tang Clan 与否，美国女歌手 Lady Gaga 的粉丝通常是外向的，为哲学话题点赞的人通常比较内向。单独看，这些信息太浅，难以可靠预测，但是几十条、几百条甚至几千条数据整合起来，就能较为准确地测量和判定。

| 点赞识人 |

Facebook 的点赞功能可以透露很多甚至连用户的亲朋好友都不知

道的隐藏信息。Facebook 自身也通过分析点赞精准投放广告。

前文提到的剑桥大学心理测量中心的研究小组通过 MyPersonality 最初获得了 58 466 名 Facebook 用户的点赞数据，对他们的人格情况进行心理测验，并辅以人口统计调查数据，于 2012 年发表研究论文《个人行为和性格特质可以用数据来预测》[1]。论文显示，研究小组获得的 Facebook 用户数据包括照片、状态更新，以及对广告推送、音乐、体育、图书、旅游住宿及热门信息的点赞。通过对平均每个用户 170 个点赞列表的分析，能有效预测用户的性别、年龄、人格、性取向、民族、宗教信仰、政治观点、幸福感、物质使用（酒精、药物、香烟）、婚恋等情况。其中，预测男性性别的准确率为 88%，区分非裔美国人和白种美国人的准确率为 95%，区分共和党人和民主党人的准确率为 85%，区分基督徒和穆斯林的准确率为 82%，在关系状态和药物滥用方面的判断准确率为 65%~73%。由此，点赞数据可以帮助建立预测 Facebook 用户个性特征的模型。

即使是用户父母是否在其 21 岁前离婚这类个人隐私，模型的预测准确率也能达到 60%。研究小组发现，与"父母离婚"关系最大的点赞内容是："对不起，我爱你""如果我和你在一起，那么我就只想和你在一起，我不要其他任何人"……在研究小组看来，研究结果的意义在于"父母离婚这种生活事件会给人留下永久性行为痕迹，而这种痕迹可以在网上被检测到"。还有一些事情连研究小组也无法解释，一些特殊

---

[1] KOSINSKI M, STILLWELL D, GRAEPEL T. Private Traits and Attributes are Predictable from Digital Records of Human Behavior[J]. Proceedings of the National Academy of Sciences, 2012 (18): 772.

关键词恰好能预测用户个人特征。比如，"暴风雨""科学""薯条""科尔伯特报告"（电视节目）几个关键词能有效预测人的高智商，"丝芙兰""我喜欢成为一个母亲""哈雷·戴维森摩托车""Lady Antebellum（乡村音乐组合）"能预测人的低智商。即使用户没有留下"支持同性婚姻"的痕迹，喜欢布兰妮·斯皮尔斯或者美剧《绝望主妇》的人都会在一定程度上显露其同性倾向。

研究小组还对 Facebook 用户的神经质性、开放性和外倾性等人格特征进行测验。尽管这更加难以测量，但其精准度仍然很高。某些点赞与个性之间有着强烈的但貌似不一致或随机的关系。但是，如果把它们作为一个整体进行研究，就可以形成精准的个人画像。

2015 年，科辛斯基、史迪威和吴又又发表了新的研究论文。这次研究共收集了 86 220 名志愿者的数据信息。志愿者被要求填写大五人格模型的个性调查问卷，进而判断他们的大五人格特征。结果发现，基于用户的 Facebook 点赞等行为信息构建的算法模型对人格特征具有显著的预测能力，准确率比基于与用户关系亲密的好友所做问卷调查做出的判断准确率高。[①] 点赞数据模型更能预测用户的政治态度。为什么算法模型判断会比人类判断更准确？吴又又解释说，一是因为计算机掌握大量与人格特征有关的数据，二是因为计算机能通过模型和算法理性地处理信息，而人可能受认知偏见的影响，无法以最好的心态处理信息。

---

① WU Y, KOSINSKI M, STILLWELL D. Computer-based Personality Judgments are More Accurate than Those Made by Humans [J]. Proceedings of the National Academy of Sciences, 2015, 112 (4): 1036-1040.

该研究小组的研究证明，平均通过一个 Facebook 用户的 68 个点赞就能预测用户的肤色（准确率为 95%）、性取向（准确率为 88%）和党派（民主党或共和党，准确率为 85%）。智商、宗教信仰及酒精、烟草和毒品的使用情况全都可以被预测。随着模型日益完善，它仅仅基于 10 个点赞就能比受试者的同事更准确地评价受试者，70 个点赞足以比受试者的朋友更了解受试者，150 个点赞可以比受试者的父母更了解受试者，300 个点赞可以比受试者的合作伙伴或配偶更了解受试者。基于更多点赞，对受试者的了解甚至能超过受试者自己。研究小组基于 Facebook 用户的图片数量、联系人数量（外向性指标）就能测出用户的心理状态。研究小组在《美国国家科学院院刊》发表研究结果的当天接到了两通电话，一通是诉讼电话，另一通是提供工作机会的电话，都来自 Facebook。

在这些研究风生水起之际，还有不少学者也在研究网络用户言行表现与人格特征的关系。特雷西·瑞安（Tracii Ryan）等学者通过访谈分析了 1 324 个用户的 Facebook 使用行为，研究发现，外向性和神经质性强的用户使用社交媒体更频繁，并且会在社交媒体上花费更多时间。[1] 邱林等学者分析了 142 个微博用户 1 个月内所发信息，发现外向性强的用户更喜欢使用正向情感词。[2] 施瓦茨等学者基于 7.5 万名志愿者的人格测验结果，从用户的 Facebook 信息中提取 7 亿条单词、短语

---

[1] RYAN T, XENOS S. Who Uses Facebook? An Investigation into the Relationship between the Big Five, Shyness, Narcissism, Loneliness, and Facebook Usage[J]. Computers in Human Behavior, 2011, 27 (5): 1658-1664.

[2] QIU L, LIN H, RAMSAY J, et al.You are What You Tweet: Personality Expression and Perception on Twitter[J]. Journal of Research in Personality，2012, 46 (6): 710-718.

和话题数据，研究其语言表达与人格、性别、年龄之间的关系，结果发现：外向性强的用户更倾向于提及"聚会""爱你"等词，开放性强的用户更倾向于提及"音乐""梦想"等词，神经质性强的用户更倾向于提及"厌烦""抑郁"等词。研究人员采用开源词汇技术构建人格预测模型，样本外测试准确率达 91.9%。[1] 格雷戈里·帕克（Gregory Park）等基于 MyPersonality 用户数据进行用户人格特征预测，并以多个不同标准评估了预测结果的有效性。[2]

今天，人们即使不上网也会暴露很多人格特征。比如，手机运动传感器会显示移动速度和旅行距离，这些可能与神经质性相关。科辛斯基表示，智能手机是一张我们一直在填写的长篇问卷，不管是有意识还是无意识的。数据不仅能用来建立用户的个人心理档案，也能反向由用户个人数据定位特定人群——找到焦虑的父亲、愤怒的内向者或尚在摇摆的民主党人，可以从用户点赞哪些帖子和新闻分析每个人的性别、性取向、宗教信仰，分析性格是外向的还是内向的，政治理念是自由开明的还是偏保守的，是不是种族主义者，分析用户会给哪个党派的候选人投票，等等。可以说，研究小组发明的是一种关于人的立体式搜索引擎。

---

[1] SCHWARTZ H A, EICHSTAEDT J C, KERN M L, et al.Personality, Gender, and Age in the Language of Social Media: The Open-vocabulary Approach [J]. PLoS ONE，2013，8 (9).

[2] PARK G, SCHWARTZ H A, EICHSTAEDT J C, et al. Automatic Personality Assessment through Social Media Language[J]. Journal of Personality and Social Psychology, 2014 (3): 1-19.

绘制选民政治画像

基于大量用户点赞数据和人格模型，剑桥分析可以对用户进行画像。

用户画像是指通过大数据方法收集用户个人数据，再利用人工智能和自然语言学习等技术分析用户的社会属性、生活习惯、消费行为等，从而描绘出一个用户的全貌。用户画像能快速定位用户的身份特征、个性偏好以及信息需求。画像过程主要是为用户打一系列属性标签，从而提炼用户的年龄、性别、地域、偏好等个体特征。

| 用户画像 |

剑桥分析要针对 Facebook 用户画像，就需要在用户社交行为数据基础上构建用户画像模型，即在用户的人口统计属性、网络浏览数据、网络社交活动及网络消费行为等数据之上，描绘出一个用户标签模型。用户标签模型可以帮助了解用户的政治认知、政治态度与政治倾向，为开展有针对性的政治宣传打好基础。剑桥分析基本照抄了剑桥大学心理测量中心研究小组的人格模型算法。[1]

| 个性档案 |

被媒体披露的内部邮件显示，Facebook 用户的各种数据，从性别

---

[1] YOUYOU W, KOSINSKI M, STILLWELL D. Computer-based Personality Judgments are More Accurate than Those Made by Humans[J]. Proceedings of the National Academy of Sciences, 2015, 112 (4): 1036–1040.

到智商，从政治倾向到工作信息，甚至用户是否自律严谨，都能被一一分析，形成画像。

掌握如此详细的资料，就可以凭借其人格模型给美国所有成年人建立个性档案。由此，剑桥分析不仅可以跟踪选民在网上的举动，以及表现出来的兴趣，还可以利用选民个性档案知道哪些选民最有可能改变立场，或改变支持对象，预测并引导改变他们未来的行为。

2016年，美国纽约一位传播学教授戴维·卡罗尔（David Carroll）想清理自己在社交媒体上的个人信息，却发现自己的信息已被远在英国的公司剑桥分析采集。根据英国的相关法律，他有权要回自己的信息。在与剑桥分析交涉的过程中，卡罗尔发现这家公司比他的妻子还要"懂他"。剑桥分析为卡罗尔制作的报告内容包括：卡罗尔"不太可能支持共和党"，在"枪支问题关注度"方面得3分，在"国家安全问题关注度"方面得7分，在"传统价值和道德操守"方面得9分。卡罗尔最关心的还是美国国债，这一项得到了满分10分。卡罗尔在Twitter上公布了这份报告，他说："我自己给自己打分也不过如此，可能还没它打得准。"

在争取摇摆票时，选民个性精准分析往往能起到决定性作用。特朗普竞选团队会向卡罗尔及与他立场相近的选民推送"特朗普推行贸易保护政策""创造就业机会""解决美国中产危机"等话题的广告，或推送"希拉里身陷'邮件门'丑闻""希拉里疑与多名男性有染"的信息。可想而知，道德情操得分高、关注国家债务的卡罗尔教授会把票投给谁。这些推送信息尽管不太可能让他支持共和党，也足以打消他对特朗普的政敌可能抱有的信任。

| 预测偏好 |

剑桥分析的主要目的是进行用户政治画像，画出用户的政治倾向和偏好。科辛斯基的模型在预测用户是民主党还是共和党方面的准确率高达 85%，由此可以掌握需要政治动员的选民。

2015 年，中国科学院心理研究所赵楠助理研究员与朱廷劭研究员在《科学》（Science）杂志特刊《计算生理心理学进展》（Advances in Computational Psychophysiology）上发表论文《生态效度：利用网络行为预测心理状态》（Ecological Validity: Predicting Psychological Profiles Using Internet Behavior），阐述了如何利用微博数据、智能手机使用数据、运动轨迹记录（运动手环）等建立计算模型，预测个体和大众的真实心理状态和行为偏好。

诸多研究成果支持这一结论：社交媒体各类功能的使用与用户的人格特征、需求动机、情感体验等都有一定相关性。比如，2015 年福克斯的一项调查结果显示，黑暗三人格能显著预测男性用户在社交媒体花的时间，是指自我中心的自恋者、热爱冒险刺激且心狠手辣的心理变态者，以及善于撒谎、喜将人玩弄于股掌之间的马基雅维利主义者。目前，这些心理学研究成果正被逐步用于实践，甚至用于政治操纵。

2016 年 7 月起，特朗普的拉票人员使用一款"地面游戏"（Ground-game）App，以辨别预测每家每户每人的性格和政治倾向。英国脱欧阵营拉票使用的也是这款 App。

"地面游戏" App 将选民数据与"地理空间可视化技术"集成，可以精准了解每栋房子居民的政治观点、性格类型和喜好。特朗普的拉票人员使用这款 App，可以预测哪些选民可能会支持特朗普，从而提高拉票的效率。同时，拉票人员还可以根据选民性格类型，个性化定制竞选宣传信息。反过来，拉票人员会把他们游说过的人的反应反馈到 App，新数据又回流到竞选数据库。

精准推送政治广告

一旦通过用户画像掌握了用户的人格特征，就能有针对性地了解其对政治信息的认知程度及偏好的政治广告营销方式。在奥巴马当选总统之前，社交媒体在美国政治广告的主流视野之外。政治广告通过大众媒体直接向受众传输符合政治组织和人物意愿的政治信息，以影响受众的政治态度、信念或行为。政治广告包括政治活动自身和广告营销活动，通过展示政治主张、塑造候选人形象、表达诉求等手段，增强潜在选民对候选人的认知，强化正向态度和投票意愿，甚至还可以用来攻击竞选对手。

对被用户画像标注为容易被煽动的人，推送耸人听闻的广告内容；对被用户画像标注为智商比较高的人，巧妙包装广告内容，投其所好，进行精准的个性化推送。从技术上来说，基于用户画像进行个性化智能推送政治广告的技术基本成熟，可以识别用户的网络终端设备，读取用户的浏览历史以及阅读习惯，并结合大数据用户画像和社交关系图谱匹配用户的关注兴趣和偏好，从而向用户推送个性化广告内容，实现精准传播、"千人千面"传播。

Blue state digital、SS+K、蓝色实验室等都是美国知名的数据广告公司，为美国的政客们提供数据营销、新媒体广告营销方面的服务。

Blue state digital 曾为奥巴马提供服务，SS+K 曾为奥巴马和特朗普提供服务。罗布·谢泼德森（Rob Shepardson）是 SS+K 的创始人之一，2014 年被奥巴马任命为总统健康、体育和营养委员会成员。SS+K 的网站自称"在政治运动的基础上，将战略与社会文化结合，创造激励行动和促进变革的思想，完成改变世界的任务"，可谓豪迈十足。蓝色实验室曾为希拉里提供服务，希拉里竞选团队的数据分析主管伊兰·克里格尔（Elan Kriegel）是蓝色实验室的创始人，他从蓝色实验室拉了不少数据分析师加入希拉里竞选团队。希拉里竞选团队早在 2015 年 7 月就大举招募数据分析师，设立了数据分析部，负责收集和分析竞选数据，实时监测和预测民意动向，投放募资和竞选广告，着力争取摇摆州的选民。数据分析师们还发明了一种名为"增量建模"的预测性分析手段，帮助竞选团队确定哪些选民需要进行说服性投放。后来成为希拉里竞选团队分析社交媒体广告营销骨干的尤里·金（Eurry Kim）就来自 Facebook 的广告效果监测部门。

特朗普则把更多的精力和资金放在了社交媒体数据操纵方面。前文提到，特朗普竞选团队聘请剑桥分析和数据营销专家帕斯卡尔的 Giles-Parscale，基于用户数据进行政治广告投放。剑桥分析负责特朗普形象定位，确定潜在选民目标，分析选民反馈；Giles-Parscale 负责设计相应的政治广告。Giles-Parscale 根据剑桥分析数据确定选民的个人喜好，判断哪些选民可能会投票给特朗普，再向他们投放竞选广告，促使这些选民在大选期间把票投给特朗普。此外，它还会向希拉里的潜在选民投放政治广告，劝说他们不要投票。这一切，让特朗普成为真正的"大数据总统"。

定制人设

政治广告的目的是向受众推广政治组织或人物，首先要使公众知晓，然后分辨出其特质，再将其特质与政治连接，激发民众更积极参与政治过程，进而支持拥护候选人。因此，设定候选人形象便成为政治广告的前提。

剑桥分析和 Giles-Parscale 基于选民大数据将特朗普的形象设定为底层民众代言人，政治广告投放对象为中低层，特别是社会底层民众。在过去 30 年的全球化浪潮中，美国普通民众对精英阶层、海外移民的不满情绪为特朗普竞选提供了良机。很多第一、二产业或第三产业的低端服务业工作者的境遇不佳，美国中产阶级人数占比从 1980 年的 70% 滑落到现在的 49%。特朗普的政治素人形象和体现美国开拓精神的商人身份，加上 "Make America Great Again"（让美国再次伟大）这一鲜明的口号，迎合了许多希望恢复 20 世纪七八十年代美好生活的美国民众。

特朗普无时无刻不在注重展示自己代表底层民众对抗精英的斗士形象。他走的是超级网红路线，网上言论个性鲜明、通俗易懂，他善用独立单词，以攻击挑衅的内容、没有证据的传言、高争议度的主张发表个性化、情绪化的言论，契合大众心理，挑动民众情绪，树立出言无忌的"大炮"形象，吸引被边缘化的底层选民。他还通过攻击奥巴马、希拉里及共和党的竞争对手、媒体和反对自己的选民，将自己塑造和营销成一个理解民间疾苦并将带领美国走向伟大的斗士。

特朗普发表的竞选政策是基于社交媒体用户情感和诉求精心设计的。特朗普发现底层民众对民主党执政期间若干政策（如医保和移民政策）不满，对"政治正确"反感，就夸大经济全球化对美国经济的弊端，集中攻击美国中产阶级萎缩、贫富差距扩大等重大社会矛盾，提出收紧移民政策、贸易保护主义、外交孤立主义等措施，切中底层民众的不满情绪。同时，特朗普频频发表把工厂搬回美国、驱逐非法移民、保护主义、孤立主义、反全球化等言论，迎合了其网上拥护者的期待。特朗普还针对社交媒体上选民的即时反馈快速修改、调整竞选政策。

特朗普发布的一系列竞选纲领多是短语式表达，清晰、简洁、形象、有力，如"退出TPP[①]""重振制造业""更好工作，更高薪资"等简单短句，更易被社交媒体用户接受和理解，便于传播，特别是竞选口号"让美国再次伟大"极易打动人心。

特朗普还不遗余力地持续攻击希拉里"邮件门"事件和政治献金丑闻，破坏希拉里的政治家声誉，把她刻画成一个严厉、易怒且有着很多不可告人的秘密的人，并给希拉里取了一个绰号——"奸诈的希拉里"。

| 框架效应 |

有了精准的用户画像，打造了人设形象，就可以更好地预测用户偏好，进而运用框架效应开展有效的政治广告传播。

框架效应是一种认知偏差，最早是一个心理学概念，于1981年由阿莫斯·特韦尔斯基（Amos Tversky）与丹尼尔·卡尼曼（Daniel Kahneman）提出，主要是指人们的思维会受到不同框架（例如表达方式不同）的影响，从而做出不一样的选择。很多研究都表明，框架效

[①] TPP（Trans-Pacific Partnership Agreement）指跨太平洋伙伴关系协定。——编者注

应无处不在。比如，人们可能更喜欢标注"含75%瘦肉"而不是标注"含25%肥肉"的肉类食品。

我们每天接收的信息到底是我们要知道的，还是他人希望我们知道的？表达方式如何影响我们的选择？

卡尼曼提出了一个经典的框架效应案例：

> 假设一种疾病可能会造成600人死亡，为此提出两种应对方案。
>
> 方案A：会有200人获救。
>
> 方案B：600人全部获救的可能性为1/3，2/3的概率是无一获救。
>
> 你会选择哪个方案？
>
> 如果把方案改一下：
>
> 方案C：会有400人死亡。
>
> 方案D：1/3的概率是全部获救，2/3的概率是全部死亡。
>
> 你又会选择哪种方案？

仔细比较一下，A和C、B和D表述的事实完全相同，仅改变了表述措辞或方式，一个正面（获救）表述或负面（死亡）表述就能使人们的态度发生明显变化：在正面表述的选择中，72%的受试者选择了A，28%选择了B；在负面表述的选择中，只有22%的受试者选择了C，78%选择了D。

这种情况是一种强调性框架，媒体或知名人物等通过强调受众各种潜在考虑的某一方面，引导受众在决定其立场时聚焦于该思考事项，而非其他方面。[①] 比如，一个经济开发项目，可以强调项目能为当地带来就业和经济增长，而忽略或较少提及可能会给当地造成环境污染，让公众聚焦于该项目的正向效益。

框架效应被引入大众传播学研究，就形成了传播学框架理论，即通过对某一议题提供一种主导性角度来影响公众对争议性议题的评价和判断，它会通过选择性描述凸显该议题的某个方面或属性，暗示该议题和什么因素相关，"以便促成人们对某一议题或问题给予定性、归因解释、道德评估或处置意见"[②]。也就是说，人们可以通过选择、强调、排除、增加和精心处理等方式，通过标题、导语、引文和重要段落的体现，对新闻内容做出报道，以各种不同方法构造议题，以影响受众的想法，影响受众处理和储存信息，将受众的注意力引到事实的某些方面，从而忽略其他方面。推而广之，框架效应也能影响用户对政治信息的认知与接受程度，如影响选民的思维框架和心理。

| 心理账户 |

事实上，虽然问题实质相同，但是如果表象或表述不同，人们的选择就不同的情况很常见。

假设今晚你打算去听一场音乐会，票价是 200 元，在即将出发时，

[①] JAMES DRUCKMAN.The Implications of Framing Effects for Citizen Competence[J]. Political Behavior, 2001, 23(3).

[②] ROBERT ENTMAN. Framing: Toward Clarification of A Fractured Paradigm [J]. Journal of Communication, 1993, 43(4).

你发现自己丢了一张价值 200 元的手机充值卡，你还会购票去听这场音乐会吗？实验表明，大部分人回答说仍会去听音乐会。

假设你昨天刚花 200 元买了一张今晚音乐会的门票，在你即将出发时发现门票丢了，此时要去听音乐会必须再花 200 元购票，你是否还去听？结果却是，大部分人回答说不去听音乐会了。

不管丢的是充值卡还是音乐会门票，损失的都是 200 元，损失的数额并没有区别，但是为什么人们的选择不同？芝加哥大学著名行为金融和行为经济学家理查德·塞勒（Richard Thaler）于 1980 年提出"心理账户"这一概念，做出了诠释。

因为充值卡和音乐会门票被归到人们心里的不同账户，即心理账户。丢失充值卡不会影响音乐会所在心理账户的预算和支出，因此大部分人仍会选择购票去听音乐会；丢了音乐会门票和需要再买门票都被归入同一心理账户，所以看上去好像要花 400 元听音乐会，自然觉得不划算。

心理账户的存在影响着人们以不同的态度对待不同的支出和收益，从而做出不同的决策、采取不同的行动。营销领域经常利用消费者的不同心理账户偏好刺激潜在购买需求。塞勒认为，在进行心理账户的运算时，人们实际是对各种选择做出损失—获益的估价，即"得与失的构架"，人们的心理账户运算过程并不是追求理性认知的效用最大化，而是追求情感满意的最大化。情感体验在人们的现实决策中起着重要作用，塞勒将这种运算规则称为"享乐主义的加工"。由于存在心理账户，人们在决策时往往会违背一些简单的理性法则，从而出现许多非理性的行为。

每个用户都有许多个心理账户,在不同的心理账户中,昂贵与便宜是相对概念,可以自由变换。同样一件标价为 2 000 元的衣服,如果是给自己买就觉得贵,舍不得买,如果是作为情人节礼物给心爱之人,可能就会毫不犹豫地购买。因为用户把这两种支出归到不同的心理账户——日常衣物的心理账户及维系爱情的心理账户。2 000 元对日常衣物这个心理账户来说贵了些,但是对维系爱情这个心理账户而言不贵。

选民在进行投票选择时也存在不同的心理账户。候选人针对不同政策和问题的言论观点,被归入选民不同的心理账户,引发选民不同的情感体验,从而产生不同的投票行为。比如,在低收入人群的心理账户中,低收入人群对候选人有关增加收入的竞选承诺更敏感。

剑桥分析的用户画像如同绘制用户的心理账户,让不同心理账户的偏好暴露无遗。接下来要做的就是,针对选民的心理账户偏好,选择恰当的框架或信息呈现方式,促成选民按照自己的心理账户偏好进行情感体验,从而实现高效政治传播,影响选民的政治态度。比如,不同的选民会因其心理账户对候选人不同的政治观点敏感性的预测而接收到不同的政治信息。

| A/B 测试 |

为了更好地运用框架效应和心理账户,有必要先进行 A/B 测试。

所谓 A/B 测试,简单说就是为同一目标制订两个方案(比如两个页面),让一部分用户使用 A 方案,另一部分用户使用 B 方案,记录下用户的使用情况,看哪个方案更符合设计目标,也称作 A/B 对照实验。

A/B 测试可以追溯到 20 世纪 90 年代，太阳微系统公司研究员、人机交互学专家雅各布·尼尔森（Jakob Nielsen）最先发现了早期互联网浏览器作为受众试验平台的巨大潜力。尼尔森提出一个新理念：不给每个人展示同样的东西，而是有针对性地向不同的访问者展示不同的界面，可以判断哪个更有效。A/B 测试由此诞生。

谷歌率先将这个新理念落地。2000 年 2 月 27 日，谷歌开展第一次 A/B 测试，想知道搜索引擎结果每页显示多少条目体验最佳，当时每页的默认条目数为 10 条。谷歌随机向数百万用户提供不同条目数（20/25/30）的搜索结果页面，每个测试组针对 0.1% 的用户。结果显示，页面条目越多，加载速度越慢，导致用户体验下降，而加载速度越快越能更好地留住用户。这个测试形成了一个重要观点：十分之一秒可以以一个精确量化的方式创造或打破用户满意度。很快，谷歌调整了搜索结果页面响应时间，A/B 测试自此兴起。

2011 年，谷歌还运用算法进行了超 7 000 次 A/B 测试，分析用户最喜欢的颜色和界面布局，以便调整各项服务。2013 年，必应（Bing）针对"在精选广告中是否应包含一个以上链接"这一问题进行大规模测试，结果发现：两个或者更多链接比只有一个链接好。这个测试结果使其年营业收入激增 1 亿美元。

现在，A/B 测试被广泛应用，亚马逊、网飞（Netflix）、eBay（易贝）都是 A/B 测试的大户。它们不断面向用户测试潜在的网站变化，让一小部分用户转到访问网页略微不同（颜色、布局、图像选择、文本等会有不同）的新版本，以比对用户的访问行为与标准网站用户的访问行为。如果新版网页获得更多点击次数、更长访问时间、更多购买次数，则会取代旧版网页；如果新版网页还不如旧版网页，它就会被悄悄撤销。

美国知名 A/B 测试公司 Optimizely 曾为希拉里提供服务，希拉里竞选团队的次首席技术官、前端开发负责人凯尔·拉什（Kyle Rush）就是 A/B 测试专家，也是 Optimizely 的负责人之一。2011 年，拉什曾担任奥巴马竞选团队网页开发副总监，建立竞选网站。在 6 个月的竞选网站开放期间，拉什带领团队做过 240 次 A/B 测试，将网站捐款速度提升 60%，捐款转化率增加 49%。最终，奥巴马募得捐款 2.5 亿美元。

Optimizely 专门提供 A/B 测试服务，创始人丹·西罗克（Dan Siroker）曾是谷歌浏览器（Google Chrome）和 Google Adwords[①] 的产品经理。2007 年年底，还是总统候选人的奥巴马到访谷歌，西罗克突发奇想，提出谷歌内部使用的随机测试工具可在总统竞选中发挥作用。2008 年，西罗克成为奥巴马竞选团队的数据分析主管，搬到芝加哥专心做竞选数据分析，专注于网站优化，进行 A/B 测试和变量测试。他专门对竞选网站进行谷歌式的 A/B 测试，使支持者的注册量激增 40%，每位支持者平均向奥巴马的竞选活动捐赠了 21 美元。

西罗克的最大挑战是将竞选网站的访问者转化为订阅者，也就是让访问者留下电子邮箱地址，最终将订阅转化为捐赠。整个测试从一个背景为奥巴马的发光绿松石照片和亮红色"注册"按钮的启动页开始，当时点击按钮的访问者太少，西罗克领导团队把页面分为不同组成

[①] Google Adwords 是通过使用谷歌关键字广告或谷歌遍布全球的内容联盟网络来推广网站的付费网络推广方式。——编者注

部分，并准备了不同的替代选择。对"注册"按钮用 3 个新词进行 A/B 测试——"了解更多""立即加入我们""立即注册"，结果显示："了解更多"按钮的注册量比默认的"注册"按钮的注册量多 18.6%，奥巴马家族的一张黑白照片比默认的绿松石照片的注册量多 13.1%。

奥巴马竞选团队筛选出 24 种各具特色（各种图片和口号组合）的注册页面继续逐次测试筛选，最终发现同时使用家庭形象和"了解更多"，即奥巴马和妻子、孩子的合影加上"了解更多"按钮，让 11.6% 的访问者注册并留下了电子邮箱地址（24 种注册页面的注册平均值为 8.26%）。到竞选活动结束时，竞选网站的 1 300 万封订阅邮件中约 400 万个邮件地址，以及约 7 500 万美元捐赠资金，是由 A/B 测试产生的。

这段经历让西罗克萌生了创业的想法。2009 年，他和谷歌的同事皮特·库门（Pete Koomen）在旧金山一个洞穴状的仓库创办了 Optimizely。目前，Optimizely 已成为全球知名的在线 A/B 测试公司，提供网站调整和分析工具，帮助网站优化设计和内容，进行电子邮件营销和其他数字营销。Optimizely 将 A 设计页面与 B 设计页面随机展现给用户，收集反馈数据进行分析，然后确定哪个页面转化率更高。Optimizely 还提供 A/B 测试工具，即使不是程序员也能轻松通过拖放菜单创建数十种字体、颜色、界面布局不同的页面，随机推送给访问者浏览，测试不同页面的访问者反馈。

Optimizely 表示，测试工具平均能帮助客户提高 21% 的营业收入，比如美国百得（Black & Decker）旗下得伟（DeWALT）品牌对"现在购买"按钮进行测试，发现"现在就买"的效果好得多，仅这项改动就带来每年六位数的营业收入增量。2011年，Optimizely接下星巴克和迪士尼两个大客户。2012年，奥巴马第二次竞选又雇用Optimizely，为他的竞选捐款页面的转化率提高了50%。拉什作为具体业务负责人，运用大量A/B测试提高了用户体验和捐款转化率。比如，在A版本设计中，用户需要3次独立点击，输入电子邮箱地址、创建密码及验证密码；B版本设计预存捐款人的电子邮箱地址，用户只需要2次点击。后者使储存信用卡信息的捐款人数量增加了238.8%。

A/B测试有力地证明了数据的价值。现在，有一个贬义词用来描述不把数据放在决策中心地位的情况——HiPPO（Highest Paid Person's Opinion），指任何决策都与薪酬最高者的意见一致，他们往往靠直觉办事。在技术工程师看来，数据胜过直觉，因此他们把还在靠直觉办事的网站也称为HiPPO。不重视数据的老板会因为一己之见扼杀一个好项目。亚马逊早期的开发人员格雷格·林登（Greg Linden）提出一个想法，即在客户检查他们购物车里有什么时给予个性化的"冲动购买"建议。他还为此做了一个演示，但被高层管理者否决。于是，林登做了A/B测试，结果表明：亚马逊可利用该功能获得更多收益，这立刻使反对者哑口无言，高层管理者也不得不认同。如果不是A/B测试，亚马逊的文化很难允许这种创新性改进。

希拉里和特朗普的竞选团队都在Facebook上投放了不少政治广告，但是一个患上了HiPPO综合征，另一个充分利用A/B测试操纵数据。剑桥分析更是技高一筹，搭建强大的算法模型，利用选民的好友数据，模拟预测其他选民的行为模式和个人倾向，然后针对不同选民群体进行个性化精准宣传。但是，向选民定向投放什么内容需要研究和试验，比如恰如其分地呈现差异性广告。同样是关于美国宪法第二修正案持枪权利的海报，需要配不同的图片：对一个高度神经质和谨慎的人，向其展示入室抢劫者砸窗的图片，激起他的警惕心理，告诉他枪能消除外部威胁，诱导他想到需要拥枪自卫；对一个关心传统和家庭的人，向其展示父亲和儿子在夕阳下射猎野鸭的图片，将拥枪美化为一种美国世代相传的家庭传统。

尼克斯解释说，神经质性和尽责性较强的选民更担心携枪盗窃等高威胁性犯罪活动，更支持枪支管制；保守、随和的选民更关心传统和家庭，并支持持枪自由。特朗普竞选的一项重要倡议就是拥枪权，因此被归类为冒险者（思想开放但冲动的冒险者，时不时会感到紧张）的用户看到的广告是"自由受到外来威胁，必须保卫"，被归类为保守的用户看到的广告是"枪支是保护他人的必要物品"，被归类为理智、习惯事先计划的用户看到的广告是"保护家人与未来"。

剑桥分析对不同的广告内容要做大规模 A/B 测试，上传真实用户数据，让 Facebook 自动找寻相似用户，然后定点投放。比如，测试"Drain the Swamp"（抽干华盛顿的沼泽，包含"影子政府""美国国家安全局监视着你""国家在策划针对你的阴谋"等隐射含义）和"Build the Wall"（建墙）等一系列口号的效果，这些口号后来成为特朗普的核心竞选口号，并在集会上被反复引述。特朗普的支持者经常高呼这两个口号。

再如，在特朗普和希拉里的第三次总统辩论中，特朗普的数据团队为他的论点测试了 10 多万种不同的广告语，以通过 Facebook 分析找到最合适的广告版本。他们采用了不同的标题、颜色和说明文字，附带一张照片或一段视频,这种微调的方式可以针对最小的选民群体(某个乡村、公寓甚至个人)推送定制化的竞选广告。

2016年8月,数学家凯茜·奥尼尔(Cathy O'Neil)发现,收到用户反馈后,特朗普会有针对性地做出响应调整,就像一个完美的机会主义算法。特朗普竞选团队每天投放四五万条内容略有差异的广告,然后反复评估用户的反馈,并依据这些反馈做出调整。基于用户对这些广告的反馈,就能知道在政治宣传中哪些广告在哪个方面最能引起共鸣。特朗普竞选纲领的安排也要参考这些反馈。如果在密歇根州肯特郡定向投放三篇有关"让就业回归美国"的文章,73%的定向选民点击了其中一篇,那么就需要在那儿安排一场竞选集会,不讲别的话题,专讲经济复苏。

| **精准定向** |

尼克斯曾解释说:"行为是受个性驱动的。你越了解个性对行为的驱动作用,越能理解人们为何做出某一决定,以及该决定是如何做出的,我们称之为行为学微定向,这可是我们的秘密武器。"尼克斯所说的微定向在医疗领域指的是对特定目标(分子、细胞、个体等)采取针对性行动。定向广告就是要让定向推送的广告尽可能准确地与消费者的个人兴趣爱好相符。特朗普的数据团队非常精确地瞄准美国民众,可识别摇摆不定的选民,并推送可能产生共鸣的广告。

即使在同一页面,借助需求方平台的精准定向,每个教育背景、收入、宗教信仰等方面不同的选民看到的竞选广告都不一样,他们各自看到的是最有可能让其去投票站投某个候选人的广告。比如,一个墨西哥移民是汽车修理工,他看到的是广告是特朗普高喊"让美国再次伟大";一个背负大学贷款压力的大学生看到的广告是伯尼·桑德斯(Bernie Sanders,2015年初选总统候选人)的"政治改革蓄势待发"。

- 给那些摇摆不定、犹豫不决的中间选民推送一些立场偏向极强的新闻,甚至是捏造出来的新闻,潜移默化地诱导他们向竞选团队期望的方向靠拢。
- 给那些容易被煽动的选民、经常为各种阴谋论点赞的选民推送耸人听闻、容易激起强烈情绪的标题党内容,进一步激发他们的对立情绪,诱导其支持其中一方。比如,某用户曾为题目为"'9·11'事件是美国政府监守自盗"的帖子点赞,就向其推送"希拉里养性奴"的故事,他不仅自己阅读,还很可能四处转发。
- 对那些相对理性的网民,把内容进行包装美化,装扮得高大上一些再推送。
- 对那些虽然支持特朗普但并不太愿意出门投票或者掏腰包捐款的人,渲染一下当下竞选形势的严峻和对手上台的悲惨后果,从而激发他们投票的主动性。

总之,就是通过获取选民资料,知道选民比较容易受哪些内容影响,然后拿特定内容来轰炸,有针对性地向用户发送信息以影响其思想和投票行为,让其不知不觉跟着特朗普走。

在泰德·克鲁兹的竞选过程中,剑桥分析发现,艾奥瓦州的一小部分选民坚持认为公民在投票站投票时应出示身份证件。于是，剑桥分析向竞选团队提出建议，教会竞选团队如何抓住这个小众议题，按照每个人的独特个性，随机应变地施加影响，激励人们行动起来，投票给克鲁兹。有的人个性反复无常，不喜欢从一而终，对这群人可以说："投票时出示一下身份证件，就跟买箱啤酒一样简单。"有的人传统观念根深蒂固，就可以对他们说："投票时出示身份证件，难道不是我们生活在民主国家的众多特权之一吗？"

在现实生活中，定向广告是如何找到我们的？实际上，有多种工具可以高效定位。

- Cookie（储存在用户本地终端上的数据）：由用户访问的网站创建，并存储在浏览器，以在用户返回时识别其身份。
- 第三方公司在用户访问网站上创建的Cookie：用于识别用户从一个网站到另一个网站的身份，并根据用户过去的行为显示广告（又称"重新定位"）。DoubleClick等公司通过不同网站跟踪网络用户，广告开始围绕在用户浏览的页面旁。用户关注某个商品后不久，他浏览其他网站的页面上就会显示相关商品。无论用户在互联网的哪个角落，他都会被各种数据公司的Cookie紧盯不放。
- Cookie同步：使两个或多个不同的广告系统能够映射各自分配给特定用户的标识符，以便共享数据。

曾有美国记者发现，在36小时内有105家公司跟踪了他的互联网使用记录。2010年，Dictionary.com网站被发现在浏览器上安装了

200多个Cookie。现在有很多家数据跟踪公司，比如Rubicon Project、Quantcast、Undertone、Traffic Marketplace。

- 与用户的网络账号相关联的配置文件：基于用户搜索以及其他网络活动（包括与语音助理的交互）积累的数据，在用户使用这些账号登录其他网站时会根据这些数据显示广告。例如，Facebook通过"点赞"按钮跟踪用户浏览的每个网站，谷歌通过"+1"按钮跟踪用户浏览的每个网站。
- 网站所有者安装追踪程序，将用户的在线活动转发回大型在线平台，以便在用户使用其服务时显示定向广告。
- 网站所有者将用户联系信息列表上传到大型在线平台，以便在用户使用其服务时显示定向广告。

使用下面的方法，即使用户打开私人浏览器（可清除浏览历史并限制Cookie）或切换设备，广告也能找到用户。

- 通过对系统其他属性（比如Web浏览器、操作系统、屏幕分辨率、时区、语言、插件、字体）的匹配，识别用户的"指纹"。即使Cookie被关闭，用户没有登录任何在线账号，广告也能找到用户。
- 如果用户用两个设备登录同一在线账号，两个不同设备的"指纹"将会关联，即使注销账号，用户也能被定位。
- 将两个不同设备的"指纹"关联，即使你没有登录同一账户，也可以通过相似的时空线索把它们关联到同一用户上。

与网站不同，App 不使用 Cookie，但是在用户的手机或平板电脑上，定向广告也有办法一直跟随你。

- 广告 ID：识别手机或平板电脑的唯一标识，以便一个 App 的广告可以显示在另一个 App 中。当用户使用在线账户登录其手机或平板电脑上的 App 时，广告 ID 将会与其在线账户关联。

定向广告甚至可以在没有任何数字化联系的情况下找到你。

- 相似用户画像：把用户和其他有相似兴趣或人口特征的人聚集在一起，并根据他们过去的行为向其展示广告。
- 将广告显示给那些共享互联网连接的人（比如使用同一个路由器的人）。
- 将显示广告的目标瞄准共享物理位置的人（比如同时在特定地点或特定事件中的人）。

影响选民认知态度

大数据操纵不仅可以在短期内迅速引爆民众的强烈情绪，还可以通过多种渠道和方式的综合运用持续不断地传播，以影响和改变民众的政治认知和政治态度。剑桥分析除了个性化传播，还能制造政治信息轰炸，以假乱真、混淆视听，使民主党选民因厌倦和失望而对民主党竞选政策冷漠处之，形成政治疏离与政治冷漠。

| 情绪操纵 |

剑桥分析在美国政治新闻网站 POLITICO 上推送有关希拉里的负面信息，并专门针对摇摆州选民推送。剑桥分析这样做，是利用虚假信息传播使目标选民产生愤怒或恐惧的情绪，刺激其在政治认知和政治态度上做出改变，最终完成投票。同时，剑桥分析还充分利用视频网站 YouTube、照片分享应用 Snapchat 的广告机制，以及在搜索引擎中加入特朗普正面消息的付费推荐。

在媒体暗访视频中，剑桥分析市场总监介绍了利用情绪操纵来达到政治目的的过程。他表示，想要有效传递信息，有两项人类最基本的驱动力能加以利用，就是希望和恐惧，而很多时候这是只能意会的，有时人们甚至难以意识到。可能只有当人们真正看到一些东西，才会意识到恐惧，从而产生相应的反应。剑桥分析的任务就是深入挖掘用户的个人数据，以理解用户的深层恐惧到底是什么。

虚假信息能激发人们的恐慌情绪，引发不理智行为。情绪操纵就是通过这种感性认知，激起人们在政治认知和政治态度上的改变。人们每天面对海量信息，个人根本无法一一核实，一旦对某则虚假信息有了先入为主的首印效应，事后的信息核查和信息纠正很难再起效，还原真相、平息情绪的难度巨大。比如，被害妄想症患者看到的政治广告充斥着恐惧情绪，而有保守倾向的人看到的是基于传统和社群立场的政治广告。再如，2016 年美国总统大选期间，所谓的俄罗斯水军激发网民情绪的关键就是利用美国本土多个争议性话题，包括种族、移民、宗教和性别等，在社交媒体平台上定位本来就对这些话题抱有看法的网民，推送激起他们愤怒或恐惧情绪的信息，进一步刺激选民，推动其投票。

情绪操纵的问题不在于技术本身，而在于操纵过程都是极其隐蔽的，对外传递出的政治信号也不真实。特朗普的言论可变性强，特别适合这种竞选策略。每个选民都会收到一条定制的信息，从不同角度阐释或强调候选人的政治观点。在1 000个选民眼中，特朗普可能有1 000种形象。这种方法的关键在于找到合适的情绪诱因来影响每个选民的想法，以采取相应的行动。

特朗普的竞选团队还基于Facebook开发和运用了多种广告精准投放工具，直接接触支持者等特定选民群体。比如社交媒体大数据追踪工具BuzzSumo，其研发公司成立于2014年3月，BuzzSumo可以帮助用户筛选网上最流行的话题内容，收集社交媒体内容统计数据，针对不同类型内容进行过滤、排序等。其上线的"问题分析师"（Question Analyzer）功能能爬取成千上万论坛信息，如社会化问答网站Quora、社交新闻网站Reddit、亚马逊等。

| 机器人抹黑 |

许多Facebook暗帖是由机器人自动账户分发的，它们被算法设计为积极传播片面政治信息的工具。这是一个较为普遍的操纵策略，试图营造舆论，扭曲政治情绪。

机器人伪装成普通用户的账号，传播虚假、片面的信息，在

Facebook、Twitter 等社交媒体上营造于己有利的舆论氛围，比如以机器人传播的负面信息阻止本来支持某个候选人的选民在选举日给这个候选人投票。支持特朗普的机器人渗透了 Twitter 的话题标签和 Facebook 页面。

南加利福尼亚大学计算机科学专业的研究助理教授埃米利奥·费拉拉（Emilio Ferrara）研究发现，Twitter 上一批机器人账号参与发布支持特朗普的虚假信息，而在法国总统大选中，同样的 Twitter 机器人账号又出动了 20% 左右，参与宣传反对马克龙的活动。费拉拉收集了 1 700 万条与法国政治运动有关的推文，并利用"机器学习技术和认知行为模型"把人类账号与机器人账号区分开。

费拉拉研究发现，一些机器人账号是在 2016 年 11 月初（即美国总统大选前不久）才注册的，仅仅使用了一周时间就沉寂了，直到 2017 年 5 月，在法国总统大选背景下，流传"马克龙泄密"时又活跃起来。在法国总统大选前几周，马克龙竞选团队内部的大量电子邮件流向 Facebook 和 Twitter，机器人在扩大传播中发挥了作用。泄密的目标是，将马克龙歪曲为一个骗子和伪君子，这是机器人抹黑的常见策略，以推动热门话题，主导舆论走向。

| 惊人的效果 |

剑桥分析实施一系列政治造势活动，目的是基于选民人格心理来说服选民。如此高精密、细颗粒的微定向操作，是通过大数据和人工智能来影响民众的情绪认知和政治态度的。那么，剑桥分析能在多大程度上影响美国总统大选呢？

在剑桥分析的助攻之下，特朗普票仓不仅包括加利福尼亚（农业）、威斯康星（制造业）等多个传统产业州，而且几乎涵盖所有投票摇摆州。中西部诸州，特别是"铁锈地带"（传统工业衰退的地区，以往是民主党的票仓），都倒戈投向特朗普。特朗普利用中部各州民众对奥巴马医保和移民政策的不满，把自己塑造成一个与东西海岸经济发达州对抗的斗士，一个向传统政治势力及华尔街、硅谷精英发起挑战的非传统政治家，从而赢得中西部选民的支持。基本上，特朗普所有来自农业地区和小型城镇地区的选票几乎与美国的"铁锈地带"和煤矿开采业混合带一致，这充分说明了剑桥分析的精准操纵能力。

科辛斯基坐在斯坦福的办公室，一直观察着大选进展。大选过后，面对一片哗然，科辛斯基与同事桑德拉·马茨（Sandra Matz）展开了一系列测试，结果惊人。研究证明，若将产品和营销信息与消费者的性格特质相匹配，最多可增加63%的点击量和1 400多条对话。研究还进一步发现，大多数推广产品和品牌的Facebook页面都受性格定向的影响，基于一个Facebook页面就能准确定向大量消费者。比如，克鲁兹在初选期间惊人的崛起、农村地区选民人数的增加、早期投票中非洲裔美国人投票数量的减少，这些都从侧面证实了人格模型的有效性。

不少美国学者研究后表示，相信Facebook、Instagram等网络平台在2016年美国总统大选中至少能影响70万张选票，甚至可能更多。如果是1.4亿选民参与投票，而选票非常接近（两个候选人分别获得约7 000万张选票），理论上Facebook可以影响0.5%的选民，创造1%的领先优势，也就是给其中一位候选人增加140万张选票。剑桥分析首席数据官亚历克斯·泰勒说,特朗普在选民投票中落后 300 万票但仍赢得选举人团投票这一事实就是数据和研究的结果。

特朗普聘请的剑桥分析工作人员只有十多个。2016 年 7 月,他们从特朗普那里收到 10 万美元,8 月收到 25 万美元,9 月收到 500 万美元,前前后后总共约 1 500 万美元。随后的故事发展众所周知,特朗普打败了希拉里,打败了民意测验,打败了主流媒体。

03

数据操纵英国实验

2016 年是全球政治领域"黑天鹅"事件频现之年,也是深远影响全球各类政治事件的源起之年。"黑天鹅"事件接二连三地发生,使 2016 年美国总统大选成为极具争议的一届,也使英国脱欧公投成为极有争议的全民公投。显然很难说这完全是巧合,以数据操纵为代表的新型政治操纵形态渐渐浮出水面。英国脱欧就像一场悄无声息的政治革命。未来,谁能操纵大数据,谁就能操控政治。

卡明斯的社会实验

2019 年 1 月 15 日,英国脱欧协议投票表决在议会下院举行。1 月 9 日,英国第四台播出电影《脱欧:无理之战》(*Brexit: The Uncivil War*),讲述了脱欧公投如何极具戏剧性地变为"黑天鹅"事件,这是一场由数据驱动和操纵的新型政治运动。著名演员本尼迪克特·康伯巴奇饰演脱欧组织 Vote Leave(投票离开)的宣传运营主管多米尼克·卡明斯。

《脱欧:无理之战》虽是一部电影,出场人物都是演员,但其描述的关键人物、资金运作和权力网络都是真实的。影片开头字幕就是"改编自真实事件以及对当时参与此事的关键人物的采访"。影片围绕主角卡明斯展开叙述,直观展现了卡明斯如何借助加拿大政治咨询公司 AggregateIQ 的数据和算法激发那些以往不被了解和动员的投票者,并最终实现脱欧公投的全过程。

| 卡明斯其人 |

对欧盟的态度,英国社会主要分成三派:脱欧派、留欧派和疑欧派（中间群体）。早在 1975 年，英国就曾进行公投表决是否愿意留在欧洲共同体，结果是 67.2% 的民众选择留下。虽说那次脱欧公投失败了，但是脱欧势力在英国始终很活跃。

自英国加入欧盟以来，留欧派和脱欧派就争论不休。2013 年，英国首相戴维·卡梅伦出于连任利益的考虑，向脱欧派做出一个政治承诺：只要我连任成功，就给你们一场脱欧公投。卡梅伦顺利连任后要兑现政治承诺，于是在 2016 年组织了脱欧公投。卡梅伦是留欧派，他认为英国虽然有一些脱欧力量，但公投成功的可能性极低。但是卡梅伦没有意识到，政治游戏的玩法已发生变化，数据操纵成为一种新的政治形态。2016 年 6 月，脱欧公投启动，1 700 多万票支持脱欧，占比 52%。卡梅伦不得不吞下苦果，随后宣布辞职，英国被迫启动脱欧程序。

正如脱欧组织 Vote Leave 宣传运营主管卡明斯在电影中所说："身处国际社会，我们正在经历一系列深刻的社会经济文化和政治转型，这是从未出现过的。"卡明斯是脱欧公投中脱欧派的代表，在他的数据操控之下，原本被认为是不可能的脱欧竟然变为现实。

电影开场的时间设定是 2020 年，几近秃顶、颓丧的卡明斯在英国一个听证会上接受调查委员会的问询。调查委员会向卡明斯表明，本委员会建立于 2016 年脱欧公投后，主要目的是调查英国公民的个人数据在政治运动中的使用情况，以及它是如何迅速改变民主进程的。

卡明斯毕业于牛津大学历史系，毕业后在俄罗斯生活过 3 年，经营一家只有一架飞机的航空公司。公司经营失败后，他回到英国从事政治咨询工作，组织和领导过多类竞选活动。卡明斯为人直爽但尖锐，与同事关系紧张。熟悉卡明斯的人对他的评价是"一个理想主义者"，以及他"无法愉快地接受傻瓜"。卡梅伦甚至说他是一个事业型反社会的人。卡明思曾多次退出政治竞选团队，只因无法忍受同事或其他英国政客的低能，也不能接受低能者干扰他的工作。就像卡明斯在电影中所言："几乎 90% 的政客，我都忍不了。说实话，他们对我来说毫无用处。"

不参与政治竞选工作期间，卡明斯多投身于教育和慈善活动。他发表过一篇长达 240 页的论文——《关于教育和政治优先事项的一些想法》，核心思想是将英国改造为精英技术社会。由于这篇论文的内容太具颠覆性，一些人认为卡明斯具有反社会人格。一位记者曾这样评论该论文："要么是疯，要么是坏，要么是天才之见，可能三者兼而有之。"留欧派对他的评价也极为刻薄："可以说卡明斯就是个精神病患者，我们只能将他驱逐出唐宁街 10 号。他太想被大众追捧，成为有远见的新世界秩序的缔造者，但实际上他只是一个不择手段的自大狂。"

卡明斯在再次出山去脱欧组织 Vote Leave 负责脱欧宣传之前，已长时间远离政治，他在父亲的农场至少隐居了三年。在这段时间，他主要是不断学习，在 Twitter 和博客上发表的文章多是关于机器学习方面的内容。

在英国脱欧公投成功以后，卡明斯再次远离了政治。

| 巨大的社会实验 |

实际上，卡明斯对英国脱欧问题没有明确的政治立场，他既不是脱欧派也不是留欧派。他再度出山组织脱欧公投，主要是因为厌恶英国长期以来的精英政治，也是为了验证自己有关"信息革命必然影响政治革命"的想法，于是他将脱欧视为其巨大的社会实验的一部分。

卡明斯在电影中表示，切实期望的理想情况是"创造自柏林墙倒塌以来全世界最大的政治颠覆"。他在和留欧派领袖去酒吧时表示："你们（精英们）控制了一切，用你们自以为正确的专家意见独占话语权，导致部分民众完全失去了发声的机会，我要为他们争回发声的机会。"在调查委员会的听证会上，卡明斯表示，国家的政治系统长期以来毫无作为，不管哪一派上台都是一潭死水，所以他要彻底打破这种失灵的机制，争取一个改变的机会（即便这种改变是灾难性的）。

卡明斯下很大功夫找到AggregateIQ。电影中有一个重要的情节：AggregateIQ的负责人扎克·马辛厄姆（Zack Massingham）与卡明斯在公园第一次见面，两人长谈。

马辛厄姆：技术上，我们使用精密算法来帮助政治运动进行微定向。

卡明斯：对方阵营拥有一个我无权访问的选民数据库。我需要建立自己的数据库找到选民，把我们的广告投向他们。

马辛厄姆：我们现在有了更高级的手段。科技早已超越"你喜欢这个，那你应该也喜欢那个"的阶段，算法会研究我们的行为，甚至是我们的心理和情感状态。社交媒体知道我们在问什么，知道我们为什么熬夜，以及我们什么时候睡觉、去什么地方、和谁一起去，然后算法就能做出相应的预测……准确得令人难堪。比如，Facebook知道你什么时候开始不爱你的另一半了。它也不是故意要去发现这些，只是20亿人每天无数次地持续向数据库输入信息，规律形成，行为重叠，它因此能定位你的信息。这意味着人们可以完全依据接收广告对象的不同，设计并发出成千上万种内容不同的广告。你的社交动态会与你周围人的稍有不同，我们的软件可以测试出不同广告对不同人群的效果，依据他们的点赞点击和分享率实时修改提升。我们的问题在于还没有找到一个足够大的案例来发挥这项技术的功效——一个足够大的样本量。

卡明斯：我们就是你的测试对象，英国民主对你们来说就是个实验。

马辛厄姆：地毯式的广告已失去效力。我们时刻都在自愿地更新和上传信息，告诉数据公司和广告商我们是谁、我们想要什么。这些数据可以帮助政党触达每位选民，向他们发送通过算法为他们量身定制的宣传信息。这不是左派与右派之间的对抗，而是新与旧的对抗，这就是新型政治。只有这样，你们才能赢。

卡明斯和马辛厄姆边走边聊。

马辛厄姆：你说的只是定位对手所掌握的政府数据库里已经存在的那些人。你的视野太狭隘了。

卡明斯：之前可从来没有人这么说过我。

马辛厄姆：那些不爱上网、不投票的人呢？社交平台是为了帮人们更高效地找到兴趣相投的人而设计的。我们的系统能够定位并锁定那些尚未成为政治运动目标对象的人、那些从来不投票的人，以及反对政府、满腔愤怒、会支持你的人。我们已经着手去找这些人，那可是足足300万张选票——全都是你的，对方阵营完全不知道他们的存在。

|黑进政治系统|

卡明斯在电影中对脱欧派领袖说："你们找我来，就要按我的玩法玩，我们玩新政治。"卡明斯与脱欧派领袖谈判时爆发了激烈的争论。脱欧派领袖表示："我们的第一步必须是与选民直接接触，以传统方式进行——上门宣传、铺设展台、张贴海报。海报方面需要议员参与，要让更多议员站到我们这边，而非他们那边，因为议员们了解当地的情况。"

卡明斯则大谈自己的想法："集中建立一个数据系统，为我们提供所需的经验数据，以了解选民的背景以及他们希望接收的信息。我只是想让我们有所突破。这是这项运动开展40多年来，议员们一直没能做到的。不管是做什么决定，全民公投绝对都是最烂的方法，它会造成分裂，假装原本复杂的选择只是红蓝或黑白的二选一。我们也知道在政治变革和改革方面有更为细致精密的方法。如今政治交锋变得如此愚蠢，都是因为搞政治的人全是笨蛋。可情况就是如此。如果政治形态依然如此，那就由我来带领大家取得突破，用我所能使用的任何方式。我们必须黑进政治系统，黑进去，就像网络入侵那样从后门进去，对政治系统进行重新编程，使它能为我们所用。你们说的只是海报、传单，而我说的是改变政治局势。"

同属脱欧派的英国独立党前领袖奈杰尔·法拉奇、英国独立党捐助人亚伦·班克斯突然闯到卡明斯的办公室谈合作。

法拉奇：我们到底为什么不能合作？你们的运动与我们的运

动合为一体，将势不可当。

班克斯：我掌握着呼叫中心，还有钱。在引入支出上限之前，我捐了900万英镑，我相信这绝对是英国政治历史上最大的一笔捐助。

法拉奇：你们目前所有的简报里从未提到移民。

卡明斯：那是故意而为。公众很清楚自己对移民的看法，我们想要争取过来的人、我们需要战胜的人可不只是英国独立党。

法拉奇：所以你是想让那些正统派好好享受他们的高档晚宴。

卡明斯：我们不需要他们，我们需要的是普通人。我们需要整个国家的半数人民，再加一个政治运动成功的四项基本原则中的第二项——为选民建立广泛的同盟。

接下来，卡明斯详述了留欧派的实力。

卡明斯：我说说我们要对付的人，他们就在河对岸，为击垮我们做着充分的准备。露西·托马斯曾是《新闻之夜》栏目的制作人，她知道该如何应对媒体；运动项目主管威尔·斯特劳是英国工党政治家、司法大臣、上议院大法官杰克·斯特劳的儿子；战略主管瑞恩·科特兹曾担任英国自由民主党主席、英国副首相尼克·克莱格的特别顾问；克雷格·奥利弗是卡梅伦的通信主管。

班克斯：要想击溃政敌，就需要人民的力量。你需要奈杰尔，他可以参加电视辩论，参加集会。

卡明斯：我们会以数据和民意调查为导向，奈杰尔也许有用，

03 数据操纵英国实验

也许无用,都得日后再做判断。

在与脱欧派领袖撕破脸后,卡明斯我行我素地开始实施计划,与 AggregateIQ 合作,利用数据和网络操控选民。在电影中,卡明斯向朋友们介绍了自己的数据团队和数据操纵方法。

我们开发了一款软件,能将个人的 Facebook 和 Twitter 账户与选民手册及投票预测、拉票情况结合,并存入一个能实时更新、实时反馈的数据库。这些是可用于测试的广告,看看这个针对欧洲锦标赛设计的足球游戏——"预测 2016 年欧洲足球锦标赛结果,赢 5 000 万英镑",实际上用户赢得奖金的概率是六万亿分之一,但是我们可以借此收集成千上万人的联系方式,促使这些人投票。游戏设置了大约 20 个问题,每一次回答都能让我们更了解用户,比如"土耳其有 7 600 万人口,土耳其将加入欧盟,这是好主意吗",软件会根据用户的选择决定推送什么样的广告。

|寻找 300 万沉默者|

留欧派与脱欧派两大阵营实力悬殊,大部分主流政党支持留欧,执政党和反对党领袖都反对脱欧,当时仅有 6 名内阁成员及 140 多名保守党议员支持脱欧。从各大民调结果看,留欧民调一路领先。然而,留欧派忽视了"沉默的大多数",总人数约 300 万。英国加入欧盟后,外国移民大量涌入,一些英国人因此失去工作,生活大不如前,他们处在社会底层,很少参与政治,是英国社会的"沉默者"。这些人从未投过票或很少去投票，并且大多支持脱欧，他们无疑是重要的可说服群体。此时，脱欧派面临一个棘手的问题，寻找"沉默的大多数"，找到这些"消失的选民"，然后说服他们去登记，投票支持脱欧。这些"沉默者"到底在哪里，如何把他们打捞出来去投票呢？

在电影中，卡明斯对同事强调，要去了解那些摇摆不定的人，追逐他们，诱导他们站进我们的阵营。这类选民远比想象的多，大约多300万。这300万是一个沉默的群体，他们不存在于任何选民数据库，却是可以动员的潜在选民。如果可以找到他们，选票就是我们的。

通过传统的电视广告和演讲，很难找到这300万"沉默者"，但是如果通过互联网，利用大数据，就不难找到，然后对他们定向说服。大数据很容易精准打捞出这些"沉默者"，不过即便找到了他们，还需要说服他们支持脱欧并去投票，这项工作更为困难。

在电影中，留欧派强调从理智上拉拢他们，用数据和预测着重陈述事实来说服民众，因为民众都是理性的。卡明斯则对同事强调要迎合民众的内心需求、情感共鸣，及他们的所思、所想、所盼，他们的梦想和激情、恐惧和怀疑。卡明斯明白，真正驱动民众行动的不是理性，而是非理性情绪：恐惧、焦虑和痛苦，以及梦想、野心和希望。即使这些情绪无法把世界或生活变得更好，但它最能驱动人们不顾一切地行动。当基于大数据分析的煽动性广告投放于脱欧公投，"沉默的大多数"就被激活了。

| "戳痛点"广告 |

AggregateIQ 与剑桥分析一样，都善于利用免费竞猜活动。比如，

前文提到的竞猜欧洲足球锦标赛结果的活动，虽然用户可以免费参加，但几乎不可能有人获奖，活动的目的就是收集用户数据。

脱欧公投恰在 2016 年欧锦赛举办期间，英国民众在参与欧锦赛竞猜游戏时要留下姓名、电话、电子邮箱地址、Facebook 或 Twitter 账号等信息。只要注册游戏就有机会中巨额奖金，参与者趋之若鹜。AggregateIQ 获取了大量用户数据，紧接着要实施第二步，将用户纳入大数据监测和分析，然后进行政治广告投放。Facebook 和 Twitter 等社交媒体都是开放平台，除非用户设置仅朋友可见，大多数人都可以看到陌生人的动态。关注了一个人，就能知道他转发了什么、给什么点了赞、发了什么照片、发表了什么言论。AggregateIQ 利用这些数据可以梳理用户并归类，然后基于分类投放政治广告。

AggregateIQ 投放的政治广告十分巧妙，不是生硬的宣传，广告内容和口号直戳痛点，其根据用户日常在社交媒体上的言行分别投送相应的政治广告。比如前文提到的"土耳其有 7 600 万人口，土耳其将加入欧盟，这是好主意吗"就是"戳痛点"的问卷广告，它告诉英国民众，土耳其有 7 600 万人口，暗示土耳其一旦加入欧盟，土耳其人将肆无忌惮地移民英国，以触发英国民众的担忧。在英国人的印象中，土耳其是混乱、落后的，如果土耳其加入欧盟，很难想象 100 万、1 000 万土耳其人涌入英国的灾难性后果。该广告想表达的是，留欧将面对不受控制的移民、犯罪和恐怖主义，会有大量土耳其人涌入英国。据维基百科的数据统计，脱欧公投结果出来之后，种族歧视及仇恨暴力事件仅四天时间就比 2015 年同期增加约 57%（2015 年同期为 54 件，2016 年为 85 件）。

不过，基于大数据分析定位，大多数能看到这则问卷广告的人属于疑欧群体，因为他们还在犹豫不决，不知脱欧对己是利是弊。当他们看到这则政治广告时，会立刻联想到土耳其人涌入英国，于是果断点击广告的否定选项。点击否定选项后，他们就会看到一个完整的问卷调查，共 20 个问题，每个都在暗示英国留欧是多么愚蠢和恐怖。

比如，英国每周付给欧盟 3.5 亿英镑，你同意吗？欧盟反对保护北极熊，你同意吗？523 万移民正从欧盟进入英国，你同意吗？欧盟想禁止使用烧水壶，你同意吗？疑欧群体做完这份调查问卷后，欧盟的人设在其心中必然崩塌，留欧派的宣传必然崩溃。问卷广告不提欧盟对英国的任何好处，强调的都是欧盟对英国不利的方面，突显英国留欧有诸多不利。

这种直戳痛点的情绪操控广告在脱欧前的英国网上有很多。时任美国总统的奥巴马力挺英国留欧后，脱欧派立刻在 Facebook 和 Twitter 上投放问卷广告，广告首页是奥巴马的大幅照片，标题是"别多管闲事，奥巴马"。英国选民看到广告标题，自然会质疑美国人凭什么管英国人的事。英国民众点击广告后，会看到一份调查问卷，每个问题都在引导他们成为脱欧派。

面对脱欧派铺天盖地的基于大数据的网络宣传，留欧派还在使用数十年前的传统宣传方法：政治领袖下乡演讲，接听选民电话……时任英国首相的卡梅伦不知进行了多少次留欧演讲，也多次在留欧总部接听选民电话，这种方式的效果实在有限。认真算一下账，参加留欧派演讲会的必定多是留欧派，少部分是疑欧派，有极少数脱欧派。演讲会的目的是要拉拢疑欧派，但演讲会的形式过于生硬，与网上"博眼球的广告""戳痛点的标语"根本没法比。

另外，留欧派讲的是专业知识——货币和投资，脱欧派则拼命戳民众的痛点——移民和工作。脱欧派反复渲染，未来八年内土耳其将加入欧盟，如果英国不脱欧，土耳其一旦加入欧盟，将有100万土耳其人涌入英国，以此对民众进行移民恐吓。脱欧派的另一个重磅宣传是英国每周需要付给欧盟3.5亿英镑，如果脱欧，英国每周就能多出3.5亿英镑投入医疗服务。留欧派和脱欧派，一边是知名学者的专业讲述，另一边是贩卖焦虑的广告和口号。对那些生活境遇本来就不好的"沉默的大多数"来说，面对100万土耳其人未来可能涌入英国的煽动性言论，哪有心思听学者讲金融知识。此外，留欧派还必须不断"灭火"，投入大量精力辟谣和解释网络上大规模的有关"留欧后的恐怖后果"的传言。

事实证明，卡明斯是对的，脱欧派笑到了最后。影片片尾字幕显示，卡明斯通过社交媒体投放了10亿条根据英国民众个人数据量身定制的广告。从英国脱欧公投的结果看，基于数据操纵的定制化宣传是有效果的，最终激活了300万"沉默者"。

| 新政治形态 |

《脱欧：无理之战》的一个代表性片段是，留欧和脱欧支持者同处一室，展开辩论。

留欧派：一切都受到质疑，没人再相信专家的话，真相不再重要，吼叫才重要。只有吼得最响、最凶的人才会被听到，没有人再关心真相。

101

脱欧派：只是为那些多年来都没有发言权的底层人民争取到发言的机会。

留欧派：你仅仅是在煽动他们，煽动不明真相的民众。

脱欧派：留欧派控制了政治那么多年，霸占了政治话语权那么多年，又做了什么呢？

留欧派：你知道用这种煽动而非理性的方法获取胜利有多危险吗？它就是潘多拉魔盒，一旦打开就再也回不去了。

脱欧派：改变振奋人心。现在是新时代，当然要有新的政治形态——你们这种人无法控制的新政治形态。

在英国脱欧公投后，幕后大佬默瑟继续利用大数据操纵美国大选。据说，2018年的法国巴黎"黄背心"运动也有大数据操纵的影子，默瑟的老朋友班农当时也在欧洲积极活动，串联欧洲的极右翼势力。2019年5月，欧洲议会选举中再次出现大数据操纵的影子，直戳选民痛点，煽动选民情绪，获得高关注度，进而获得大多数选票，这成为政客惯用的手段。人们不禁感叹，这是一种政治形态革命，新政治形态破壳而出。未来，操控政治的将是数据，而不再是人们的立场。

AggregateIQ 又在玩火

| 祸起剑桥分析 |

2015年11月，由奈杰尔·法拉奇支持的政治运动组织 Leave.EU（脱欧）宣布，已委托剑桥分析支持其网络活动。剑桥分析的核心优势

是创新性政治营销——微定向，基于大五人格模型，从数字足迹测绘用户个性。Leave.EU 借助剑桥分析向用户精准投放脱欧广告，在诱导投票上产生了奇效。脱欧阵营中英国保守党的许多捐助者都与剑桥分析的母公司 SCL 集团有联系。2016 年 8 月，特朗普曾发布一条推文："很快你们会叫我'脱欧先生'。"当时，很少有人注意到这条推文与特朗普聘用的剑桥分析有关联。在《脱欧：无理之战》中，同属脱欧派却未能占据主导的亚伦·班克斯也承认聘请了一家能精准分析选民数据的公司——剑桥分析。

2018 年 3 月，"剑桥分析"事件的爆料人怀利在英国议会接受质询时说："如果没有我所认为的作弊（行为），那么脱欧公投的结果很可能截然不同。" 3 月 23 日，剑桥分析的前业务拓展主管布里塔妮·凯泽（Brittany Kaiser）透露，支持脱欧的英国独立党曾向该公司提供选民数据，剑桥分析在分析数据后免费为 Leave.EU 提供服务，合作方式是"我们为你做研究、建模，然后通过电子邮件、普通邮件、上门宣传、现场活动等帮你执行数据库"。

3 月 24 日，英国媒体报道，剑桥分析曾称它能影响脱欧公投结果，并制作了一份长达 10 页的文件，标题为"脱欧公投的大数据解决方案"，该方案可以瞄准选民、捐赠者、政治家和记者中的脱欧支持者。剑桥分析的 CEO 尼克斯曾与英国首相卡梅伦沟通，剑桥分析还误导了英国民众和国会议员对 Leave.EU、英国独立党等组织数据的分析。

英国媒体认为，剑桥分析直接参与了英国脱欧公投，诱导"可说服的"选民投票脱离欧盟。专栏作家卡德瓦拉德进行了调查，研究数据技术在脱欧公投中被用来瞄准用户的情况，即依据从网上搜集到的数据洞察选民心理、说服选民群体。2017年，卡德瓦拉德在《观察家报》等报纸上刊登详细分析，提出剑桥分析影响了英国民众对脱欧投票的选择，导致更多英国人选择脱离欧盟。她甚至表示，剑桥分析在2016年英国的脱欧公投中起到重要作用。

2018年3月，怀利在英国听证会上说："与剑桥分析有联系的公司帮助'投票假期'活动①规避了英国脱欧公投期间竞选融资的法律法规。"9月，欧盟准备修订现有政党资助规则，以防止2019年欧洲议会选举中发生类似的干预事件，并禁止类似的数据收集行动。

| AggregateIQ 简史 |

《观察家报》报道，剑桥分析在英国脱欧公投中起很大的作用，其与加拿大数据和政治咨询公司 AggregateIQ 关系密切。怀利和 Vote Leave 前志愿者沙密尔·沙尼（Shahmir Sanni）均表示，在英国脱欧公投期间，Vote Leave 曾支付给 AggregateIQ 巨额费用。卡明斯的成功主要得益于 AggregateIQ 基于大数据的精准定向技术。

AggregateIQ 成立于2013年，总部位于加拿大不列颠哥伦比亚省首府维多利亚，由扎克·马辛厄姆创建并担任总裁。马辛厄姆原先只是一所大学的网络管理员，但是他得到了 SCL 集团和剑桥分析关键人物怀利的支持。

怀利透露，他在担任 SCL 集团选举部门的研究室主任时需要迅速拓展技术能力，于是联系了大量曾与他共事的人，包括他的前雇主杰

---

① "投票期间"活动由鲍里斯·约翰逊和迈克尔·戈夫领导的脱欧集团发起。

夫·西尔韦斯特（Jeff Silvester）。之后，西尔韦斯特与其合作伙伴马辛厄姆共同创办了AggregateIQ，以承揽SCL集团和剑桥分析的项目。怀利说："如果没有我，AggregateIQ就不会存在。"

AggregateIQ虽然名气不大，但是来头不小，其幕后老板是剑桥分析的老板、亿万富翁罗伯特·默瑟。在《脱欧：无理之战》中，默瑟也出场了，他说："在我们与政界的文化战争中，伦敦一直是一个重要阵地。史蒂夫·班农是布赖特巴特新闻网的掌门人，也是我另外一家配备了多位竞选专家的数据挖掘公司的董事会成员，该公司之前负责了美国得克萨斯州参议员泰德·克鲁兹的竞选。起先克鲁兹的支持率只有3%，我们帮他推升到40%以上，这是史无前例的飞跃。我们只是简单地通过行为模式进行微定向，找到那些可以争取的选民，知晓能令他们改变立场的信息……是英国人，是剑桥分析。钱是很重要，但数据才是权力。"

众所周知，班农曾是特朗普的顾问，特朗普能当选总统，班农可谓厥功至伟。在班农的引荐下，默瑟不仅是特朗普竞选总统最有力的赞助者之一，更为特朗普竞选提供了一系列网络操纵支持。默瑟控制的剑桥分析和AggregateIQ先是操纵了英国脱欧公投，接着操控了美国大选。

AggregateIQ在鲍里斯·约翰逊支持的脱欧组织Vote Leave中扮演重要角色，其网站上曾有一句卡明斯的话："毫无疑问，脱欧运动的成功很大一部分要归功于AggregateIQ，没有它，我们就不可能成功。"Vote Leave近一半的经费给了AggregateIQ。

AggregateIQ都能干什么？马辛厄姆曾在《脱欧：无理之战》中详细介绍，从技术上说，就是使用精密算法帮助政治运动进行微定向，类似精准投放，也就是根据选民的网络浏览痕迹分析他属于哪类人，然后进行精准政治宣传的投放。比如，某个选民用手机或电脑上网看房地产新闻比较多，那么就可以判定房地产议题是其关心的议题，再进一步判断他是希望房价跌还是涨以推送相应的政治广告。具体情况具体分析，精确定位一个个微小的目标。

| 加拿大分部 |

怀利透露，卡明斯倚重的 AggregateIQ 的技术专利归属于剑桥分析，即主要是连接社交媒体和在线广告的算法，主要业务是辅助各政治组织和商业机构进行精准宣传。AggregateIQ 的网站曾这样阐述公司的使命："我们通过行之有效的技术、数据驱动策略，帮助做出及时的决策，接触广大受众，并最终实现客户的目标。"

2018 年 4 月，网络安全评估公司 UpGuard 发现，AggregateIQ 的一个大型数据库被暴露——可供在线下载。这个数据库在 AggregateIQ 的子域名上，网址为 gitlab.aggregateiq.com。用户进入该网址时，网站就会提醒用户注册查看内容，用户只要填写电子邮件地址就能免费注册，之后可下载这一子域名上几十个独立的数据库。

该数据库包括一整套复杂的应用程序、管理程序、文件加密、广告追踪工具和信息库，把它们结合起来，就可通过电话、电子邮件、政治网站、志愿者游说和 Facebook 广告等方式影响个人。数据库能整合大量美英公民个人信息，基于数据分析影响他们或向其推送广告，甚至追踪其网络行为。科技博客网站 Gizmodo 发表文章《AggregateIQ 创建剑桥分析选举软件的证据》称，AggregateIQ 被曝光的数据库表明它开发了 Ripon 软件平台，这正是剑桥分析的基础软件。

怀利还透露，AggregateIQ 与剑桥分析关系紧密，两家公司使用相同的数据技术，而且签订了保密协议。正因如此，剑桥分析的员工经常将 AggregateIQ 称为"加拿大分部"。2016 年美国总统大选期间，剑桥分析为特朗普提供的数据分析技术是由 AggregateIQ 开发的。AggregateIQ 为剑桥分析提供了 Ripon 软件平台，该软件平台以美国共和党诞生地威斯康星州的瑞盆镇（Ripon）命名。AggregateIQ 还与美国得克萨斯州参议员泰德·克鲁兹和得克萨斯州州长格雷格·雅培（Greg Abbott）存在关联，2016 年，克鲁兹作为共和党候选人，在竞选中曾使用 Ripon 软件平台。

| 宣传资金的运作 |

英国竞选法律规定，脱欧组织 Vote Leave 在脱欧公投上的宣传资金使用上限是 700 万英镑。Vote Leave 前志愿者沙尼向媒体爆料，Vote Leave 表面上将 40% 的资金用在 AggregateIQ，实际上当资金使用量达到上限 700 万英镑后，它就将另外的 62.5 万英镑捐赠给一名学习时尚设计的学生达伦·格兰姆斯（Darren Grimes）创立的脱欧组织 BeLeave（相信脱欧），以规避单一机构宣传资金不得超 700 万英镑的规定。Vote Leave 申报的宣传资金总额是 677 万英镑，不包括捐赠的 62.5 万英镑。

当时，BeLeave 收到 Vote Leave 的捐款后，将这笔钱全部用于聘请数据营销公司，因此转给了 AggregateIQ。Vote Leave 除了为 BeLeave 捐款，还协助 BeLeave 打响知名度。这两个脱欧团体不仅办公地点相同、使用同一硬盘保存资料，还频频就脱欧事宜进行沟通。

此外，Vote Leave 还向另一家名为"英国老兵"的脱欧组织捐赠了 10 万英镑，这些钱也被转给了 AggregateIQ。在脱欧公投期间，AggregateIQ 代表 Vote Leave 搜集选民信息，并在分析选民背景后投放定向广告，以影响选民在公投中的决定。英国数字、文化、媒体和体育事务特别委员会主席达米安·柯林斯感叹："我们正面临民主的危机——基于对数据的系统性操纵支持对公民的无情攻击……这一切都是通过虚假信息和仇恨信息的运作来操控的。"此外，AggregateIQ 还曾服务于北爱尔兰民主统一党。

AggregateIQ 还是重蹈了剑桥分析的覆辙。2018 年 4 月，Facebook 以 AggregateIQ 利用不适当方式获取 Facebook 用户数据为由，暂停与其合作。Facebook 证实，超过 62 万加拿大用户的数据被传送到剑桥分析，大多数人并不同意或知晓其数据被共享。随后，Facebook 又封杀了 CubeYou 数据公司，原因是后者通过答题测试收集 Facebook 用户数据。CubeYou 将其答题测试标榜为用于非营利性学术研究，但其收集到数据后就共享给营销者，与剑桥分析模式相似。

| 芬安全的佐证 |

芬兰知名计算机及网络安全公司芬安全（F-Secure）研究过大量有关英国脱欧的推文。研究人员使用 Twitter API（应用程序接口），以 brexit（英国脱欧）为关键词，对 Twitter 数据进行搜索，跟踪 2018 年 12 月 4 日至 2019 年 2 月 13 日与英国脱欧相关的推文，寻找散布虚假消息、伪草根言论、情绪放大等可疑线索。他们收集了 165 万个用户的 2 400 万条推文，包括 14.5 万个不同的主题标签、41.2 万个不同的 URL

地址和 70 万条原创推文。

研究人员分析用户发推文或转推文的时间和其账号后发现，部分用户短时间内大量发布推文、部分用户集中发布推文的时间段显示他们似乎并未居住在英国的时区范围（不符合英国人的作息时间）。研究人员分析用户发推文或转推文的频率，计算推文的字数、分享的主题标签和 URL 地址参数，绘制 Twitter 账号互动的可视化关联。最后，对活跃于 Twitter 的脱欧和留欧群体进行画像，找到了双方阵营中具有影响力的 Twitter 账号。研究分析发现：

- 留欧群体使用的前 50 个主题标签均围绕反对脱欧的情绪、政治家或英国的政治事件。
- 脱欧群体使用的前 50 个主题标签主要涉及"无协议"（欧盟、无协议、世贸组织、无协议没关系、英国脱世）、法国抗议与英国抗议（黄背心、英国黄背心）以及特朗普（"让美国再次伟大"）。
- 留欧群体大量转发请求举行第二次公投的请愿链接，脱欧群体大量转发要求英国无论如何都要脱离欧盟的请愿链接。
- 在推文转发量占总转发量 95% 的用户中，脱欧群体的 62 个账号明显属于美国右翼分子，而留欧群体中并未发现此类账号。
- 脱欧群体的一些账号与非权威、极右翼"新闻"账号互动，或分享与这些账号有关联的链接，而留欧群体中并未发现类似情况。

这两个群体都存在不正常行为，但脱欧群体的异常活动更明显，主要表现包括：

- 脱欧群体排名前两位的影响者的推文转发量远远超过其他账号。
- 脱欧群体利用一些非权威新闻来源散布信息。
- 大量非英国本地账号参与了与脱欧有关的交流和转发推文活动。
- 一些支持脱欧的账号发布了与英国脱欧无关的推文，特别是有关"黄背心运动"和"让美国再次伟大"的推文。
- 一些支持脱欧的账号参与了煽动法国社会运动，如"法国抗议"。

研究人员认为，支持脱欧的Twitter群体背后有英国以外的极右翼账号的支持。国外极右翼激进分子出于某种目的协调一致地在Twitter上散布信息，诱导讨论，放大某种情绪，而英国脱欧只是其运作内容之一。

04

剑桥分析操纵世界

剑桥分析在24个不同国家或地区设有分部，不仅参与操纵了2016年美国总统大选，多年来还与母公司SCL集团一起在60多个国家或地区参与政治选举操纵。

参与60多个国家或地区的选举操纵

|200多场政治选举|

SCL集团官网称自己是"全球选举管理机构"，"25年来，我们在超过60个国家或地区开展项目"。经媒体梳理，SCL集团子公司参与了乌克兰、尼日利亚等国家政治选举，协助尼泊尔平叛，帮助影响东欧和阿富汗民众对北约的态度。新闻网站Quartz、英国第四台等披露的文件和调查及知情人透露，SCL集团及其子公司至少参与了美国、尼日利亚、肯尼亚、墨西哥、捷克、马来西亚、澳大利亚、印度和阿根廷等国家或地区超200场政治选举，客户遍布北美洲、南美洲、亚洲、非洲和加勒比等地区（见表4-1）。

表4-1　SCL集团参与的部分政治选举事件

洲	国　家	操纵事件
欧洲	意大利	参与2012年意大利政治竞选活动，代表"20世纪80年代最后成功的复兴政党"，"在意大利政治动荡的时候，剑桥分析的建议使该党的表现超出了最初的预期"。
欧洲	乌克兰	2014年帮助乌克兰总统维克多·尤先科掌权，为乌克兰提供"本地化的宣传运动"。
欧洲	捷克	剑桥分析主管马克·特恩布尔表示："我们刚利用一家机构在东欧国家运作了一个非常成功的项目，甚至没有人知道它曾经出现在那里。"

（续表）

洲	国家	操纵事件
非洲	肯尼亚	推出一项涵盖 47 000 名受害者的政治研究项目，希望了解选民的需求和恐惧，并向客户（肯尼亚的两个主要政党之一）提供通信、品牌和政策方面的建议，分别在 2013 年和 2017 年帮助肯尼亚总统乌胡鲁·肯雅塔在竞选中获胜。
北美洲	圣基茨和尼维斯	SCL 集团表示能够推迟选举并举办一场"民族自豪感"运动，帮助其客户在 21 世纪后期持续掌权。在 2010 年的竞选活动中，负责工党的大选互动管理，并帮助总理登齐尔·道格拉斯史无前例地实现第四次连任。
南美洲	哥伦比亚	2010 年总统大选前，对选民进行调查后建议并阻止了客户向选民宣传其诚实和可靠性。
南美洲	巴西	与巴西咨询公司 Ponte Estrangia 合作的 CA Ponte 公司，与三位潜在候选人的代表进行了接触。
南美洲	墨西哥	与一款名为 Pig.gi 的 App 合作，希望利用其采集的数据帮助 2018 年总统选举中的候选人。
亚洲	印度	为印度人民党和国会提供"政治活动管理"，已"成功管理了针对人民党的四次竞选互动"，并涉及印度 2014 年的总理大选。
亚洲	尼泊尔	帮助尼泊尔王室成功平息叛乱。

据媒体调查，SCL 集团和剑桥分析除了参与美国总统大选和英国脱欧公投，还在阿富汗开展当地人对宗教事务和政府治理的态度研究，帮助乌胡鲁·肯雅塔连任肯尼亚总统，在墨西哥用商业和政治数据评估美国打击毒品贸易和暴力犯罪的政策效果，评估在索马里建立电话网络的可能性，在特立尼达和多巴哥、加纳等国家制造有影响力的事件。《以色列时报》报道，剑桥分析曾利用其英国和以色列子公司收集的情报操纵选举。专家预测，在未来的政治选举中，针对选民的大数据操纵将屡见不鲜……如今，政府和政客沉迷于数据操纵，程度不亚于对竞选

资金的依赖。

| 操纵政治选举的套路 |

SCL集团和剑桥分析可谓战果丰硕，在全球多个国家或地区的多层级选举中都有答卷，它的主要套路包括：

- 成立公司（核心成员是操纵美国政治选举的幕后精英）
- 承接项目（利用全球政治人脉承接各个国家或地区的项目）
- 业务拓展（自己承接或与其他公司合作拓展全球业务）
- 采集数据（从网上特别是社交媒体搜集选民数据，比如从Facebook违规获取8 700万用户的数据）
- 分析数据（运用心理测量学对用户数据进行挖掘分析，即微定向，依靠"大五类人格"模型以用户数据足迹测量其性格特征，构建选民的人物画像，预测选民心理，预测用户投票倾向）
- 制造舆论（根据不同政治选举的实际情况设置议题或制造舆论）
- 定向推送（有针对性地向涉及的选民推送信息，比如针对不同倾向的投票者发布不同的竞选信息。针对可能投票给特朗普的选民，积极发布特朗普的竞选信息和理念，以促使其投票；对可能投票给希拉里的选民发布负面信息，降低选民的投票意愿，至少说服这部分选民远离投票箱）
- 影响受众（通过信息推送影响选民的思想和判断）
- 实现目标（帮助客户实现竞选的目标）

美国中期选举与总统大选

剑桥分析 CEO 尼克斯曾公开宣称，采用人工智能支撑的广告定向算法、行为分析算法和数据挖掘技术支撑的心理分析预测模型，辅助竞选战略。仅 2014 年，剑桥分析就参与了 44 场美国政治选举。

Bracewell & Giuliani 律师事务所的律师劳伦斯·李维（Laurence Levy）曾就丽贝卡·默瑟、史蒂夫·班农和亚历山大·尼克斯通过剑桥分析参与美国政治选举的合法性提供法律意见。他建议，尼克斯和任何没有绿卡的外国公民不得参与公司为与美国政治选举有关的工作所做的任何决策。尼克斯应回避参与剑桥分析的美国政治选举工作，因为他不是美国公民。但是，李维的建议并未受到重视。

| 超级政治行动委员会 |

剑桥分析于 2013 年进入美国政治数据市场，并参与了 2014 年美国国会、参议院和 2014 年中期选举的州级选举。美国联邦选举委员会的文件显示，由美国国家安全事务前助理约翰·博尔顿（John Bolton）创立的约翰·博尔顿超级政治行动委员会在剑桥分析成立后不久就与其合作了。

2014 年，约翰·博尔顿超级政治行动委员会聘请了剑桥分析，2016 年向其支付了 81.1 万美元。截至 2017 年，约翰·博尔顿超级政治行动委员会共向剑桥分析支付了约 120 万美元，用于购买"带有心理信息的行为微定向服务"，并收集 Facebook 用户数据。怀利表示，约翰·博尔顿超级政治行动委员会搜集数据后建模都是基于 Facebook 的用户数据。美国联邦选举委员会的数据显示，仅 2014 年的中期选举，约翰·博尔顿超级政治行动委员会和特朗普的支持者向剑桥分析支付的金额就超100万美元。

近几年在美国兴起的超级政治行动委员会又被称为"超级筹款机",对美国各层级选举的影响极大。超级政治行动委员会是利益集团和民间组织提供助选资金的外围团体,能向个人、企业或其他利益集团无限制募集资金。它们虽不能向竞选阵营直接提供政治资金,但可以把所募资金用于支持选举。美国富豪往往通过超级政治行动委员会隐秘地向其支持的候选人提供助选资金,因为以这种方法影响政治选情、左右政治走向既可以享受幕后操纵之感,又无须公开政治倾向,能避免不必要的麻烦。

超级政治行动委员会募集的资金主要用于开展助选宣传。2014年,美国中期选举的电视竞选广告大多由超级政治行动委员会买单。"21世纪美国之桥"超级政治行动委员会以抹黑共和党候选人为目的成立了一个"修正记录"团队,专门应对抹黑希拉里的言行。"希拉里预备队"则是一个独立的民间超级政治行动委员会,它掌握着希拉里2008年竞争民主党总统候选人提名时的募捐人联系册,并配备大数据分析工具。

在2012年美国总统大选期间,为几家超级政治行动委员会捐赠了420万美元的波士顿投资家约翰·蔡尔兹(John Childs)和捐赠了360万美元的达拉斯富商罗伯特·罗林(Robert Raulin)曾在查尔斯·科赫和戴维·科赫的私宅与超级政治行动委员会代表会面密谈。以科赫兄弟为首的政治金援网络对美国政治选举的影响力不容小觑,科赫兄弟的资金网络在2012年美国总统大选期间共向共和党捐赠4亿美元。2013年8月起,为阻挠奥巴马医改计划的推进,科赫兄弟支持的非营利性机构"美国人争取繁荣"捐赠了2 700万美元,以攻击有弱点的民主党人,其中仅攻击参议员凯·哈根(Kay Hagen)的广告费就达800万美元,此举主要为帮助共和党在中期选举中夺得参议院控制权。

共和党有了约翰·博尔顿超级政治行动委员会的资金和宣传支持,其候选人汤姆·蒂利斯(Thom Tillis)和汤姆·科顿(Thom Cotton)分别在北卡罗来纳州、阿肯色州赢得了选举,不过斯科特·布朗(Scott Brown)在新罕布什尔州败选了。约翰·博尔顿超级政治行动委员会聘请剑桥分析,主要是开展数字和电视广告活动,重点参与阿肯色州、北卡罗来纳州和新罕布什尔州的参议院选举活动,为这些州的共和党候选人提供竞选服务。在剑桥分析的协助下,约翰·博尔顿超级政治行动委员会在北卡罗来纳州和阿肯色州的30个地方、新罕布什尔州的17个地方推出数字和电视广告活动,有些活动目标直指使用美国卫星电视巨头Dish和直播卫星电视公司DirecTV的家庭。

在汤姆·蒂利斯击败民主党参议员凯·哈根,顺利当选北卡罗来纳州参议员的过程中,剑桥分析因在帮助确定优先考虑外交事务的北卡罗来纳选民群体中所起的作用而受到肯定,直接鼓舞了共和党候选人蒂利斯将州级辩论主题从有关教育政策转移到哈根未能认真对待的伊斯兰国崛起问题。为此,蒂利斯的竞选团队和北卡罗来纳州共和党共向剑桥分析支付了34.5万美元。

剑桥分析还派出数十名非美国公民提供竞选策略和信息咨询。针对这一做法,民主党候选人在2014年以《外国代理人登记法》提起诉讼,要求将剑桥分析作为外国代理人进行注册。美国的《外国代理人登记法》立法于1938年,目的是严格控制所谓的外国势力在美国的政治影响力。外国势力是指受外国直接或间接委托，在美国从事活动的个人或组织。被认定为外国代理人的个人或组织，必须在美国司法部登记，并定期公布在美国的所有活动和财务状况，严格填写财务报表。当时，这一法案意在遏制纳粹在美国的宣传攻势。

其他国家或地区的选举活动

| 乌克兰：推动颜色革命 |

SCL集团称其曾在2014年利用大数据对乌克兰民众实施心理干预，让丑闻缠身的亿万富翁彼得·波罗申科以54.7%的得票率当选乌克兰总统，还曾推动乌克兰颜色革命，以及使亲西方总统维克多·尤先科掌权。其网站发布的一篇旧文说："SCL集团成功维护了联盟的凝聚力，确保了来之不易的胜利。"SCL集团表示，乌克兰政府聘请它提供本地化的宣传活动，帮助乌克兰在东部冲突中夺回对顿涅茨克的控制权。

| 肯尼亚：参与两届大选 |

剑桥分析市场总监马克·特恩布尔对英国第四台表示，剑桥分析曾帮助肯尼亚总统乌胡鲁·肯雅塔在2013年和2017年两次赢得选举。剑桥分析控制了肯尼亚总统肯雅塔2017年参选活动的"各个层面"。怀利透露："我们参与了2013年和2017年肯尼亚现任总统肯雅塔的竞选活动，重塑了其政党的形象，重写了他们的宣言，做了两轮、近5万个调查。我们做了规模庞大的调查分析，写了所有演讲稿，并重新定位了整件事，包括竞选的每个细节。"能完成这波操作的基础就是，用户数据分析成功利用了人类共有的情感驱动力——希望和恐惧，从而在政治领域操纵选民的投票倾向。

剑桥分析网站称自己在 2013 年选举期间曾对 4.7 万名肯尼亚人展开调查，以了解"关键的国家和地方政治问题，关键政治家的信任程度，投票行为、意图和首选信息渠道等"。

剑桥分析丑闻曝光后，肯尼亚反对派要求进行调查。肯尼亚"国家超级联盟"官员诺曼·马加亚（Norman Magaya）表示"这家公司是一个明显想通过宣传手段颠覆人民意愿的犯罪者"，他呼吁对剑桥分析和执政的朱比利党展开全面调查。肯雅塔执政的朱比利党则极力淡化剑桥分析的影响，称只是雇用其母公司 SCL 集团帮助打造品牌和形象推广而已。

| 墨西哥：竞争性合作 |

英国第四台提供的证据显示，墨西哥执政党革命制度党与剑桥分析之间存在关系，操纵舆论的手法也相似。剑桥分析至少在 2018 年 1 月之前为墨西哥革命制度党工作。

2017 年，剑桥分析就已联系墨西哥革命制度党，为的是参与墨西哥 2018 年最大规模的政治选举。革命制度党为增强总统竞选的优势，向剑桥分析支付费用，以防止其与竞争政党合作。2017 年 7 月，剑桥分析与墨西哥和哥伦比亚的一款手机应用程序 Pig.gi 合作，用户可免费使用它，但是作为交换，需观看广告并接受问卷调查。剑桥分析希望利用采集的数据帮助墨西哥 2018 年 7 月总统大选中的一位候选人。

剑桥分析的前业务拓展主管布里塔妮·凯泽说："这个国家有着巨大的机会，找到对人们来说很重要的问题，并使人们行动起来投票。"另外，剑桥分析墨西哥事务主管阿丽尔·卡罗（Arielle Karro）曾在Facebook上向在该国生活的外国人发布一则招聘广告，寻找有兴趣成为墨西哥八个州当中一个州竞选经理的人，但申请人需要具备良好的工作经历。后来，剑桥分析否认卡罗为其从事任何工作。剑桥分析丑闻曝光后，墨西哥反对党要求展开调查。

| 印度：56万用户数据 |

在英国第四台播出的暗访录像中，怀利的办公室里有一张印度国民大会党的海报，这在印度引起轩然大波。印度民众指责剑桥分析操纵主流媒体和社交媒体，破坏印度政治，支持既得利益者。

怀利表示，剑桥分析曾在印度从事大规模工作，并在印度设有办事处和工作人员，执政的印度人民党和国民大会党是其主要客户。怀利在Twitter上曝光的文件显示，2003—2012年，SCL集团研究了印度选民的行为和投票数据，涉及至少6个州的地方选举和2009年的全国大选。在人口众多的印度，每个月约2.17亿人在使用Facebook。

剑桥分析被印度人民党和国民大会党用来分析选民，包括2010年的比哈尔邦立法院选举。355名印度Facebook用户安装了剑桥分析应用程序，获取了56.3万用户数据。2018年年初，剑桥分析为即将到来的2019年印度大选及即将举行的印度卡纳塔克邦、恰蒂斯加尔邦竞选活动提出的建议长达50页。

剑桥分析副总裁希曼舒·夏尔马（Himanshu Sharma）曾在职场社

交媒体领英上表示,该公司已"成功运作针对印度人民党的四次竞选活动",并提到莫迪总理胜选的 2014 年大选。国民大会党回应表示,从未雇用过 SCL 集团或其任何关联公司,因为它有自己的数据分析团队。

| 马来西亚:针对性消息传播 |

在英国第四台的暗访录像中,马来西亚被披露是剑桥分析运营的国家之一。马来西亚反对党质疑时任总理纳吉布·拉扎克在 2013 年大选中使用剑桥分析的大数据服务。反对党成员万塞弗尔发表声明说:"总理纳吉布·拉扎克必须解释他是否曾使用剑桥分析操纵选民,以及他是否已在即将举行的选举中使用不道德的操纵技巧。"拉扎克否认雇用该公司,但其网站曾表示剑桥分析支持马来民族统一机构,通过"针对性的消息传播活动来突显他们自 2008 年以来的学校改革情况"。

中篇
数据操纵

05

大数据时代

如今，随随便便一个网站、App、小程序就能获取用户的姓名、年龄、电话、职业，甚至身份证号、银行账户、实时定位、个人喜好、社交圈子等。哪怕在街边小店扫码买一根冰棍，消费者的性别、年龄都会成为数据点。然后，相关人员会依据数据分析结果想方设法地改进算法，努力把新用户变为忠诚用户。这就是大数据的力量。

大数据究竟是什么

"万物皆数"是毕达哥拉斯学派 2 000 多年前的一句名言。今天，数字化存储的信息占全球信息总量的 98%，只有 2% 的信息存储在报刊、胶片、磁带等介质上。人类已迎来"万物皆数"的大数据时代。

| 大数据的由来 |

大数据是互联网发展到一定阶段的重要产物。"大数据"一词最早出现于 20 世纪 80 年代，未来学家阿尔文·托夫勒（Alvin Toffler）在他的《第三次浪潮》一书中提出"大数据"概念："如果说 IBM 的主机拉开了信息化革命的大幕，那么大数据才是第三次浪潮的华彩乐章。"大数据作为一个特定概念，成形于 2000 年前后。

1997 年，学者迈克尔·考克斯（Michael Cox）和戴维·埃尔斯沃思（David Ellsworth）在美国电气和电子工程师学会（IEEE）第八届可视化会议上发表论文，使用大数据描述 20 世纪 90 年代的挑战："模拟飞机周围的气流——是不能被处理和可视化的。数据集非常大，超出主存储器、本地磁盘甚至远程磁盘的承载能力，这被称为'大数据问题'。"

当时，这个概念并未引起关注。同年，美国国家航空航天局（NASA）将大数据作为特定概念使用，指的是超级计算机产生的超出主存储器容量的巨量信息。

直到云计算出现后，大数据才凸显其真正价值。2006年，谷歌首先提出云计算概念。2007—2008年，社交媒体迅猛发展，为大数据注入新活力。2008年起，大数据逐渐成为互联网科技行业的热词。2008年9月，《自然》杂志推出"大数据"封面专栏。2011年，麦肯锡发布报告《大数据：下一个创新、竞争和生产力的前沿》，对大数据概念进行界定，即大小超出典型数据库软件工具收集、存储、管理和分析能力的数据集，并提出"大数据时代"到来。至此，"大数据"一词开始被关注。此后，随着高德纳咨询公司（Gartner Group）技术成熟曲线的走红，2012年维克托·迈尔-舍恩伯格和肯尼思·库克耶合著的《大数据时代：生活、工作与思维的大变革》出版，2012年10月《纽约时报》刊发《大数据时代》一文，大数据概念迅速风靡全球。

同时，美国白宫科技政策办公室发布《大数据研究和发展计划》，把大数据提升到国家战略层面。奥巴马政府甚至以"未来的新石油"来定义大数据，认为一个国家拥有的数据规模和运用数据的能力将成为综合国力的重要因素，而且对数据的拥有和管控将成为国家间、企业间竞争和争夺的重点。此后，英国首相戴维·卡梅伦又提出"数据权"概念。至此，从国家政府到普通大众都认识到大数据对工作和生活的变革性影响，开始关注大数据。

实际上，早在1996年，美国政府就宣称信息数据是重要的国家资源，并认为政府是美国最大的信息数据生成、搜集、使用和发布方。人口普查局作为美国人口、经济和政府方面重要统计数据搜集管理者，拥有 2 560 太字节数据，如果全部打印出来，需用 5 000 万个四门文件柜来装。美国国家安全局监控全美电话，每 6 小时的数据量就相当于美国国会图书馆印刷体藏书数据总量。美国财政部、卫生和公众服务部及劳工部也是数据密集型部门。1998 年美国联邦政府拥有 432 个数据中心，到 2010 年数据中心增加到 2 094 个。

大数据的兴起史也是互联网的兴盛史。2000 年左右，由于现代信息科技迅猛发展，全球网站的网页爆发式增长，每天约新增 700 万个。到 2000 年年底，全球网页数达 40 亿。于是，谷歌等公司建立索引库，提供精确搜索服务，提升互联网使用效率。由此，大数据进入应用阶段。

2010 年后，随着计算机技术全面融入组织运作和社会生活，特别是移动互联网和社交媒体普及，数据量正以超乎想象的速度爆发式增长，应用范围日益广泛，人类开始从 IT 时代进入 DT 时代。人类的行为和信息越来越多地被转化为数据形式进行存储和计算——"一切皆量化"，人类就像生活在一个海量、动态、多样的数据海洋，大数据服务无时不在、无处不在、无人不用。中国贵州被誉为"大数据之都"，其流行语是"人在干、云在算、天在看"。可以说，大数据已经成为新的核心资源、基础设施和思维方式。

| 大数据的计量 |

人们日常接触的数据计量单位是千字节（KB）、兆字节（MB）、吉字节（GB）、太字节（TB），专业人士接触的是拍字节（PB）、艾字节（EB）、泽字节（ZB），直到最大数据量级的约字节（XB），见表 5-1。

表 5–1　数据计量单位

单　位	中文名	大　小	注　释
Bit	比特	1 或 0（B）	二进制数，计算机用二进制存储和处理数据，相对于一个二分决策（是或不是）。
Byte	字节	8 B	存储一个数字和英文字母，如 1、2、a……10 个字节相当于一个单词，100 个字节相当于一份电报的数据量。
Kilobyte	千字节	1 024B，或 2 的 10 次方	kilo 源于希腊语"千"，1 千字节相当于打印半页 A4 纸的数据量。
Megabyte	兆字节	1 024KB，或 2 的 20 次方	mega 源于希腊语"大"，1 兆字节相当于一本小说的数据量。
Gigabyte	吉字节	1 024MB，或 2 的 30 次方	giga 源于希腊语"巨人"，1 吉字节相当于装满一卡车打印纸的数据量。
Terabyte	太字节	1 024GB，或 2 的 40 次方	tera 源于希腊语的"庞然大物"，1 太字节相当于一所医院所有 X 射线胶片的数据量。
Petabyte	拍字节	1 024TB，或 2 的 50 次方	1 拍字节相当于 800 个人类记忆容量，可存储整个美国人口的 DNA（脱氧核糖核酸），100 拍字节相当于 580 亿本图书的数据量。
Exabyte	艾字节	1 024PB，或 2 的 60 次方	1 艾字节相当于 13 亿中国人人手一本 500 页书的总数据量；5 艾字节相当于到 2013 年人类全部知识的数据量，相当于 3.7 万个美国国会图书馆的数据量。2011 年整个互联网容量数据总量为 525 艾字节左右。
Zettabyte	泽字节	1 024EB，或 2 的 70 次方	1 泽字节相当于全球海滩沙子数量总和，1.2 泽字节相当于截至 2010 年人类全部被复制和创建信息的数据量。
Yottabyte	尧字节	1 024ZB，或 2 的 80 次方	截至 2015 年，没有任何人类制造的存储设备容量可达 1 尧字节。
BrontoByte	布字节	1 024YB，或 2 的 90 次方	假设全球有 100 个硬盘厂家，每个厂家生产 10 万亿个 1TB 的硬盘，地球硬盘总容量才能达 1BB。
NonaByte	纳字节	1 024BB，或 2 的 100 次方	一百万亿亿亿字节。
DoggaByte	刀字节	1 024NB，或 2 的 110 次方	十亿亿亿亿字节。

（续表）

单位	中文名	大小	注释
Corydonbyte	馈字节	1 024DB，或 2 的 120 次方	万亿亿亿亿字节。
XeroByte	约字节	1 024CB，或 2 的 130 次方	千万亿亿亿亿字节。

｜大数据的特征｜

2001年，高德纳公司分析师道格拉斯·莱尼（Douglas Laney）提出大数据必须具备3V特征，即体积大（Volume）、类型多（Variety）和处理速度快（Velocity）。后来，大数据的特征从3V发展为8V+1C，即再加上应用价值大而价值密度低（Value）、数据获取与发送方式自由灵活（Vender）、准确性（Veracity）、正当性（Validity）、可视化（Visualization）和处理与分析难度大（Complexity）。一般来说，人们习惯采用《大数据时代》一书的提法，用4V来描述大数据特征，即数据体量巨大（Volume）、类型繁多（Variety）、处理速度快（Velocity）和价值密度低（Value）。

• 体量巨大

天文学、基因学、物理学是较早应用大数据的领域。2000年，斯隆数字巡天项目启动时，位于新墨西哥州的望远镜几周搜集到的数据已比天文学历史上搜集的全部数据还要多。2016年，智利投入使用的大视场全景巡天望远镜5天搜集的数据量相当于斯隆数字巡天项目10年的数据量。2003年，人类第一次破译人体基因密码时，历经10年才完成30亿对碱基对排序；2013年后，全球基因仪仅15分钟就能完成相同的工作量。大型粒子对撞机每年产生 15PB 数据，如果换算为存储在 MP3 播放器中的数据，可以不间断地演奏 15 000 年。现在，大数据犹如宇宙在膨胀一样，呈加速态势，数据量之大，远超人们的想象。

2011 年，马丁·希尔伯特和普里西利亚·洛佩兹在《科学》杂志上发表文章，对 1986—2007 年人类所创造、存储和传播的一切数据进行计算，涵盖 60 种数据形态：书籍、图画、信件、电子邮件、照片、音乐、视频（模拟和数字）、电子游戏、电话、汽车导航等。他们估算：2007 年，人类约存储超 300EB 数据；1986—2007 年，全球数据存储能力每年提高 23%，双向通信能力每年提高 28%，通用计算能力每年提高 58%。

另据统计，全球现存信息数据 90% 产生于近十来年。正如谷歌前执行董事长埃里克·施密特（Eric Schmidt）所言，人类从直立行走到 2003 年，全部知识信息量仅 5EB。联合国研究报告显示，全球产生的大数据从 2005 年的 150EB 增长到 2010 年的 1.2ZB，2011 年已达 1.8ZB，相当于全球每人每年产生 200GB 以上的数据，2013 年人类生产的数据已达 4.4ZB。如果将 1.2ZB 刻录成普通 DVD（高密度数字视频光盘），叠加起来相当于从地球到月球的一个半来回，约 115 万千米。如果把这些数据全部以纸质图书记录，可以覆盖整个美国 52 层。4.4ZB 如果存入仅 7.5 毫米厚的苹果平板电脑，叠加起来的厚度是从地球到月球距离的 2/3。2017 年，全球的数据总量已达到 21.6ZB。

公元前 3 世纪，古希腊的亚历山大图书馆竭力搜集当时所能搜集到的图书，代表当时所能搜集到的最大知识量。但是，今天我们每个人可以获得的数据信息相当于当时亚历山大图书馆数据总量的320倍。参照"全球信息工业中心"（隶属加利福尼亚大学圣迭戈分校）的"多少信息"项目研究结果，美国人平均每天接收34GB的数据，包括电视、广播、电脑、电话等。如果把这些数据打印出来，可以装满几十辆卡车。如果再加上周围环境存在的数据以及工作中接收的数据，可能是34GB的两三倍。

如今，大数据以40%的年增长率持续快速增长，约每20个月翻一番，这被称为大数据的新摩尔定律。这个增长速度远高于马丁·希尔伯特和普里西利亚·洛佩兹的估算。

据预测，2020年全球数据量将达44ZB，44ZB数据需要473亿个1TB硬盘来存储，相当于31.5亿个美国国会图书馆藏书的数据量。到2050年，数据量将达到惊人的100万ZB。2014年6月，人类被迫发明了一个新数据量级单位BB，相当于1024YB。科技公司Domo曾预测，到2020年，每人每天将产生超过140GB数据，而随着物联网发展，数据量还将快速增长。

当前，主流个人计算机的硬盘容量为TB量级，而一些大企业的数据量已经接近EB量级。如今，人人都是数据制造者，短信、微博、照片、录像都是数据产品；物物都是数据制造者，自动化传感器、自动记录设备、生产监测、环境监测、交通监测、安防监测等产生海量数据。这些数据通过互联网集合成为一个个数据集，形成大数据海洋。

2016年，互联网、社交和移动媒体的大数据包括：全球网民34.2亿，相当于全球总人口的46%；社交媒体用户23.1亿，相当于全球总人口的31%；手机用户37.9亿，相当于全球总人口的51%；移动社交媒体用户 19.7 亿，相当于全球总人口的 27%；全球域名 3.115 亿个，在线网页 46.6 亿个。

2017 年，全球互联网每分钟能产生多少数据？收发邮件 2.4 亿封，278 万次谷歌搜索，4 166 667 次 Facebook 点赞，347 222 条推文发布，284 722 张 Snapchat 照片发布，123 060 张 Instagram 照片发布，4 310 人访问亚马逊，694 个 Uber 打车订单，51 000 个苹果应用下载，300 小时 YouTube 视频上传，77 160 个小时网飞视频被观看。

2017 年，中国互联网每分钟有多少数据？395 833 人登录微信，发送 1 527 777 个微信红包，19 444 人语音或视频聊天，62.5 万部优酷土豆视频被观看，4 166 667 次百度搜索，64 814 条微博发出（50 925 条含有照片，1 891 条含有视频，498 条含有音乐），1 388 个出租车订单、2 777 辆私家车被叫滴滴打车服务。

还有一个有趣的问题，如此海量的互联网数据有多重？美国加州大学教授约翰·库比亚托维奇（John Kubiatowicz）根据爱因斯坦的质能方程 $E=mc^2$，认为储存数据的电子能量要高于没有储存数据的电子能量，于是测量出一个 4GB 的 Kindle 电子书装满后重量会增加 0.000 000 000 000 000 001 克，即 10 的 18 次方分之一克。计算 2006 年全球在线的 7 500 万~1 亿台服务器，数据重量约 50 克，与一颗草莓重量相当。如果考虑到联网的家用计算机，全球互联网数据重量约 150 克。

• 类型繁多

大数据的来源和类型很多。比如，每个人的日常生活都在被数据化，人们浏览网页、登录社交网络、使用移动通信设备、进行在线交易等，留下各种数字足迹。在遍布全球的工业设备、汽车、电子量表和集装箱上有数以亿计的数据传感器，它们实时测量并传递地点、移动、振动、温度和湿度等信息，甚至检测空气和水中的化学变化。政府部门在统计监测、审批备案和行政执法过程中，积累了大量的工商登记、税收缴纳、社保缴费、交通违章、停车缴费等公共数据……广泛的数据来源决定了大数据种类和格式的多样性，既有商品、股票交易数据等结构性数据，也有文章、图片、音频、视频、地理位置等海量的、无序的非结构性数据。

• 处理速度快

大数据与海量数据等概念相比，最大区别在于对数据的实时处理。数据无时无刻不在产生，谁的处理速度更快，谁就占有优势。服务器存储的大量数据需要实时分析和处理，因此大数据处理遵循"1秒定律"，即要在秒级时间范围内给出数据分析结果，超出这个时限，数据就会失去价值。IBM曾有一则广告，内容是"1秒，能做什么"，1秒能检测出中国台湾的铁道故障并发布预警；1秒能发现美国得克萨斯州的电力中断，避免电网瘫痪；1秒能帮助一家全球性金融公司锁定行业欺诈，保障客户权益。

1969年，美国阿波罗登月舱使用的自动控制计算机内存容量只有63KB；如今，一部普通苹果手机运行内存至少就有4GB，是前者的25.8万倍。据统计，人类存储信息量的增长速度是世界经济增长速度的5倍，计算机数据处理能力增长速度是世界经济增长速度的10倍。

• 价值密度低

大数据采集、存储、分析及可视化技术的普及使得对规模庞大、来源分散、格式众多的大数据进行分析成为可能。由此，大数据提升了人类认识世界和改造世界的能力，创造了巨大的价值。但是，人类产生的海量大数据中，有价值的数据占比并不大，价值密度高低往往与数据规模大小成反比。比如一段一小时的视频，提取分析的有用数据可能仅一两秒。相比以往的小数据，大数据的最大价值在于采集大量的各类数据，采用机器学习、人工智能或数据挖掘的方法，挖掘出对未来趋势与模式预测分析有价值的数据关联，以运用于经济社会生活的各个领域。

除了上述主流特征，还有人使用3S或3I描述大数据特征。3S指大小（Size）、速度（Speed）和结构（Structure）。3I包括：定义不明确（Ill-defined），随着技术进步，数据分析效率不断提高，符合大数据特征的数据规模不断扩大，因此大数据没有明确的标准；令人生畏（Intimidating），从管理大数据到使用正确的工具获取其价值充满了各种挑战；即时性（Immediate），数据价值会随着时间快速衰减，需要缩短数据从搜集到挖掘的时间，使大数据成为即时性数据。

除了从特征角度，还可以从其他维度定义大数据。有的把大数据看作新技术，比如分布式系统基础架构Hadoop和非关系型的数据库NoSQL；有的从大数据与数据区别的维度看，认为大数据不仅包括过往搜集、存储和分析的数据，而且包括点击网页等交互数据以及机器自动搜集的感知数据；还有的认为大数据是一种预测能力，在传统情况下，数据被记录时，人们已经无法对其采取任何行动，现在则可以利用大数据预测将发生什么，并通过干预改变未来状况。

互联网数据中心报告已概括出大数据基本特征之间的关系：大数据

技术以高速的采集、发现或分析技术，从超大容量的多样数据中经济地提取价值。

媒介大数据

剑桥分析操纵的大数据更多的是媒介大数据。媒介大数据是大数据的重要部分之一，包括所有图书报刊和广播电视节目内容，以及所有网站、社交网络和网民创造、传播的信息，宽泛点儿说，就是包括人类历史上通过媒质存储和传播的所有信息。媒介大数据有规模庞大、非结构化和挖掘难度大三个突出的特征。

• 数据规模庞大

媒介大数据每天被以海量规模生产和传播，新闻的跟帖、网站的下载记录、社交媒体的互动记录等都是媒介大数据。微博日均发出信息1.6亿条；抖音日均发布视频8 000万个；微信群组日均发出信息50亿条，1 450万个微信公众号日发文章265万篇，微信朋友圈日均发布信息3.3亿条；百度搜索日均响应请求60亿次。

• 非结构化数据

商品价格、股票交易数据等数字信息数据属于结构化数据，文章、图片、音频、视频、地理位置信息等数据属于非结构化数据。媒介大数据主要是非结构化数据，可以实时记录、累积、可计算、可追踪且可重复利用。

• 挖掘难度大

相对于经济、科技等领域的量化数据，媒介大数据作为非结构化数据，其形式多样、内容庞杂，因而不易量化，难以用一般性的统计方法提取、存储、搜索、分析和处理。

|大数据思维|

17世纪以来,指导人类工作生活的重要思维方式是机械思维。"机械思维"一词让很多人联想到死板、僵化、落伍,但是它称得上过去三个多世纪人类最重要的思维方式,也是现代文明的重要基础。今天,我们的行为和思维依然难以摆脱机械思维,其核心是确定性(或可预测性)和因果关系。随着对世界认识的日益深入,人类发现世界本身存在很大的不确定性,以机械思维方式难以做出准确预测。由此,大数据思维的核心是承认不确定性和寻找相关性。

大数据不仅是一场技术变革,还使人类认知能力发生深刻变化,是一种新的认知方法——总体认知方法。在大数据出现以前,人类认识事物的方法主要是局部认知方法,该方法存在几个短板:

- 井底之蛙,坐井观天。人们基于有限视野的局部信息来看问题,只能观察到几颗小星星,不能将浩瀚繁星尽收眼底。
- 一叶障目,不见泰山。以前,我们不具备全样本能力,只能用小样本进行近似分析和推理。就像哲学经典多是典故性的,以一个故事来讲一个通理,这往往属于经验主义,只见树木不见森林,而真理可能存在于全样本海量数据中。
- 盲人摸象,以偏概全。只凭片面了解就对事物妄加判断,被局部或暂时现象迷惑。
- 城门失火,殃及池鱼。事物之间看似不相关,其实息息相关。

大数据的重要使命就是在复杂数据集合中发现新的关联规则，从而发现规律、创造价值。也就是说，通过在浩如烟海的数据海洋中发掘事物之间的相关性，在混杂数据中找到事物之间的关联性，发现以前从没有意识到但又客观存在的关联。"大数据时代预言家"舍恩伯格教授说，大数据的出现使人们放弃了对因果关系的渴求，转而关注相关关系。

有一个经典故事讲飓风与雨具和蛋挞的关联。美国一家大型零售公司通过分析其销售情况发现，每当飓风来临时，雨具销量就会大增，蛋挞销量与雨具销量呈正相关关系。尽管当时不清楚缘由，但得知这种关联后，公司在雨季来临时就会主动将蛋挞和雨具摆放在一起，以增加销量。

2013年被称为大数据元年。大数据席卷全世界，不仅在信息科技行业备受瞩目，更成为变革科研、商业、政府治理方式乃至人类思维方式的热点。一般来说，大数据思维包括：

- 定量思维，一切皆可测。不仅可测量销售数据、价格等客观数据，而且可测量人们的情绪和兴趣偏好。
- 相关思维，一切皆可联。人类行为的不同数据都存在一定的内在关联，可以用来分析行为偏好。
- 实验思维，一切皆可试。大数据所带来的信息可以帮助制定或修正工作策略。
- 总体思维，一切皆可全。以往，在无法获取全量数据的情况下，采样是获取数据的主要手段，但常常是只见树木不见森林，大数据则能帮助我们全面系统认识事物的总体状况。舍恩伯格教授表示，他最喜欢的对大数据集合的定义是"N= 所有"。

以往，我们是以样本看普遍性，从局部看全部。如今，在可以获得全量数据的条件下，是从总体看具体，是一种总体认知方式。也就是说，"一叶知秋""窥一斑而知全豹"的认知方式发生了改变。

大数据的独特价值

2012 年，美国政府发布《大数据研究和发展倡议》，把大数据比喻为"人类未来社会发展的新石油"。还有一种形象的说法，认为大数据的意义不亚于哥伦布发现新大陆。与石油、电力等物质资源不同，大数据具有可重复使用、同时使用、不被损耗的特点。可以说，大数据是人类社会取之不尽、用之不竭的宝藏，已成为人类社会的新资源。

计算机领域最高奖项图灵奖得主詹姆士·格雷（James Gray）将"大数据挖掘"称为继理论方法、实验方法、仿真方法之后，人类认知世界的"第四范式"。这种范式的背后是算法，它不同于几何学、统计学等一般算法，它是基于哲学、物理学、逻辑学的算法，本质上讲是认知世界的基本方法。这种方法不仅改变着我们所做的事情，而且改变着我们认识和改造世界的方式与视角，成为人类认识和改造世界的重要工具和关键资源。未来学家托夫勒曾说，改变这个世界的力量有三种：暴力、知识和金钱。如今，人类世界正在被第四种力量改变，那就是大数据。

纪录片《大数据时代》揭示了科学家们如何使用技术创新搜寻数据。从使用特殊算法预测案件发生地到预知病情的 App，再到拥有数十亿美元避险资金的富豪雇用宇宙学家、密码破译员和粒子物理学家制定风险决策，全景式展示了大数据的光明未来。可以说，大数据的独特价值在于犹如开发了人类的"第三只眼"，人们可以在浩如烟海的数据海洋中发掘事物之间隐藏的相关性，发现世界运行的新模式、新知识和新规律，推演预测未来发展趋势。

| 感知世界 |

大数据使人类不断突破时间、空间、规模、范围等限制，获得对客观世界的新认知。这不但使物理世界、现实社会在数据世界全面清晰地镜像化，还可以让人类对全量数据进行分析，深刻洞见物理世界、现实社会不同部分的相互关系。麻省理工学院教授埃里克·布吕诺尔夫松（Erik Brynjolfsson）说，数据的测量就是显微镜的现代等价物。大数据产生的影响犹如 4 个世纪前人类发明的显微镜，显微镜把人类观测世界的水平推进到细胞的级别，为人类带来历史性的变革，人类在没有显微镜之前，不知道还有一个微观世界存在。大数据可以像显微镜一样，让我们对世界（物理世界和现实社会）有全新的感知，发现舆论中以前难以看到的细节。

比如，通过卫星可以看到哪艘船何时停靠在哪里，油轮是满载还是空驶，农作物长势如何，甚至一座工厂的生产率。淘宝交易记录、信用卡交易记录可以反映商业零售情况，招聘网站或公司网站成千上万的招聘信息可以反映就业形势如何，智能手机发送的位置数据可以反映出人们所处的位置，社交媒体所发内容可以实时监测评估人们的情绪。总之，电子商务、银行数据、金融交易、纳税记录、城市监控、GPS 定位、卫星图片、网络搜索、社交媒体、网站论坛、智能设备等都可以用来感知世界。

2010 年，哥本哈根世界气候大会之际，麻省理工学院感应化城市实验室设计出一款自行车辅助工具——哥本哈根车轮，车轮内置检测装置，可检测路况、一氧化碳、氮氧化物及噪声、温度、湿度等，全球定位系统装置帮助记录位置信息。通过蓝牙与智能手机连接，民众可以参考实时数据调整出行计划，也可以上传实时数据，辅助建立环境状况数据库，绘制城市环境感知地图。

• 感知社情民意

2016 年 6 月，英国成功公投脱欧，一石激起千层浪。谷歌搜索可对英国脱欧后的社会心态进行感知，谷歌英国搜索"什么是欧盟"的频率猛增。谷歌趋势（Google Trends）显示"什么是欧盟"列热门话题排行榜第二位，列第一位的热门话题是"脱离欧盟意味着什么"，其他热门话题包括"什么是英国脱欧""如果我们脱欧会发生什么"……"如何移民"的搜索频率陡增，"如何获得爱尔兰护照"的搜索频率大增，"英镑贬值该怎么办""买入黄金"等搜索频率也大幅增长。从热门话题数据可以感知，英国民众对脱欧的后果有担忧情绪。

百度可以统计每个搜索热词的搜索量，形成搜索热点排行。中国人民大学一位学者认为，百度 TOP1000 搜索热词可以反映社会关注的基本面，上升最快的 TOP1000 搜索热词可以反映新出现的新闻事件关注度，这两类 TOP1000 搜索热词大体可以刻画中国社会的舆论地图。

• 感知经济形势

美国政府部门每周会对谷歌搜索词进行分析，然后依据数据分析发布失业报告，统计周失业率的变动情况。因为失业者会搜索具有代表性的内容，如"怎样申请救济""我怎么找工作""社保怎么办"等问题，依据这些数据分析失业率动向往往比较精准。

麻省理工学院应用经济学教授阿尔贝托·卡瓦略（Alberto Cavallo）和罗伯托·里戈本（Roberto Rigobon）于2006年启动"海量价格数据计划"，抓取900多个零售商的1 500多万种商品的在线价格，把统计的每日价格指数作为美国、阿根廷等国家的每日通胀指数，提供给各国央行和金融机构。他们想建立一个准确、同步的真实通胀率指标。[1]"海量价格数据计划"仅有3天滞后期，几乎实现了对通胀的实时感知。

20世纪80年代末，阿根廷陷入债务危机，通货膨胀的恶化程度使得人们出门购物犹如争分夺秒的赛跑，力争在价目表再次更新前冲进商店买到东西。直至今天，通胀仍伴随阿根廷的发展。2007—2011年，阿根廷政府公布的年均通胀率为8%，但"海量价格数据计划"统计的CPI（居民消费价格指数）超过20%，这个结论与当地很多经济学家的判断、家庭调查数据吻合。2015—2017年，阿根廷政府换届后开始发布更准确的通胀指数。目前，支撑"海量价格数据计划"数据统计的是PriceStats公司，它可为22个经济体提供每日更新的通胀数据。

还有学者和机构通过卫星拍摄的夜间灯光强度推断其与经济活动

---

[1] CAVALLO A, RIGOBON R.The Billion Price Project: Using Online Prices for Measurement and Research[J]. Journal of Economic Perspective, 2016, 30(2): 151-178.

的关系，指出灯光强度可反映经济运行情况，认为其与 GDP（国内生产总值）存在显著的正向关系，甚至可在一定条件下作为 GDP 的替代量。

美国旧金山的 SpaceKnow 公司通过卫星对中国 6 000 多个工厂拍摄 2 亿张快照，利用大数据将工业活动迹象转化为评估中国制造业状况的数字指标，建立中国卫星制造业指数（SMI），原理类似于采购经理人指数（PMI），主要是对一个时期内有形库存或新建设施等经济活动的视觉变化进行评分（见图 5-1）。

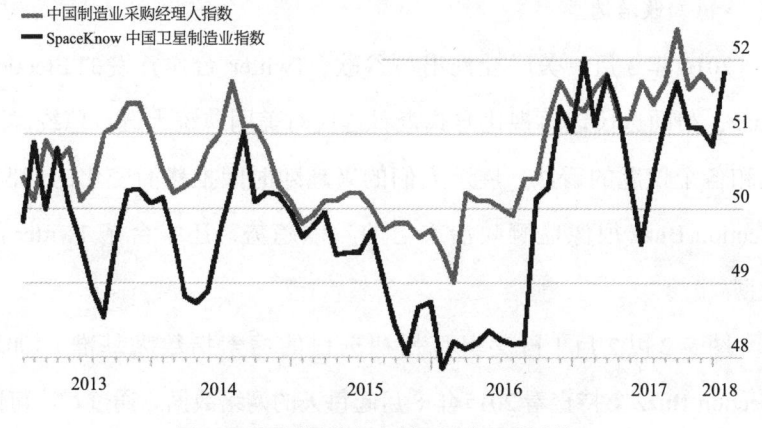

图 5-1 用卫星拍摄的灯光数据反映中国制造业情况

SpaceKnow 还通过测算夜间的灯光强度快速评估工业活动。云层密度低的国家按月测算，云层密度高的国家按季度报告。

• 感知抗议活动

国外学者研究 2011 年的"阿拉伯之春"，以阿拉伯 20 多个国家和巴勒斯坦的政治、媒体、抗议活动数据分析社交媒体在抗议活动中的作用。学者收集不同阶段抗议活动的数量和规模：首先根据抗议活动的发展情况找到重要事件节点，然后按照节点在谷歌上检索关键词"抗议""示威""骚乱"及日期，提取较为重要的社交媒体内容，以感知抗议活动不同阶段的民众情绪和观点表达状态。

• 感知健康态势

2014年，亚利桑那大学研究人员对发表于2013年10月至2014年5月的350万条带有食物标签的推文进行分析，为美国各个州选出当地最具代表性的食物。人们通过数据模型还能粗略分析各州民众的身体质量指数（BMI）和糖尿病患病率。

• 感知政治选举

2016年3月，美联社推出与谷歌、Twitter合作开发的Election Buzz，帮助选民以可视化方式查看选民对美国总统大选、总统候选人和各个议题的看法，展示人们的兴趣随时间推移而变化的情况。Election Buzz很像监测政治态势的谷歌趋势，还综合了Twitter的数据。

图5-2以2月1日艾奥瓦州初选日的搜索指数为基准（100），Election Buzz支持查看2015年8月起每天的网络数据。通过对比可以看出，一些事件会引起搜索量或推文量激增，但反映到谷歌和Twitter上的时间不完全同步。

• 感知地理位置

有一项电子地理围栏技术，可用它识别某个特定商务活动的周边人员，并向他们定向发送广告。位置广告推送平台Placecast发送基于地理位置的广告给成千上万的美国和英国手机用户。微软公司也与NinthDecimal公司合作，向距商店10米左右范围内的人群推送广告。

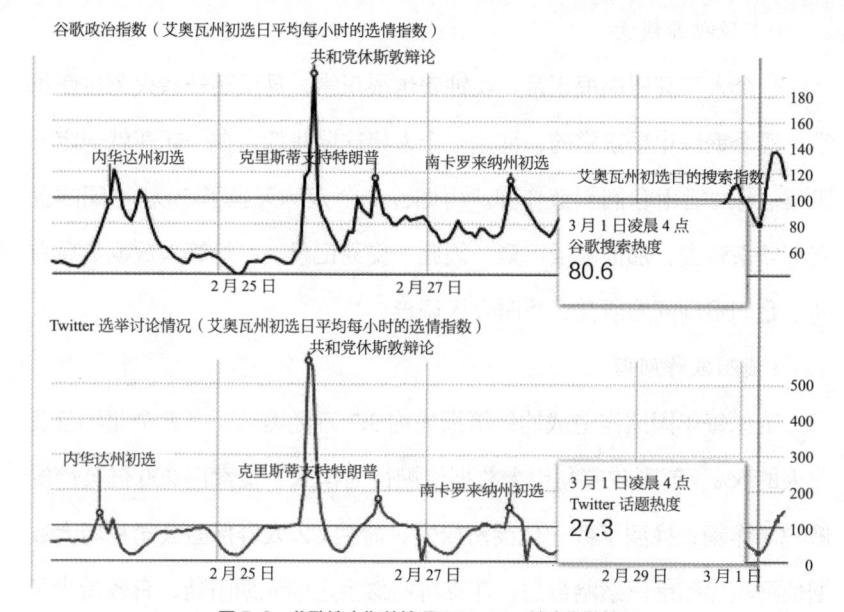

图 5-2　谷歌搜索指数情况及 Twitter 搜索指数情况

| 发现问题 |

运用大数据分析研判，从中发现问题的线索已成为许多政府部门和企业的常规动作。大数据可以在纷繁复杂的数据中自动识别不一致的、错误的和虚假的信息，发现常态中的异常，即问题所在。

- 发现突发事件

2010 年，迈克尔·马蒂欧达克斯（Michael Mathioudakis）等学者搭建了一个 Twitter Monitor（推特监视器）系统，它能对 Twitter 数据流进行实时趋势检测，及时识别突发话题并提供有意义的分析，即为每个话题合成一个准确描述，按小时及时呈现给用户。用户还能通过对已分析出的趋势使用不同标准，或为每个趋势提交自己的描述等方式与系统交互。

- 发现犯罪线索

一个人买高压锅很正常，买钟表也很正常，甚至买一些火药也属正常，买个钢珠也是正常的，但是一个人将这些东西合在一起买就一定不正常，因为能用它们制造炸弹。再如，一个人一天坐了 50 辆不同的公交车转来转去，那他就很可疑。因此，交易记录、出行等大数据信息有助于我们发现问题所在，及时介入调查。

- 侦测欺诈问题

全球每年因欺诈造成的经济损失约 3.7 万亿美元，接近企业年营业收入的 5%。英国政府利用大数据检测行为模式，检索出 200 亿英镑的逃税与诈骗，挽回了数十亿英镑损失。荷兰 CZ 人寿保险公司利用大数据侦测骗保和虚假索赔行为，在支付赔偿金之前先期阻断，有效减少了因此造成的损失。

赛仕软件公司（SAS）与税务、海关等政府部门和各国银行、保险、医保等机构合作应对金融犯罪。在发放许可之前，通过浏览和分析评估客户银行账户的基本信息、历史行为模式、正在发生的行为模式（如转账）等进行实时反欺诈分析，预先用数据分析检测客户是否有行受贿、欺诈等前科，再确定是否发放贷款或允许海关通关。

美国邮政署计算机系统自动扫描邮件的相关数据（存放位置、派送路线、重量和体积等），通过与近 4 000 亿条数据比较，可甄别出哪些是邮资欺诈邮件。扫描一封邮件只需 50~100 毫秒[①]。一旦检测出异常，比如邮资不足或邮票重复使用等问题，就会对邮件进行实时拦截，再由分拣人员特殊处理。该系统产生了威慑作用，2006 年开始，邮资欺诈

---

① 1 秒 =1 000 毫秒。——编者注

行为大幅减少。

• 发现网络水军

新浪微博的"社会网络与数据挖掘"账号利用其分析工具可生成一条微博信息的传播路径图，看到某单条微博传播过程中有哪几个关键节点起主要作用。同时，也能发现奇怪的现象，即某条微博的传播层级只有两层，只传到信息的二级接收者，传播扩散就戛然而止。这个传播过程揭示其背后有问题——水军在操纵扩散。

此外，大数据还可及时发现网络舆论的倾向苗头和突生变化，可实时跟踪舆论动向，找到舆论发酵的节点，分析舆论演变的态势，等等。

• 发现异常行为

美国国家安全局利用手机位置信息追踪有活动交集的人。比如，监视 A，如果 B 和 A 同时出现在同一家咖啡馆，一个月后他们又同时现身一个机场，住在同一家旅馆，系统就会把他们进行关联，即使他们并没有任何通信行为。

国家安全局还会监控美国派驻海外特工的手机位置，确定是否有其他手机出现在海外特工的手机附近，据此确定是否有人跟踪他。国家安全局还可以发现那些开机一会儿后关机再也不用的手机，找到使用一次性手机的人；搜集关机及关闭手机多长时间的信息，搜索关闭手机者的位置，寻找周围相同时间段也关闭手机的人，确认他们是否在开秘密会议。

| 洞察关联 |

大数据的重要价值之一就是在复杂数据集合中发现新的关联规则。

以前，只有小数据，其缺点是有限样本数据无法反映事物之间普遍的关系。通过对海量数据的挖掘、处理、分析和整合，大数据帮助我们深入洞察未知的世界，形成更多的认知与洞见，揭示传统数据难以洞察的关联性，发现看似不相关的现象之间的相关性，更透彻地理解事物的本质，把握未来走向，我们因此能看得更长远。

沃尔玛拥有8 400多家分店，200多万店员，也拥有全球最大的顾客数据集，它是较早运用数据挖掘的公司。有一个常被提及的例子，美国有婴儿的家庭，一般是母亲在家照顾婴儿，父亲去超市买纸尿裤，父亲在买纸尿裤时，有30%~40%的概率会顺便为自己买啤酒，于是就出现啤酒与纸尿裤这两件看上去不相关的商品经常出现在同一购物篮中的现象。如果父亲在卖场只能买到两件商品之一，那他很可能改道去另一家商店，直到能同时买到啤酒与纸尿裤。沃尔玛发现了这一现象，尝试将啤酒与纸尿裤摆放在相同区域，让负责采购的父亲可以同时找到这两样商品，很快完成购物，此举促进了它们的销量双双提升。

2004年，沃尔玛还发现，每次飓风来临前，一种袋装小食品的销量都会明显上升，手电筒、电池和水等商品的销量也会随之上升。但是，为什么这种小零食的销量会上升呢？研究人员发现，美国人大多喜欢吃甜食，而停电时这种小零食吃起来很方便。于是，沃尔玛在飓风来临前都会增加这种小零食的存货量，并把它和水摆放在一起销售。

美国得克萨斯大学心理学教授詹姆斯·彭尼贝克（James Pennebaker）开展了一个"语言探索与词频统计"研究项目，以人们使用的词汇、词频等评估其心理状态、性格等方面。经过20多年研究，他发现词汇和词频不仅能反映一个人的性别、年龄、责任心强弱,还可以看出他的抗压能力、社会地位、文化程度等。该项目研究团队建立了一个网站 www.analyzewords.com,输入 Twitter 账号,就会根据词汇使用情况分析自动生成该账号用户的心理报告。比如,输入奥巴马的"@BarackObama"账号,结果显示:既有乐观、悲观、愤怒、沮丧等情绪类型指数,也有紧跟潮流、风度翩翩、傲慢冷漠、年轻时尚等社交风格指数,还有善于分析、感性、响应及时等思维方式指数。这种从词汇使用情况看性格的分析就是一种关联分析。

前瞻预测

托马斯·沙德福(Thomas Chadefaux)利用文本分析预测大规模冲突事件,他分析了 1990—2013 年 166 个国家的报纸文章,来验证同期超过 200 次的战争冲突。分析这些纸媒数据后,他能以 85% 的概率推断下一年是否会爆发战争,成功预测了超过 70% 的大规模战争。通过分析和处理大量数据,我们可以发现很多鲜为人知的、长期被忽略的潜在规律,并据此做出前瞻性预测。[①]

大数据最核心的价值是预测,它的存在如同雷达。《罗辑思维》主讲人罗振宇认为,科学技术的发展,尤其是大数据时代的来临以及数据加工技术的进步,使预测人类行为成为可能。亚马逊根据用户的购物历史预测购买意向,推送购买建议;苹果会提供用户最可能下载使用的 App 列表;Facebook 会为用户排列好内容呈现的优先顺序,哪些先展

---

① CHADEFAUX T. Early Warning Signals for War in the News [J]. Journal of Peace Research, 2014, 51(1): 5-18.

示、后展示、不展示,尽在预测。贝叶斯决策理论是经典的预测方法,最早用于棒球运动的预测,后来用于预测流感传播情况、失业率及奥斯卡获奖情况,等等。

利用大数据预测经济社会运行属于现时预测。这个概念最初源于气象学,是针对现在已经发生的事,根据已获得的信息推测其未来发展。近年来,基于大数据的预测研究和应用正向经济社会领域扩散。比如,场景预测,预测用户要去哪些地方——餐馆、咖啡厅、体育馆、飞机场等;空间预测,预测用户要去哪个位置。再如,即时预测,预测用户下一时刻的行为;延时预测,预测用户近期的行为。

- 预测犯罪

2002年上映的由汤姆·克鲁斯主演的科幻电影《少数派报告》主要讲述人类发现了能侦测脑电波的"先知"。"先知"能侦测出人类的犯罪企图,所以犯罪预防机构的警察在其实施犯罪之前就能实施逮捕。今天,这个场景逐渐变为现实。

美国纽约、洛杉矶、里士满等城市,以及其他一些国家的城市,工作人员都在利用犯罪记录历史数据和其他数据预测哪些区域将是犯罪案件高发区,并提前派出更多警力定向巡逻。纽约警方开发了一款电子数据地图 Compstat,通过分析历史案件与发薪日、体育赛事、天气变化和假日等变量的相关性,预测最可能发生罪案的热点地区并预先部署警力,从而使犯罪率明显下降,凶杀案发生率降至新低。纽约警方的成功引起美国司法部门的关注,开始在全美范围推行数据驱动的治安方法,强调"数据和信息是执法工作中制定战略和决策的基础"。

孟菲斯警方使用 BLUECRUSH 预测分析系统后,暴力犯罪率大幅下降。马里兰州和宾夕法尼亚州警方使用的犯罪预测软件不但能预测罪犯假释或者缓刑期间犯罪的可能性，还能成为法庭假释条款和审判的参考依据。

南卡罗来纳州的查尔斯顿警方利用 IBM 的 SPSS 预测分析软件以及 i2 COPLINK 数据库的数据整合、分析和可视化功能，准确进行犯罪模式分析。IBM 表示，警方利用分析预测工具进行警力调配，发现犯罪热点地区并提前预防，从而压低了犯罪率。

洛杉矶警察局与加州大学洛杉矶分校合作，由警察局提供犯罪统计数据库。该数据库非常庞大，收集了 80 年来 1 300 万起犯罪案件的相关数据。在人类学家与犯罪学家的帮助下，警方建立了一种犯罪预测算法，他们把洛杉矶市分成一个个单位面积约 0.15 平方千米的方块区，然后按照犯罪发生的可能性将方块区排序。

2011 年 11 月至 2012 年 2 月，洛杉矶警察局利用预测算法进行随机实验。每个巡警都会收到一份任务地图，每张地图上都清晰地标示出哪些方块区犯罪发生的可能性高。结果显示，实验期间该地区犯罪率下降了 36%，该算法预知犯罪的准确率是人工预知的 3 倍。

加州大学洛杉矶分校在完成预测算法后，筹集了数百万美元风险投资资金，成立 PredPol 公司。2012 年 12 月，PredPol 上线，在英国肯特郡梅德韦市进行了为期 4 个月、12.5 万英镑的试运营。2015 年，PredPol 的年营业收入已达 500 多万美元。

PredPol 侧重于地理位置，以犯罪时间、犯罪地点和犯罪类型的大数据摸清当地的犯罪模式，即大数据统计分析犯罪高发场所、多次受害地区、受害区邻近地区等相关因素后，犯罪高发区可以精确到约 45 平方米的范围内。确定一二十个犯罪活动高发区后，巡警只需把执勤时间的 5%~15% 花在这些地方，就能有效阻止更多犯罪行为。

洛杉矶警方通过与 PredPol 合作，预测犯罪发生的概率，洛杉矶的盗窃罪和暴力犯罪分别下降 33% 和 21%。圣克鲁斯市警察局使用 PredPol 预测盗窃高发区，短短一年时间，全市入室盗窃犯罪率就下降 11%，抢劫犯罪率下降 27%。

• 预测供需

联合国 2011 年做了一项预测调查，分析 Twitter 上英语和印尼语的语言信息，预测美国和印度尼西亚社会对食品、石油、金融和住房问题的关注。这种预测可以较精准地分析短期需求。

德国为鼓励家庭安装太阳能发电，宣布多余电量可卖给电网。而且，电网每隔 5 或 10 分钟收集一次数据，分析居民用电习惯，预测未来两三个月电网需要提供的电量。有了电量预测，电网就能有计划地向发电厂购买一定数量的电能。在德国，电就像期货，提前买的价格较低，因此通过预测可以有效降低居民的购电成本。

• 预测价格

创立于 2007 年的 Hopper 公司总部位于加拿大蒙特利尔，该公司开发了利用大数据预测机票价格、分析服务的 App。Hopper 可为用户提供有关航班价格的必要信息，并在航班价格达到预测最低值时向用户推送通知，将 App 用户转化成机票购买用户。Hopper 每月推送 2 000 多万条通知，其中 90% 的用户会在收到推送通知后直接预订机票。

Hopper 尝试不同的技术和算法，以收集、组织和管理大量的旅行数据。该公司每天分析数十亿条航班价格信息，对航班价格进行研究和预测，帮助用户选择最优惠的航班，它提前一年预测机票价格的精确度为95%。用户每购买一张机票，都要向 Hopper 支付 5 美元服务费，然而用户每张机票平均能节约 50 美元，不会在意这 5 美元。现在，Hopper 每天出售的机票总价达 100 万美元。

• 预测经济

CPI 反映的是已发生的物价变动情况。大数据有助于了解未来物价走向，提前预知通胀或经济危机。

PriceStats 采用付费众包模式，将大宗日常消费品价格采集任务分派给当地居民，在全球雇用 700 多人（主要分布于拉丁美洲和亚洲）每天到 300 个特定便利店或超市，每人采集最多 250 种特定商品的图片和价格信息，每采集一种商品信息可获得 5~15 美分报酬。700 多名全球各地的员工加上智能手机，就能实时洞察全球 CPI 变动，提前 4~6 周预测通胀指数。

2012 年，IBM 日本公司开发经济指标预测系统，通过统计分析新闻词汇等信息预测股价走势等方面。首先在网络新闻中搜索与"新订单"等经济指标有关的词，其次结合其他相关经济数据的历史数据分析与股价关系进行预测。该公司以美国 ISM 指数[①]为对象进行验证。假设受访经理人受新闻报道的影响，然后分别计算约 30 万条财经新闻中出现的"新订单""生产""雇员"等 5 个词语的数量。依据这些，大致能判断受访经理人受到哪些新闻的影响以及受影响的程度。接着，综合分析可能影响 ISM 指数的物价相关统计等 480 项经济数据，以预测该指

---

① ISM 指数分为供应管理协会制造业指数和非制造业指数。——编者注

数的未来动态。实验仅用 6 个小时就计算出分析师需要数日才能得出的预测值,预测精度几乎相同。

2014 年 10 月,世界银行与全球创新机构 SecondMuse 合作发布报告——《大数据对发展的作用》,认为大数据不仅意味着巨大的经济价值,更是提升国家经济治理能力和发展能力的新工具。该报告介绍了五个案例模型:一是利用互联网大数据高频、实时地监测通胀情况,二是利用手机大数据监测国家的真实失业状况,三是利用农业大数据解决农村治理困境,四是利用 Twitter 大数据监测国民对食品价格变动的承受力以及该变动引发的情绪变化,五是利用卫星大数据把握气候特征。

软件工程师乔安·齐默尔曼(Joann Zimmermann)和阿斯奎塔斯(Askitas)2013 年从交通流量反映经济活跃程度的角度出发,用德国收费站记录的月度重型卡车越境数据建立收费站指数,作为 GNP(国民生产总值)的先行指标,以及时预测商业周期,结果发现:该指数能有效先行反映德国统计办公室官方发布的生产指数。[①]

大连理工大学学者李凤岐等人于 2017 年提出自动挖掘百度搜索查询指数与经济指标之间关系的搜索预测算法,筛选出具有代表性的查询数据预测经济指标,并以此作为先行指标预测中国 CPI 等经济指标。百度与中国科学院合作,开发出一套基于网上搜索数据编制的消费者信心指数(CCI)、通胀指数,结果发现:网民搜索所揭示的消费者对物

[①] ASKITAS N, ZIMMERMANN K F.Nowcasting Business Cycles Using Toll Data[J]. Forecast, 2013, 32(4): 299-306.

价的感受对国家统计局的官方数据有一定的先行指示作用。①

Inrix 是西雅图的一家实时交通数据公司，其业务是用实时交通流量数据导航，避开交通拥堵，后来它利用交通数据开展经济预测。2011 年，美国经济复苏放缓，政治家们极力否认，但 Inrix 发现了增长放缓的信号。Inrix 通过分析对比以往的交通数据，发现上下班高峰期的交通拥堵有所缓解，这说明失业率上升、经济状况恶化。同时，Inrix 把它的数据卖给一家基金公司，该公司把交通情况作为反映某大型零售商场销售量的信号：一旦附近车辆增多，说明销售量增加。

手机通信、社交媒体等领域的活跃程度往往也与经济状况密切相关。国际贸易、手机记录、社交媒体、网络检索、银行转账等数据可以揭示区域经济发展状况，预测一些关键经济指标，感知宏观经济社会现状，预测重大经济风险。比如，手机数据不仅记录通信频率、时间和收发的数据，还实时传递 GPS 位置、旅行记录、数据使用、收支等数据。因此，手机数据可被用来描述和预测经济指标，实现对经济状况的实时追踪。有学者研究英国手机通信数据后发现，用户网上行为的多样性、活跃度与国家经济发展状况的关联性很强，能反映区域经济的宏观产业结构，而结合产业结构数据可以预测经济产业的结构性风险。

随着手机越来越普及，贫穷国家也可以做预测。研究科特迪瓦的手机数据，可发现用户的移动模式、通话模式与经济活动、贫富程度、能源等数据都有很强的关联性，可通过一天之中不同时间的通话频率判断用户的生活和工作区域。学者基于卢旺达手机用户使用情况和问卷数据

---

① 李凤岐，李光明. 基于搜索行为的经济指标预测方法 [J]. 计算机工程与应用，2017 (6); 215-222.

分析发现，通过手机使用记录能推测个体的社会经济状况，并反过来描述整个国家的财富状况，绘制出高分辨率的国家财富分布地图。其预测结果与普查数据高度一致，由此可以测算一个国家的经济水平和潜在风险。

谷歌趋势（向社会免费开放 2004 年以来每个搜索词的周搜索量以及对未来搜索趋势的预测）是谷歌搜索数据分析平台，能追踪 32 种类型搜索量的变化，包括航空旅行、房地产和零售业等，并且能以此预测汽车销量、失业人数、旅行规划和消费信息等经济指标。谷歌趋势的以色列搜索数据显示，人力资源等六个类别都有很好的预测效果，能反映出 2008 年以色列的经济衰退。

• 预测股市

国外学者研究发现股票搜索与股票收益之间存在关联，某只股票的搜索数据是其收益及交易量的可靠预测指标。他们还发现网络用户对纳斯达克上市的股票的搜索查询语句的数量与该股票交易量有相关性。还有学者研究谷歌、维基百科发现，有关金融的搜索数据和股市运行之间存在关联，基于搜索数据建立的先行指标能有效预测股市的涨跌。[1]

研究发现，纳斯达克 100 指数与其成分股的雅虎搜索量显著相关，并且在搜索指数的峰值附近可提前预测指数第二天的走势。[2] 多位学者

---

[1] MOAT H S, CURME C, STANLEY H E, PREIS T. Anticipating Stock Market Movement with Google and Wikipedia[C] .NATO Science for Peace and Security Series C：Environmental Security Springer Science, 2013：47-59.

[2] BORDINO I, BATTISTON S, CALDARELLI G, et al. Web Search Queries Can Predict Stock Market Volumes[J]. PLoS ONE, 2012, 7 (7).

系统考察 98 个金融相关词语的谷歌搜索数据与美国股市走势之间的关系，结果发现金融词汇的搜索数据能预测股市的走势，并证明了基于这一规律构建的量化策略能跑赢随机策略。[①]

• 预测收入

个人收入对银行放贷、社会保障等方面而言是关键数据，但是个人收入是敏感话题，而且调查个人收入过程烦琐、成本较高，还存在瞒报可能。数据服务公司益博睿提供此项专门服务，通过分析信用卡交易记录和美国国税局的匿名税收数据，精准预测个人收入状况，其预测结果售价不足 1 美元，而传统调查成本高达 10 美元。

• 预测失业

在谷歌趋势预测美国流感传播趋势后，这一预测方法被迅速用于失业率预测，并被称为"谷歌预测器"或"谷歌指数"，使用它能比官方数据更早发现失业趋势变化。[②] 2009 年，齐默尔曼和阿斯奎塔斯等建立谷歌搜索数据与德国失业率的关联关系，发现失业率发生变化时，网民对国家劳动局或失业保障机构、人事顾问、热门职位的搜索关注度会有所反应。[③]

2015 年的一项研究发现，通过手机通信频次可监测出是否有大规模裁员，由此发现受影响人员以及预测整个变化，还可以通过分析信号

---

① PREIS T, MOAT H S, STANLEY H E.Quantifying Trading Behavior in Financial Markets Using Google Trends[J]. Scientific Reports, 2013, 3 (7446).

② ASKITAS N, ZIMMERMANN K F.Google Econometrics and Unemployment Forecasting[C]. Discussion Paper of Diw Berlin, 2009 (55): 107-120.

③ N ASKITAS, K F ZIMMERMANN, Google Econometrics and Unemployment Forecasting [J]. Applied Economics Quarterly, 55 (2), 2009:20-107.

塔通信总量评估企业大规模裁员的时间，因为失业员工在后续几个月的呼叫总量会下降51%。由此，可以比官方提早2~8周预测失业率。

基于西班牙社交媒体数据的研究发现，更多的移动流量多样性和更早的昼夜规律可以预测失业率高低。失业率高低对政治经济社会稳定很重要，失业率一旦偏高，就会爆发各种各样的事件。

学者们发现，搜索数据还可以预测德国、意大利、以色列的劳动力市场状况。如果分析爱尔兰社交媒体与就业有关的迷茫情绪，可以比官方提前3个月预测失业率增长。

大数据专家塞思·斯蒂芬斯–达维多维茨（Seth Stephens-Davidowitz）的著作《人人都在说谎》（*Everybody Lies: Big Data*）中有一个例子，他用谷歌搜索数据，看看哪些关键词的搜索与失业率的相关性最强，结果两个关键词脱颖而出：一个是"Slutload"——一个色情网站，另一个是"Spider Solitaire"——经典游戏"蜘蛛纸牌"。这两个关键词的搜索和失业率的关系是什么呢？其实很好解释，它代表了搜索用户的三个特性——有闲、没钱、孤独，这三个特性又与失业人口特性高度吻合，因此其对失业率有预测作用。

- 预测交通

谷歌航班应用程序Google Flights可以预测航班延误时间及推荐低价机票。航班延误情况主要是利用机器算法通过对航班历史准点情况和天气状况的分析来预测，它会提前算出延误时间，提供出行时间参考。

基于用户和车辆的LBS定位数据可以分析人车出行的个体和群体特征，由此预测交通情况。比如，可预测不同时点、不同道路的车流量，进而采用智能车辆调度或应用潮汐车道。用户则可以根据预测结果选择拥堵概率更低的道路。被誉为"堵车预言家"的交通流量数据公司Inrix依靠分析历史和实时路况数据,能提供及时的路况报告,帮助司机避开拥堵路段,并提前规划好行程。

百度地图在春运期间预测人们的活动趋势,指导火车线路和飞机航线的设置,节假日预测景点的人流量指导人们的景区选择。平时,还有百度热力图告知用户城市商圈、动物园等地点的人流情况,指导用户的出行选择和商家的选点选址。

智能手机数据也可以分析人口分布,预测突发事件的集群行为。2014年最后一天,上海外滩发生踩踏事件。腾讯当晚的地图热力图显示,23点20分左右,外滩人口密集度已经超过安全警戒线,存在潜在危险。可见,位置热力图能对人群密度进行实时监控,并对踩踏事故风险做出预警。

• 预测行为

大数据可以基于用户搜索行为、浏览行为、评论历史和个人资料等数据洞察用户整体需求,进而有针对性地进行产品生产、改进和营销。百度基于用户喜好进行精准广告营销,阿里巴巴根据天猫用户特征包下生产线定制产品,亚马逊根据用户点击行为提前备货。

美国主流个人信用评分系统FICO自动将借款人的历史资料与数据库中全体借款人的总体信用习惯相比较,预测借款人是否会还钱的行为趋势,评估其与各种不良借款人之间的相似度。

• 预测人气

惠普实验室的研究人员西塔拉姆·阿苏(Sitaram Asur)、罗加·班得瑞(Roja Bandari)和伯纳多·休伯曼(Bernardo Huberman)发现了在新闻发布前预测其 Twitter 人气的方法，准确率高达 84%。研究人员假设四个因素决定文章热度：

- 撰写并发表新闻的来源；
- 新闻归属的类别（比如商业、健康或体育）；
- 文章语言是煽情的还是客观的；
- 文中是否提及名人、名牌或其他知名机构。

该研究团队分析了 2011 年 8 月的 9 天时间内发布的 4 万多篇新闻文章，利用公开工具以四个因素为标准对每篇文章进行评分，最后利用算法模型计算每篇新闻将获得 Twitter 链接数的预测值。算法模型可以预测文章的 Twitter 传播频率，准确率高。它能印证编辑的基本常识，比如提及名人的报道、信源可靠的报道和受欢迎新闻类别的报道最有可能获得 Twitter 链接数。

- 预测票房

2010 年，西塔拉姆·阿苏和伯纳多·休伯曼通过分析 280 万个针对 24 部电影的推文的正面及负面评价，成功地预测出电影票房，对首映周末的票房预测与实际票房的吻合度高达 97.3%。①

英国数据分析公司 Epagogix 开发出一套针对电影剧本的算法，可以对新剧本进行分析，预测未来票房情况。它将剧本、情节、演员、拍

---

① ASUR S, HUBERMAN B A. Predicting the Future with Social Media: Proceedings of the Web Intelligence and Intelligent Agent Technology. 2010 IEEE/WIC/ACM International Conferenceon, 2010.

摄场地等要素统合，使用算法预测电影票房收入，并能实现量化预测，比如预测一部电影的票房将是 3 000 万美元还是 2 亿美元。

比利时技术公司推出的人工智能 ScriptBook 可以预测剧本拍成电影能不能赚钱，它已准确预测 2015—2017 年索尼公司出品的 32 部"票房毒药"中的 22 部。只需要将 PDF 格式的剧本上传到 ScriptBook，5 分钟后就会自动生成详细的分析报告。如果它给剧本的最终评估高于 84%，就说明这会是一个能赚钱的电影剧本。

自媒体"云科技"发文说，中国有一家公司也以社交媒体数据来预测票房，它围绕电影选取 30 个参数，围绕演员选取 50 个参数，包括在哪里长大、毕业院校、毕业时间、扮演过的角色、收视率和票房、有无绯闻、跟谁关系好、网民评价等。依据这 80 个参数，它预测电影《1942》的票房是 3.8 亿元，实际票房是 3.6 亿元。

• 预测健康

研究发现，可穿戴设备和智能健康设备收集心率、体重、血脂、血糖、运动量、睡眠量等人体健康数据后可以形成慢性病预测模式。比如，众筹网站 KickStarter 上的产品 My Spiroo 可随机收集哮喘病患者的吐气数据和发病时间，指导医生诊断其病情发展趋势。

美国宾夕法尼亚大学心理学家约翰尼斯·艾希施泰特（Johannes Eichstaedt）的研究小组分析了 8.26 亿条推文（覆盖美国近 90% 的县的民众），借助彭尼贝克的"语言探索与词频统计"研究项目成果和自身技术，研究发现 Twitter 就像一台"心脏病指示器"，社交媒体用词和词频能反映一个人的愤怒、压力和疲劳等状态，人们在 Twitter 上的表达对预测美国郡县的心脏病死亡率有显著的作用：与负面社会关系、分离和负面情绪（尤其是愤怒）相关的表达与心脏病死亡率正相关；兴奋、乐观等积极情绪和心理参与相关的表达与心脏病死亡率负相关。比如，某县民众更喜欢用"混蛋""嫉妒""无聊"等带有敌意、攻击性、仇恨的词语和疲劳类词语，该地区的心脏病死亡率更高。这个分析的预测效果比传统的人口、经济和疾病风险分析方法更好。再如，某地青年在社交媒体上特别喜欢用不利于健康的词，这可以反映出当地的各种环境状况，如治安环境、就业状况、贫富差距等。[1]

2015年，《心理科学》刊登报告指出Twitter可以预测某地区的心脏病发病率。作者追踪及分析了美国2009—2010年的Twitter数据，结果发现在Twitter上表达消极情绪多的地区，心脏病发病率更高。报告联合作者玛格丽特·克恩（Margaret Kern）解释说，人们的心理状态被认为是心脏病的一大诱因。消极情绪会引发行为上和社交中的消极反应，而且会因此更想喝酒、胃口变差、拒绝交往，使自己处于孤立状态，这些都会间接诱发心脏病。

还有学者开展有关线上行为与线下健康行为关系的研究。学者麦卡锡利用谷歌记录的2004—2007年网民对自杀、自残类词语的搜索数据，发现其与美国疾病控制与预防中心（CDC）记载的2004—2007年大众现实自杀、自残数据呈显著的统计相关关系：在大众群体中呈显著负相关，在青少年群体中却呈显著正相关。[2]

---

[1] EICHSTAEDT J C, SCHWARTZ H A, KERN M L, et al.Psychological Language on Twitter Predicts County-level Heart Disease Mortality [J]. Psychological Science, 2015, 26 (2).
[2] MCCARTHY M J.Internet Monitoring of Suicide Risk in the Population [J]. Journal of Affective Disorders, 2010, 122 (3).

2017 年 3 月，Facebook 宣布利用 AI 技术识别有自杀倾向的用户。同时，佛罗里达州立大学的学者利用机器学习预测自杀倾向，他们通过梳理具备 200 万病人电子健康记录的数据库，依据其中包含的可能导致自杀行为的详细病史，利用机器学习检查，学习因子的组合方式，开发针对自杀行为风险的预警系统。结果显示：机器学习能预测最多两年之后某人的自杀倾向，准确率高达 80%~90%。该方法的准确率在越接近某人可能的自杀日期时越高，比如针对一般的医院病人，在其试图自杀前一周的准确率可上升到 92%。

• 预测疫情

人们也一直在研究流感的暴发周期和特点。1999 年，美国研究人员通过大数据挖掘取得突破性进展。研究人员挖掘全国 2 万多个药店的销售数据发现，在医院大规模收治流感病人的两个星期之前，药店的感冒药销售已出现一个高峰，高峰只要超过一定的阈值，就会暴发一场流感。原因在于，人们患感冒之后先会尝试自己买药，直到不见效、症状加重才会去医院。这个时候，流感已全面暴发。

软件工程师杰里米·金斯伯格（Jeremy Ginsberg）和马特·莫赫（Matt Mohebb）等人认为，每年约有 9 000 万成年人使用搜索引擎搜索特定疾病的相关信息，这为通过分析搜索数据监测疾病暴发提供了可能。[1] 他们在研究中发现，每当进入流感高发期，与流感有关的词语搜索量就会显著增加，暗示着流感暴发的能量正在积聚。2003—2008 年，他们在 5 000 万个常用的搜索词条中筛选出 100 个与流感就诊量高度相

---

[1] GINSBERG J, MOHEBB M, PATEL R S, et al.Detecting Influenza Epidemics Using Search Enginequery Data[J]. Nature, 2009: 457(7232).

关的关键词，再通过计算得到相关性最强的 45 个关键词，比如"治疗咳嗽和发热的药物"。随后，研究人员构建数学模型推出流感预测平台 GFT（谷歌流感趋势），汇总美国民众使用谷歌搜索与流感相关的 45 个关键词的搜索量时间序列，分别预测美国 8 个地区的流感发病情况，并与 CDC 的已知流感发病率监测报告对比，提前两周预测出流感的暴发时间和传播路径。[1] 该研究还发现：2004—2009 年，GFT 的流感数据与 CDC 的数据惊人一致，准确率达到 97%~98%。2009 年甲型 H1N1 流感暴发时，GFT 成了一个更有效、更及时的指示标。

2009 年，在甲型 H1N1 暴发前几周，谷歌已预测其将在全美范围内传播，甚至可以具体到特定地区和州，准确且及时。但后来发现，2013 年的 GFT 预测数据两倍于 CDC 的报告数据。从初期的高度一致到后期的倍数误差，是因关键词出现过多"垃圾"所致。很多关键词看似与流感相关，实际上却无甚关联，也就是伪相关。比如，"美国高中篮球比赛"和"流感"相关搜索频率和时间分布十分匹配，导致篮球爱好者易被当作流感患者。2016 年，GFT 停止发布预测数据。

不过，社交媒体似乎比搜索引擎的预测更准确。2012 年，疾病追踪数据公司 Sickweather 的创始人格雷厄姆·道奇（Graham Dodge）在分析了 Facebook 和 Twitter 的 1 700 万条状态和信息后，发现可以追踪美国疾病传播情况。社交媒体不仅可以准确跟踪疾病传播的进程，预测疾病暴发，而且比以往预测的时效性强。他们还在社交媒体数据中发现了一些有趣的内容：美国康涅狄格州的哈特福德和首都华盛顿两个地区

---

[1] BREYER B N, EISENBERG M L. Use of Google in Study of Noninfectious Medical Conditions [J]. Epidemiology, 2010, 21 (4).

的疾病传播速度最快,被称为"传染病联盟";美国体育盛事"超级碗"比赛也对传染病散播有重要影响。

宾夕法尼亚大学生物学家马塞尔·萨拉特和软件工程师沙先克·康德沃通过分析 Twitter 内容发现,人们对疫苗的态度与他们实际注射预防流感药物的可能呈正相关性。他们利用 Twitter 用户中谁和谁相关的元数据进行研究,发现了未接种疫苗的子人群,进而预见流感可能暴发的风险。

• 预测政治

学者邦德和梅辛的研究证明,基于 Facebook 数据预测民众政治意识形态具有可行性和有效性,并提出以此进一步开展政治计划、政治意识形态结构及其与政治参与率的关系等方面研究。①

2016 年 2 月,美国达特茅斯学院研究员约瑟夫·迪格拉齐亚(Joseph DiGrazia)发表文章,探讨社交媒体在预测政治图景方面的作用。他认为,社交媒体的预测往往准确率都很高,因为它们反映了民众对特定候选人的兴趣,而兴趣常与投票支持相关,因此能较好地预测选举结果。相较于传统民意调查,社交媒体拥有很多优势,包括速度快,能实时反映人们的兴趣动向。但是搜索强度有时也会发生偏差,比如某一候选人的丑闻曝光,相关搜索和谈论会急剧增加,但并不意味着支持率会上升。

约瑟夫·迪格拉齐亚等学者通过对 2010 年和 2012 年美国国会竞选

---

① BOND R, MESSING S. Quantifying Social Media's Political Space: Estimating Ideology from Publicly Revealed Preferences on Facebook [J]. American Political Science Review, 2015, 109 (1).

活动数据的分析发现：在控制时间、人口统计数据、党派偏见、媒体报道等变量的情况下，社交媒体上关于政治行为的数据与候选人在选举中的表现存在显著的相关性，可以预测谁的胜算更大。比如，2010年8—10月，研究团队提取5亿多条推文，与406场国会竞选结果对比，发现包含两党候选人名字的推文分享率与两党选票的差距存在强相关。

吉多·卡尔达雷利（Guido Caldarelli）等学者研究发现，意大利网民在 Twitter 上提及各党派领导人的信息数量及其随时间变化的特征，对于预测政治大选具有显著的参考作用。[①]

奥丽莎·科特佐娃（Olessia Koltsova）等学者研究了俄罗斯社交网站 LiveJournal 中热搜榜 Top Bloggers 的作用，她利用计算机模拟 Top Bloggers 的话题结构后发现，俄罗斯 2011 年的街头抗议情况能明显体现于 Top Bloggers 的内容上，因此它可用来预测街头抗议活动。[②]

此外，大数据还被应用于房地产预测、就业情况预测、高考分数线预测、保险投保者风险评估、金融借贷者还款能力评估等领域。

随着不断深入地挖掘大数据，人们可发现"不相关"背后的"相关"，从而具有"预知"能力，推演预测未来发展趋势。由此，大数据把人类分析范围从"已知"拓展到"未知"，从"过去"走入"未来"，这才是大数据真正的生命力所在。

---

① CALDARELLI G, ALESSANDRO C, FABIO P, et al.A Multi-level Geographical Study of Italian Political Elections from Twitter Data[J]. PLoS ONE, 2014, 9 (5).
② OLESSIA KOLTSOVA, SERGEI KOLTCOV. Mapping the Public Agenda with Topic Modeling: The Case of the Russian LiveJournal [J]. Policy & Internet, 2013, 5 (2): 207-227.

| 优化预防 |

认识了世界，还要改造世界。大数据让我们知道发生了什么、为什么会发生以及可能发生什么，我们还要依据大数据探究该怎么做。人们通过大数据研究用户行为特征和内容偏好，深挖潜在需求，使用户个人形象清晰化、立体化，从而掌握用户行为习惯，知晓用户需要什么，在工作中做出相应的优化，提供具有针对性的服务。

美国纽约市政府在哈得孙河沿岸安装大量传感器，实时采集河水的盐度、浊度、叶绿素含量、颗粒物粒径等数据，形成一条虚拟的数字河流，从中分析造成河流污染的原因，并有针对性地进行治理。

美国 Opower 能源管理公司与电力公司合作，为几百万户家庭安装智能电表，电表每隔 15 分钟就读一次用电数据。Opower 公司每月会向每户家庭提供个性化报告，把其电力使用情况与周围邻居进行对比，显示该家庭用电情况在全美类似家庭中所处的水平，以鼓励节约用电，由此每年能节省电费 5 亿美元左右。

加州电网系统运营中心管理着加州超过 80% 的电网，每年向 3 500 万用户输送 2.89 亿兆瓦电力，电力线长度超过 4 万千米。该中心采用 Space-Time Insight 系统进行智能管理，综合分析来自包括天气、传感器、计量设备等各种数据源的海量数据，预测各地的能源需求变化，进行智能电能调度，平衡全网的电力供应和需求，并对潜在危机做出快速响应。

总之，大数据不仅能记录过去，还能预测未来；不仅能展现总体走势，还能呈现具体细节；不仅能揭示事物之间的普遍关联，还能帮助发现深层次原因，从而优化我们的资源配置，并预防问题的发生。

驱动政治的大数据

数据是如此重要，甚至超越石油，成为最宝贵的战略资源，这也意味着数据已成为政治家的关注热点。各国政府和政治家都在学习理解和处理区域、国家和国际领域的各种数据，不是因为他们想要这么做，而是因为他们必须这样做。

Twitter、Facebook、谷歌等平台的数据不仅可以跟踪民众的抗议活动，发现恐怖主义行踪，明确国家战略风险，还可对特定人群进行精细划分，对政治态势进行整体感知，对危机进行预测预警，以辅助政治决策和政治营销。

2014年，麻省理工学院博士生内森·卡勒斯（Nathan Kallus）发表论文《通过公共大数据预测群体行为》，他以2013年埃及民众抗议活动作为案例，分析了全球7种语言、超30万条推文，筛选其中与公共事件有关的信息，研究如何利用Twitter预测重大公众事件的发生。该论文指出，类似于2013年要求埃及总统穆尔西下台的抗议示威浪潮是可以通过分析Twitter活动预测出来的，利用推文至少可以提前数天预测某个公共事件会引发国内动乱。

| 首席科学家 |

成功利用数据影响民意赢得大选的案例并非始于特朗普，"第一个吃螃蟹的人"是奥巴马，他第一次成功运用数据助选，由此改变现代政治选举活动。2012年美国总统大选期间，奥巴马拥有一支近100人的数据团队，人数是2008年时的5倍。

2008年，奥巴马刚刚在党内初选中崭露头角，由于任务重、时间紧，还没有组建自己的数据团队。竞选团队每个办公室的每个人都使用各自的电子表格或网络应用，他们用谷歌讨论组或邮件列表来沟通，但这会导致协调联络所有人困难重重。于是，竞选志愿者为奥巴马实施了一项"胡迪尼计划"（Project Houdini）——一个基于电话系统发动选民投票的电子系统。每个摇摆州的选区都被分配一个数字代码，当选民投票时，票站负责监视的志愿者会按照代码拨打"胡迪尼自动热线"进行记录。"胡迪尼自动热线"很快就被打爆，竞选团队只能另想他法。虽然"胡迪尼计划"没有成功，但是记录的数据库被保留下来，并在后续竞选活动中起到重要作用。这给了奥巴马启发，长期以来，他一直遍寻全美科学家加入竞选团队，包括计算机专家、数学家、程序员和统计学家。

2011年，奥巴马聘请计算机劝导模型专家拉伊德·加尼（Rayid Ghani）担任其连任竞选的首席科学家。加尼是埃森哲技术实验室的科研带头人，是知识发现和数据发掘应用科学领域的领军人物，其技术常用于处理海量数据，发掘客户偏好。

加尼1999年申请到卡内基-梅隆大学机器学习领域的开山祖师汤姆·米切尔（Tom Mitchell）门下攻读硕士学位，他天资聪颖，1999—2001年出了不少科研成果，还发明了co-training算法。2001年7月，硕士毕业后，加尼就加入埃森哲技术实验室做科研。2011年7月，他加入奥巴马连任竞选团队，成为首席科学家。

不过，加尼带领的数据团队每天具体在干什么始终秘而不宣，被视为"核武器发射密码"。数据团队甚至在远离其他竞选工作人员的工作区专设一个无窗的房间，保护着自己的撒手锏——选民数据。

2011年，加尼曾透露，在政治活动中运用大数据工具，难点是如何充分用好选民行为、偏好和投票倾向等方面的海量数据。现在，登记选民册与市场上出售的用户资料紧密相关，选民的姓名和住址能与很多市场资料相互参照，从报纸杂志订阅、房屋产权证明到狩猎执照、信用积分，都有姓名和住址。此外，还有拉票活动、电话银行来电，以及其他与竞选相联系并能被获取的个人信息。加尼和他的数据团队挖掘这些海量数据，并规划选民选举模式，使竞选活动更加精确和有效。

不过，加尼很快意识到，奥巴马在2008年的成功有一个缺陷：数据库太多，"胡迪尼计划"也没有成功。当时，打电话的志愿者使用的还是一份赋闲在家者的名单，与在竞选办公室打电话的人所用的名单不一样。动员投票名单也与资金筹集名单不重合，各个数据库彼此孤立。于是，他们花费一年半时间整合各种数据，创建了统一的庞大系统，能将民调专家、筹款人、一线志愿者、消费者数据库、摇摆州民主党主要选民档案，以及社交媒体用户朋友圈、手机联系人等所有数据聚合。

海量数据能让数据团队不断去做测试，发现哪些类型的人有可能被某些特定事情打动或说服。比如，竞选办公室的人打电话时所用名单上不仅列出姓名和电话号码，还有他们可能被说服的内容，并且他们会按照选民被说服的可能性和重要性对选民名单进行排序。决定排序的因素有四分之三是基本信息，比如年龄、性别、种族、邻居、投票记录、消费者数据等。数据团队由此可以开发算法模型来预测哪些人会网上捐款、哪些人会用邮件捐。竞选总部发现，参与"快速捐赠"计划（允许在网上或通过短信重复捐钱，而无须重新输入信用卡信息）的人捐出的资金是其他捐献者的 4 倍。于是，该计划被推广开来，以各种方式加以激励。比如，第一次捐赠的人如果参加该计划，就能免费得到一张保险杠贴纸。

数据团队还使用四组民调数据建立了一个关键州的详细图谱。他们在俄亥俄州做了 2.9 万人的民调，样本占该州选民的 0.5%，以更深入分析特定人口、地区组织在任何时间段的趋势。这是一个重要举措，第一次辩论后奥巴马的支持率下滑，竞选团队可以迅速发现哪些选民改换了立场、哪些选民没有。正是俄亥俄州的这个调查，帮助竞选团队在 10 月激流涌动时意识到：大部分摇摆不定的俄亥俄州选民原本并非奥巴马的支持者，而是罗姆尼的支持者。在罗姆尼 9 月出现失误之后，这些选民的态度动摇了。于是，选民数据和投票倾向每晚都会被反复计算处理，以考虑不同情况——每晚会模拟 6.6 万次，并于次日上午出结果，详细分析关键州的选民，快速了解奥巴马胜出的可能性。在第一次辩论后，迅速分析哪些选民倒戈、哪些没有倒戈，从而有针对性地分配资源。他们还不断测试一个本地志愿者打来电话的效果如何优于一个非摇摆州志愿者打来的电话。数据团队发现，在个人投票注意力最容易被重新吸引的人群当中，曾在 2008 年大选中退订竞选电子邮件的那部分人应是首要目标，因为他们更容易再次加入投票行列。

加尼的数据团队会定期向奥巴马报告工作进展，他们利用算法模型帮助奥巴马筹集了创纪录的 10 亿美元捐赠款，帮助优化电视广告精准投放模式，创建摇摆州选民的精细模型（可用于提升电话、上门投递邮件、社交媒体的使用效率），并依据数据分析制定针对不同类型选民的宣传策略，找出最能说服每个选民的理由，可谓战功赫赫。他们还设计模型预测可能的网络捐款者，充分利用数据开展电子邮件营销，经第一夫人之手发的电子邮件成为那个春天最受欢迎的邮件。

加尼和他的数据团队通过复杂模型精准定位不同选民，他们并没有采取在本地新闻时段购买广告的传统做法，而是购买一些冷门节目的广告时段，但是广告效率比 2008 年提高了 14%。他们利用模型告诉竞选团队，竞选后期应在什么地方展开活动。很多工作人员不知道为什么应选择社交新闻网站 Reddit 与选民互动，而数据分析告诉他们，Reddit 上有很多可动员的对象。

奥巴马连任竞选时，竞选团队决定设计全新的数据系统，解决 2008 年数据库太多的问题。2011 年 6 月，奥巴马聘请哈伯·里德（Harper Reed）组建技术团队 DevOps，像创业公司一样运作，来自谷歌、Facebook、Twitter 和 TripIt 等科技公司的工程师昼夜工作。2012 年技术团队开发的独角鲸系统成为奥巴马连任的秘密武器。

2012 年年初，独角鲸技术团队分为两个小组，一个小组负责开发 API，另一个小组负责设备整合。他们建立了一个大型数据处理中心，把所有设备和应用数据输送到数据中心，同时部署了至少两个备用数据中心。为应对飓风，还准备了紧急方案——亚马逊西海岸的数据中心随时准备上线。他们使用一个标准的结构 RESTful API，任何一个应用都可以与之通信，任何语言、任何 Web 框架都适用，并采用 Python 语言编程，API 通过标准 http 请求完成数据传递。他们还选用亚马逊基于 MySQL 的关系数据库服务，它的"快相"功能能让数据库镜像成为 S3 简单云存储服务，而不需要任何备份操作。

独角鲸系统的主要功能就是为竞选使用的所有应用程序提供共享

全部数据资源的统一服务接口，包含成熟的分析工具——追梦人、基于文字情感对选民进行微定向的分析工具、帮助志愿者相互联系与合作的应用程序 Dashboard 等。所有竞选志愿者获取的数据都将进入统一数据库，再进行数据挖掘，这需要消耗独角鲸位于亚马逊弗吉尼亚州北部的数据中心庞大的计算资源。

- Dashboard 帮助即将成为竞选志愿者的人自动安排整理他们的招募和管理工作，以解决 2008 年竞选团队没有统一工具的问题。志愿者通过 Dashboard 可以和上千名选民通话，像机器人一样高效。Dashboard 还带有社交元素，相当于奥巴马支持者的 Facebook。
- Call Tool 能让身处任何地方的志愿者进行电话助选工作，显示随机挑选的选民电话和说服该选民的技巧；后端程序能进行"协作过滤"，分辨出这通电话是否有效或者接听者是否说西班牙语，从而为此后拨打该电话留下尽量多的背景信息。
- Identity 可整合志愿者使用的所有应用程序，它是一个单一身份验证登录程序，能追踪志愿者的活动。

随着选举日临近，部分地区投票开始，此时独角鲸显示出强大的数据处理能力。然而回顾 2008 年总统大选，奥巴马竞选团队使用的各种信息库彼此独立，例如 Vote Builder 系统基于选民的政治活动和行为判断其信仰和政治偏好，以及 Blue State Digital 系统记录了邮箱注册和短信注册信息。独角鲸则将独立数据库联系起来，将来自民意调查者、捐赠者、现场工作人员、消费者数据库、社交媒体，以及摇摆州主要的民主党投票人的信息整合，为奥巴马连任竞选活动收集、存储和分析海量数据。

也就是说，独角鲸系统拥有海量的选民资料数据，通过各种渠道收集的海量数据汇聚到其数据库，然后分析人员按需输入 Dreamcatcher 或 Vertica 列式数据库，深入挖掘以服务于不同目的。这有助于整合不同来源的数据，节省大量时间和精力，减轻工作人员的负担，使组织和联络更便捷、更高效。此外，与以往无目标地向选民发送竞选信息不同，该计划实现的大规模数据共享使竞选团队能集中精力争取目标选民的注意，采取有针对性的宣传和游说策略。独角鲸还融入了社交理念，竞选志愿者可以登录自己的 Facebook，实时了解自己的朋友或周围的人在做什么，在这个过程中，竞选团队能访问志愿者的 Facebook 动态并获取志愿者提交的有关选民的信息。

数据团队还利用熟人效应，尝试大规模使用 Facebook，以模仿现场组织者挨家挨户敲门的上门访问效果。他们开发了小程序以拉票，在竞选的最后几周，下载 Facebook App 的选民会看到他们身在摇摆州的好友的照片，他们被告知可以通过点击按钮请求摇摆州的好友行动起来，比如登记参选或奔赴投票站。结果发现，约 1/5 收到 Facebook 请求的摇摆州选民做出响应，这在很大程度上是因为该请求来自他们的熟人。

数据团队还特别开发拉票 App，点击"拉票"按钮，手机屏幕马上会出现一张定位地图，显示志愿者所在街道位置，地图上在志愿者附近所有可能拉拢的选民家都会被标上小红旗，点击小红旗就会显示这家人的政治倾向、主人姓名及具体住址。拉票 App 可以帮助志愿者找到这家人，说服他们投票给奥巴马。它旁边还会有一个小对话框供志愿者在交谈时输入谈话信息，这些信息最后会反馈到数据中心。

| NationBuilder |

在美国，官方选民档案是最基础的数据。比如，美国政府拥有选民档案，确保只有符合条件的公民能投票且不会重复投票。档案包括选民的个人信息（出生日期、性别等）、联系方式（住址、电话号码等）以及竞选参与情况，这些数据能预测哪些选民更有可能投票。美国的人口普查数据可显示家庭平均年收入、平均受教育程度、每个家庭平均子女数量、民族/种族分布情况以及选民居住地（所在选区），能反映个人所在的更大群体的特征。这些群体数据与选民个人数据结合，可大幅提高竞选预测的准确率。

2015 年，一个带有 1.91 亿投票人登记记录的数据库被发现泄露。该数据库记录包括姓名、电话号码、家庭和邮寄地址、出生日期等信息，包括选民自 2000 年以来的政党和选举历史。有人猜测该数据库可能来自在线客户关系管理服务平台 NationBuilder。该公司随即发表声明称数据库与其无关，其中一些信息可能来自其用于宣传而公开的数据。

NationBuilder 最初为政治活动和公益活动而创建，现在被广泛应用于各个领域，包括数据库支持、发票管理以及借助电子邮件或短信等进行宣传。它能提供超过 1.9 亿美国选民的资料，包括电话号码、家庭地址、电子邮箱、个人选举历史信息、选区和所在地信息等数据。美国候选人竞选团队可以通过 NationBuilder 获取选民的详细信息，确定资金筹集目标并接受捐款，向特定人群发送游说性邮件，招募志愿者并按其特长安排工作。它还可以同竞选党派的相关数据系统整合，利用实时在线数据了解选民个人偏好，从而采取最有效的游说和宣传方式。

事实上，NationBuilder 已被普遍用于竞选活动，在选举中起到重要作用。2011 年，苏格兰民族党赢得议会选举，NationBuilder 功不可没。在苏格兰独立公投中，支持方和反对方都使用 NationBuilder，最终投票率达到破纪录的 85%。2013 年，NationBuilder 在美国中期选举中助了民主党一臂之力。NationBuilder 还在 2012 年秋的旧金山市长选举中起到重要作用，帮助华裔候选人李孟贤当选。它还帮助澳大利亚候选人凯茜·麦高恩（Cathy McGowan）打败强势的在任国会议员，当选独立议员。

这表明 NationBuilde 能充分利用数据影响竞选的方方面面，并能左右竞选胜败。

| 华盛顿 K 街 |

如今，美国政治已进入大数据计算阶段，华盛顿 K 街游说集团、统计学家和民间组织都能预测投票情况。

从美国白宫南门出来，步行 10 分钟就可抵达著名的华盛顿 K 街，美国政府的许多内外决策都源自这里。K 街位于国会山和白宫之间，由西向东横贯华盛顿北部，是著名的"游说一条街"。这条街云集了大批智库、游说集团、公关公司、民间组织、国际总部，世界银行和国际货币基金组织也位于这条街。如果说，纽约的华尔街是国际金融中心，那么华盛顿的 K 街就是风云变幻的国际政治中心。

位于 K 街的阳光基金会不但有 App 可供人们下载，还有向开发人员提供国会数据的公开 API，它可以详细分析各个议员的投票历史、政治捐款行业分布、所在选区选举数据。

利用数据来竞选的不只是美国政治人物，印度总理莫迪不仅是社交媒体达人，而且是善用数据的"印度总理第一人"。印度《经济时报》报道，莫迪在 2014 年大选时至少与 3 家数据技术公司合作，实时跟踪其竞选动向在网上的反映。

法国总统马克龙在竞选时找的是一家位于巴黎的数据分析初创公司，该公司能运用算法找出最能代表法国的乡镇地区，动员志愿者挨家挨户探访民情、收集资料。他们不仅为马克龙提供优先实施的政策建议，还能找出可令选民产生共鸣的词语，让马克龙在演讲时使用。

2016 年，Facebook 曾推出一项"进阶配对"功能，让政党可以更准确地针对特定用户发动宣传攻势。同年，在澳大利亚联邦大选期间，工党曾使用该服务，自由党因担心法律争议而拒绝使用。不过，该场选举最终是自由党—国家党联盟胜出，工党屈居第二。

对这些情况，《人类简史》作者尤瓦尔·赫拉利道破了天机，自蒸汽时代以来，政治的节奏没有发生太大变化，可是技术已经迎来第四次革命，技术革命的速度如今已经大大超越政治进程。

06

大数据监视

大数据时代，监视无处不在。一旦登录互联网，人们浏览过的网站、点击过的广告、输入过的文字……一切都会被搜集、存储和分析。阿桑奇、斯诺登等人接连爆料警示世人，全民监控时代的来临预示着"一切都被记录，一切都被分析"。这就难怪"棱镜门"事件主角斯诺登会入选美国《时代》2013年度风云人物。

有专家指出"大数据就是老大哥"（Big Data is Big Brother），"老大哥"通过众多"小兄弟"（监视技术系统）大规模监控全球通信网络、固网电话、移动电话，特别是互联网，实现了无处不在的监视。

开源数据与大数据监视

伴随互联网在全球迅速发展普及，人类产生的网络数据飞速膨胀，互联网已经成为人们取之不尽、用之不竭的公开数据来源（简称开源数据）的信息宝库。据统计，全球近 50% 的人口接入互联网，34% 的人口活跃在社交媒体，人类社会的信息量每两年翻一番。

| 人工社会 |

社交媒体蕴含着大量用户行为信息，如登录时间、地点、次数、偏好、互动、网络接入方式。具有位置功能的网络应用还能自动记录用户行踪，如信息发布、导航、健身、签到等数据。这些个体行为数据汇集之后就具有很大的价值。网络不仅可以获得用户资料、相互关系、地理位置，还可以发现活动的重要成员的主要信息、活动区域和具体情况，可以在某个区域"建立一道围墙"，对监视区域内所有用户的 Twitter 数据进行分析、选择、标注。此外，将卫星图像与社交媒体信息及其他开源数据相结合，可以预测某个具体地区将要发生的事。观察目标用户与他人的互动情况可以帮助绘制其社会关系网络。

现在，企业和政府的数据来源已从传统的纸质媒体和电视广播扩展至互联网、传感器等新兴开源数据源。兰德公司较早意识到开源数据的重要作用，关注开源数据在"东欧剧变"中的重要作用。1991年，兰德公司发布有关信息技术对传统社会政治文化冲击影响的研究报告，提出利用人工社会（Artificial Society）概念，分析信息技术对不同文化群体和不同社会结构，特别是对"封闭社会"政治文化的影响与冲击，核心理念是在计算机上构建一个与现实社会并行的虚拟社会。兰德公司认为，人工社会能为社会科学研究提供一个虚拟实验室，使社会科学研究也能采用实验方法。至此，人工社会为监视开源数据、分析开源数据提供了理论基础。

现在，商业公司经常使用网络跟踪、标记和定位技术（Online Tracking、Tagging and Locating，TTL）确定潜在市场用户情况。比如，99%的网民都会使用搜索引擎查找信息。这就能利用技术手段，通过搜索词定位识别目标受众，分析他们搜索的兴趣、类型和行为。一旦定位用户，就能对用户进行自动监视。利用网络监视技术，不仅能监视并跟踪目标用户，还能跟踪他们的网友及具有类似网络行为的个人。一旦某个人或团体被定位为跟踪用户，行为定向技术就会跟踪用户的全部网络活动。

| 忠告计划 |

美国情报机构每天搜集的开源数据，比全部工作人员一生之中能有效分析的数据要多得多。美国国家安全局（NSA）年预算110亿美元，全球雇员数为3.3万，拥有犹他州大数据中心（CNCI），它负责存储全美情报界获取的情报数据，1年电费就超4 000万美元。该数据中心于2015年新建了犹他州威廉姆斯营，是目前全球最大的数据存储中心，也是"棱镜"计划服务器总集群所在地。大批数据和情报专家、武装警卫驻扎此地，建设规模最大的数据矩阵，秘密截取、存储和分析来自全球的开源和非开源数据。NSA的使命就是搜集一切、掌握一切、利用一切，通过电信和光缆公司窃取数据，搜集电邮、短信、网页浏览历史记录、好友列表、地址簿、位置信息及其他一切可搜集的数据。

早在1947年，美国情报史上的传奇人物艾伦·杜勒斯（Allen Dulles）就指出："最终情报产品80%的内容应来自开源信息资源的开发和利用。"曾任美国国家情报委员会主席的约翰·加农（John Gannon）曾指出："20世纪80年代中期以前，公开来源情报被看作锦上添花之物，20世纪80年代中期发生了一场重大的范式转变，信息环境从匮乏走向过剩，致使情报界在发展中不断地开展与信息过剩做斗争的管理工作，首先就是使用先进技术、分析工具和软件。"20世纪80年代末，美国海军陆战队前司令艾尔弗雷德·格雷（Alfred Gray）表示，信息技术必须作为情报的倍增器加以管理和开发，要大幅改善情报处理，特别是针对尚未受到足够重视的公开来源情报的挖掘。

据美国中央情报局统计，2007年超过80%的情报来自公开数据源。美国中央情报局总干事迈克尔·海登（Michael Hayden）在2008年的一次会议上曾说："事实上，利用那些因某人的某次无意泄露的消息来解决或回答的问题，经常是令人满意的。"人类活动无时无刻不在网络空间中留下数字痕迹。源源不断地增加的数据和信息为开源数据监视提供了取之不尽、用之不竭的数据资源。加拿大安全与情报局局长沃德·埃尔科克（Ward Elcock）表示，开源数据在最终全源产品中的比重约占80%。美国海军陆战队四星上将、曾任中央司令部总司令的安东尼·辛尼（Anthong Iinni）和专职作家托尼·寇尔兹（Tony Koltz）在《新时代的指挥官》一书中阐述，作战所需情报中，4%的情报源于秘密渠道，95%的情报不是通过标准情报活动（秘密方法）获得，而是从学界、民间、商业、政府、执法机关、媒体、非政府组织等渠道公开、廉价地获得的。

美国作为信息技术强国和开源数据大国，在开源数据的搜集和利用方面处于领先地位。政府、军方、研究机构和企业在开源数据搜集和分析技术方面均比较成熟。早在1966年，美国政府就向国会提交"中央数据银行计划"，但因为隐私保护等方面存在障碍，直到"9·11"事件后，2002年通过《国土安全法》，"中央数据银行计划"才提上日程，并被命名为"全部信息意识计划"。美国国防部高级计划研究局为此新设一个办公室——信息意识办公室（IAO）。2003年，该计划更名为"反恐信息触角"，专门用于反恐活动，但还是因受制于隐私保护等问题而夭折。2006年，美国国土安全部提出并实施"忠告计划"，在网络数据基础上实施数据挖掘，以发现潜在恐怖威胁。"忠告计划"获得了近5 000万美元资助，是美国政府当时开发的大规模计算机系统的核心。该系统可以收集大量开源数据，并将博客和电子邮件的海量信息与政府记录、情报报告连接，以寻找恐怖活动的迹象和模式。

"忠告计划"主体部分涉及数据挖掘或数据监视，通过筛选数据寻找关联和模式。如果超市工作人员发现购买苹果酒的顾客也倾向于购买新鲜出炉的面包,他们就会把两种商品放在一起。"忠告计划"将人们留下痕迹的"点"连接并进行分析和关联汇总。它能搜集大量企业和公众开源数据,从银行信用到CNN报道,并与美国情报和执法记录关联,包括人、地方、事物、组织和事件的数据。"忠告计划"的关键不在于识别恐怖分子或筛选关键词,而在于识别数据中的关联和模式,这会透露恐怖分子的动机和意图。

"忠告计划"也是一个支持扩展的知识管理平台,包括从不同来源获取大量信息并将其规范化的工具,可通过研究语义关系的结构和性质揭示数据中的隐藏关系。

2012年,美国国土安全部因《信息自由法案》诉讼而被迫公布了一份关键词列表,它被用于监控社交媒体和网络媒体,以寻找恐怖主义迹象,或其他对美国可能造成威胁的情况。关键词被分为政府部门、本土安全、核威胁、健康/非典、基础设施安全、西南边境暴力、恐怖主义、天气/灾难/紧急事件、网络安全九大类别。列表中包括"化学武器""基地组织""圣战""毒品""墨西哥"等词,也包括"云端""智慧""猪肉""团队"等词,以及"黑客""飞客病毒"等词,且被列入国土安全部2011年分析师手册,以帮助确认对国土安全部和应对行动不利的信息。

- 社交监视

"9·11"事件后,美国非常重视社交媒体的开源数据,陆续成立多个专门机构,比如中央情报局的开源情报中心、国家情报局的国家开源事业部。

2009 年年初，美国国土安全部在奥巴马就任总统之际设立"社交媒体监控中心"，专门在 Facebook、Twitter 等社交媒体搜集相关信息。2010 年 6 月起，该部开始在全美各指挥中心执行"社交网络/媒体能力"项目，对网络论坛、博客、网站与留言板进行监视。具体监视对象都是公众网站，目标清单长达 5 页，包括 Facebook、Twitter、MySpace 等知名社交媒体，以及其他 10 多个可提供 Twitter 信息搜索服务的网站，还有 YouTube、Hulu、Flickr 等知名视频与图片社交网站，甚至还有数量众多的热门博客。监视对象的相关数据最多可保留 5 年。社交媒体监视可使各指挥中心与社交媒体活动保持动态感知，使美国国土安全部对必须做出反应的"重大的、发展中的事件"心中有数。

同时，美国还有许多专用监视技术系统，比如美国国防部整体情报感知系统（TIA）、康涅狄格大学开发的自适应安全分析与监视系统（ASAM）。

大数据采集、挖掘和分析

大数据需要采集、挖掘和分析。目前，大数据采集工具大多是系统日志采集，如 Hadoop 的 Chukwa、Cloudera 的 Flume、Facebook 的 Scribe，能满足每秒数百兆日志数据采集和传输需求。这些数据可以用来分析用户网上言行动向，分析用户喜好或关注，为用户需求挖掘提供重要依据。

同时，一些公司通过爬虫方式从其他网站获取数据，在网页上抽取非结构化数据，存储为统一的本地化数据文件，并以结构化方式存储，支持图片、音频、视频等文件或附件的采集和关联。最早的爬虫起源于搜索引擎。对于企业生产经营数据或学术研究数据等保密性要求较高的数据，一般使用特定接口等方式采集。

采集了数据，还要存储数据。2000年前后，谷歌等公司提出的文件系统（GFS）及随后的Hadoop分布式文件系统HDFS奠定了大数据存储技术的基础。存储了数据，还要挖掘数据。海洋里的水非常多，但是无法直接饮用，需要提纯和净化。数据也是如此，高质量的数据非常宝贵，清洗和筛选过程决定了数据质量的优劣。2013年，全球数据仅有5%被分析。在这5%的数据中，被分类和结构化分析的只有22%，人类对另外78%的数据处于无知状态。到2020年，被结构化分析的数据将达35%，全球实际被分析的数据将达10%。

另据统计，人类的全部数字化数据只有34%具有价值，但只有7%被标注整理，仅有非常小的一部分（约占总数据量的1%）得到深入分析和挖掘（如回归、分类、聚类）。大型互联网公司对网页索引、社交数据等半结构化数据进行了浅层分析（如排序，占总数据量的40%），而占总数据量近60%的语音、图片、视频等非结构化数据还难以被有效分析。数据蕴藏的大量"金矿石"还没有被挖掘分析出来。

目前，数据挖掘主要有三种方式：

- 聚类，针对数据的相似性和差异性将一组数据分为几个类别。属于同一类别的数据间相似性很强。聚类分析可以将用户分群，在不明确用户群行为特征的情况下，从不同维度进行用户分群，再对分群用户进行特征提取和分析，从而根据用户特征推荐相应的产品或服务。

- 分类，类似于聚类，但目的不同。分类可以使用聚类预先生成的模型，也可以通过经验数据找出一组数据对象的共同点，将数据划分成不同类，目的是通过分类模型将数据项映射到某个给定类别中，代表算法是 CART（分类与回归树）。可以将用户、产品、服务等业务数据进行分类，构建分类模型，再对新数据进行预测分析，使之归于已有类中。分类算法比较成熟，分类准确率比较高，对于用户的精准定位、营销和服务有着很好的预测能力，能帮助企业决策。

- 回归，通过函数表达数据映射的关系来发现属性值之间的系列关系，可应用到对数据序列的预测和相关关系研究之中。可以利用回归模型对市场销售情况进行分析和预测，及时做出应对策略调整。在风险防范、反欺诈等方面也可以做出预警。

此外，还有关联规则、特征分析、变化和偏差分析、Web 挖掘等方法，都是分别从不同维度挖掘数据。目前，以深度神经网络等新兴技术为代表的数据分析技术也取得了一定的发展。

数据挖掘是在海量数据中通过分析和建模，发现数据背后隐藏的模式和微妙的关系，以揭示过去的规律、预测未来的趋势，它通常有记录追踪、关联分析和预测分析三个作用。

| 记录追踪 |

互联网无时无刻不在记录，可追踪、追溯任何一个记录，形成历史

轨迹。记录追踪是大数据应用的起点，记录对象包括购买行为、购买偏好、支付手段、搜索和浏览历史、位置信息等。人的喜好会通过浏览、链接等记录展现，人的选择和决策过程也能被呈现。例如，基于网民的搜索、阅读、转发、点赞、评论、分享、回复、跟帖、顶、踩、灌水、拍砖、撒花等网络行为，评估关注热点、扩散程度及态度倾向等。

"大数据时代预言家"舍恩伯格的著作《删除：大数据取舍之道》中有一个故事：加拿大有一位60多岁的心理咨询师，2006年的一天，他朋友要从美国西雅图过来，他打算穿过美加边境去接，这样做已有百次，但边境警卫这次用谷歌查询发现他2001年写的文章提到自己在20世纪60年代服用过致幻剂，他因此被扣留了4个小时，被要求签署曾服用致幻剂声明，不准再进入美国。青春期犯了一个错误，40年后仍会产生严重的影响。

类似事情不少见。加州大学洛杉矶分校的一名大四学生登记参加了企业的校园征才活动，却几乎没有任何面试机会。一名朋友建议他在网上搜索自己的名字，他发现自己写的一篇玩笑文章被贴在一个大学生网站，文章标题是"如何让你一路靠欺骗变成社会顶尖人士"。他移除那篇文章后不久就接到好几个面试邀请，并顺利找到了工作。

2017年1月6日，美国白宫公布"奥巴马白宫社交媒体档案"网络文档，民众可搜索奥巴马8年任期内发布过的所有推文、动态图片、Facebook帖子、Instagram照片及其他社交媒体内容，包括通过100多个白宫官方社交媒体账户发布的25万多个帖子、照片及视频等。

如今，大数据可以记录人们网上的一言一行。比如，Facebook的时间轴能把一方面或多方面的网络足迹按照时间顺序串联起来，形成完整记录。时间轴可把过去的事情系统化、完整化、精确化，相当于一个人的档案。

2017年7月，谷歌新闻实验室（Google News Lab）和非营利性新媒体 ProPublica 联合推出基于机器学习的仇恨犯罪新闻记录索引，从过去6个月谷歌新闻中提取原始信息，再用 Google Cloud Natural Language API 创造可视化工具，帮助记者及时在全美范围内发现哪里正有犯罪案件发生。数据库每天更新，通过算法提供热门关键词，比如罪犯的名字、犯罪发生地点或犯罪的类别。

这种分析方法属于文本分析，又称文本挖掘，适用于相对容易获取的网民帖文、网络新闻等数据。文本分析分为信息提取、文本摘要、机器翻译、自动问答、意见分析等类型。

- 信息提取（Information Extraction，IE），把文本包含的信息进行结构化处理，将其变成表格一样的组织形式。如在一段文本中提取某产品的名称、公司地址及电话号码，这通常用关键词匹配方式实现。

- 文本摘要（Text Summarization，TS），利用算法抽取众多文本中被认为是重要部分而形成的摘要，或根据自然语言处理技术重新撰写能全面、准确地反映某一文本中心内容的摘要。

- 机器翻译（Machine Translation，MT），将文本从一种语言转成另一种语言，如中英文翻译。

- 自动问答（Question Answering，QA），允许用户以自然语言方式询问，从单语或多语文档集中查找并返回确切答案或者蕴含答案文本片段的信息检索方式。例如，苹果 Siri 和谷歌语音助手能用准确简洁的自然语言回答用户使用自然语言提出的查询问题。

- 意见分析（Sentiment Analysis，SA），又称文本意见挖掘或情感分析，是对文本信息的主题、意见持有者、主客观性、情绪态度等信息的挖掘和分析，进而识别主观性文本的意见趋向。对象主要是 Web 文本，尤其是用户发布的评论性文本。

总而言之，文本挖掘能将网上海量信息汇集，包括博客上的各种评论、意见以及社交媒体言论等，对这些文本信息进行分析，就能洞察特定事件并做出判断和预测。今天，需要通过意见分析集体声音的情况越来越多，比如通过对大数据的文本分析感知公众情绪的变化。近年来，越来越多的机构和企业使用情绪探测软件来评估新闻报道背后的真实态度。比如，谷歌警告（Google Alerts）能扫描新闻报道中的正面和负面词语，并区分其严重程度，如"憎恶"与"讨厌"的区别。再如，美国总统电视辩论中监测现场观众反应的"蠕虫曲线"，它会伴随候选人言论在观众中的反应上下波动。股票指数虽然不能直接与某公司的价值画等号，但可以显示成千上万股民对该公司态度每分每秒的变化。有学者认为，记者和政客不能忽视对集体意见和情绪的不断审视。如果英国政府拿出更多时间跟踪公众对欧盟的情绪，提出有针对性的解决方案，脱欧公投很可能是另外一个结果。

2016 年美国总统大选之初，候选人的各方面数据统计都被公布在网站上。在希拉里的词云图中，正负面词语交织，包括"经验""才能""女性""世界""监狱""犯罪""囚犯""丑闻""调查""谎言"

等。在特朗普的词云图中，包括支持者形容的"前行"，共和党初选中的"胜利""伟大""爱""美国""更好"等，显然这与其宣传口号"让美国再次伟大"相关，负面词语有"羞辱""憎恨""攻击""失败者""悲伤""种族主义""骗子""危险"等，它们反映了其反对者的观点。社交媒体运用大数据的统计和判断，会使民众判断方向发生一定偏差，引导舆论导向，甚至改变很多人的初衷。

特朗普的竞选团队利用大数据着重分析希拉里过往的演讲，通过关键词和数据分析寻找希拉里演讲的漏洞和缺点，为特朗普提供攻击口实。在一次辩论中，希拉里发言的 26 分钟内被特朗普打断了 25 次，这是数据分析的功效。可以说，特朗普自参加初选开始，从精准游说、电邮筛选到选情实时分析，再到对选民群体的精准定位宣传，以及竞选结果的预测，各个环节都依靠数据驱动。

| 关联分析 |

大数据在记录监测人们在网上"干什么、说什么"的同时，还有一个重要作用：分析关联。

2011 年，米兰大学和 Facebook 合作对 7.21 亿 Facebook 活跃用户和 690 亿次活动关联进行分析发现，每两个用户间平均通过 4.74 个间接用户就能建立联系。若将联系范围局限在一个国家，中间联络人仅 3 个。这就是六度分隔或小世界理论的现实反映。

Facebook 基于这个发现，依据 12 亿用户每天 50 多亿次活动，推出"图谱搜索"。搜索对象不是网页，而是网络关系，寻找你感兴趣的人、地点和事物间的关系，要比你最亲近的朋友还要了解你。Facebook

最成功的案例是，不只是将广告推送给某个喜欢特定页面或产品的人，也推送给他们的朋友，甚至是朋友的朋友。

通过记录、识别、追踪和匹配同一主体的不同数据源（消费数据、阅读数据、交通数据等），人们能形成对网民立体全面的认知。如果是一件事情，基于标志性指标的分布，可以描绘"事件趋势"。人与事关联起来，就能揭示人与事的结构性、动态性关系。利用"人物画像""事件趋势"可进行图谱分析，即将不同时间和空间的人与事关联起来，对事件发展做出研判。

大数据挖掘可以全面反映人际交往关系。NSA文件显示，2013年某一天有11 765个活跃监控目标，而这些受监控的活跃目标的亲戚朋友加起来总数超2 000万。大多数人都会有几层人际交往的转换关系，并且大多数交往关系都能完整呈现。这是一种基于关系的跳跃搜索。例如，NSA对人物A感兴趣，将搜集与A有关的所有信息，包括日常通信联络的对象，以及这些联络对象的联络人，找到从A开始的三级跳跃关系人。NSA进行的跳跃搜索基于所有关联，而不仅仅是电话联系，可能包括相同的位置、相同的通话模式等，比如搜索数据库中所有提及A的人。

研究团队采用开源词汇技术构建人格预测模型，在样本外测试中准确率达到91.9%。研究团队还通过Facebook用户样本检验人格预测模型的稳健性，结果证实基于社交媒体语言表达数据和开源词汇技术的自动化人格预测模型具有较高的可信度。

2015年，科辛斯基和吴又又等人的研究指出，点赞可以有效反映人的个性和心理特征。比如，给某个品牌或者产品点赞可以表明消费者的偏好和购买行为，与音乐相关的点赞可以透露其对音乐的喜好，点赞的网站则可以透露网页浏览行为。又比如，开放性强的志愿者倾向于为画家萨尔瓦多·达利、冥想或 TED 演讲点赞，外向性强的志愿者则倾向于给派对、真人秀明星史努基（Snookie）或舞蹈点赞。模型判断比人类判断更准确的原因，一是其掌握大量和人格有关的数据，二是模型和算法能非常理性地处理信息。

斯坦福大学做过一项试验，检查约 500 名志愿者几个月内的电话元数据，研究人员能通过关联分析推导出志愿者的近况，结果甚至令志愿者本人都感到吃惊。比如，志愿者 E 早上给姐姐打了很长时间的电话，两天后她给美国计划生育协会打了多次电话，两周后简单拨过几次电话，一个月后给当地的美国计划生育协会打了最后一次电话。研究人员判断她曾经堕胎。

现在，普通人一天要接收约 30G 的数据，但大部分人不知道如何正确地解读这些数据。大数据监视技术最诱人之处在于它能发掘数据背后深藏的三种相关关系。

第一种关系：信息与现实社会的关系。

有学者提出基于 Twitter 的实时地震检测系统，将每个 Twitter 用户作为一个传感器，应用卡尔曼滤波和粒子滤波，根据推文包含的地理信息，测算地震发生的大概位置。①

2008 年肯尼亚选举后的暴乱时期，一个当地知名的博客写手创建

---

① BUYYA R, YEO C S, VENUGOPAL S, et al. Cloud Computingand Emerging IT Platforms: Vision, Hype, and Reality for Delivering Computing as the 5th Utility [J]. Future Generation Computer Systems, 2009, 5(6) : 599-616.

了一个网站。利用谷歌地图服务，网民可以在该网站描述他们目睹的暴力事件并在地图上精确标记，有助于民众绕开危险区域。2010年海地大地震后，联合国救援组织也利用相似技术为地震精确救援提供了很大的帮助。

2011年8月，英国骚乱爆发后，《卫报》启动"解读骚乱"项目，目的是通过数据收集及相关分析手段深入研究骚乱产生的原因及影响。《卫报》分析了约257万条关于骚乱的推文，在地图上标示骚乱地点，并用不同颜色标示出伦敦各地区的经济指标。

地区性的贫富差距与犯罪嫌疑人住址这两个维度数据叠加对比，直接揭示了贫富因素与骚乱之间的关联。统计分析发现，参与者参与骚乱的地点与其家庭住址之间的平均距离约为4千米——在步行范围内。这说明多数人并不是通过长途旅行去参与骚乱的"通勤骚乱者"（riotcommuters），他们更有可能是偶尔卷入骚乱事件的。

2015年4月，《纽约时报》运用大数据即时分析巴尔的摩骚乱事件的背景、冲突升级情况。数据全部来自Twitter，信源包括记者和警察局、市政厅等官方信源，它们既帮助受众了解最新信息，又帮助受众理清事件脉络。

伦敦城市大学的马科·巴斯托斯（Marco Bastos）和丹·梅塞亚（Dan Mercea）利用格兰杰因果关系研究西班牙"愤怒大游行"、美国"占领华尔街"运动、巴西"酸醋运动"等政治抗议事件与Twitter、Facebook等社交媒体信息流的相互作用关系。这是一种关联分析，即为什么会发生、现在又在发生什么。

第二种关系：信息与用户的关系。

网上哪些信息受哪些人关注、由哪些人发出,把网上信息与具体人对应,发现哪个人(哪些人)喜欢看什么、说什么。这就形成了"兴趣图谱"——一种"我喜欢什么"的网络图谱。

传统的信息收集、剪报或社交媒体分析工具是信息层面的分析,只能计算数量及粗浅分类,无法实时对网民在社交媒体发表的内容及网民之间的关系进行深入剖析,即缺少内容挖掘和结构挖掘。

内容挖掘是文本挖掘的升级,它从网民所发表内容的语义层面进行解读,比如对某个品牌或服务的喜好、对某项政策的支持与反对、导致消费者满意度高低的原因。

大数据挖掘可以发现显而易见的关联。如果掌握某人的通话记录列表和电子邮件信息,可以推断哪些人是他的朋友;如果掌握某人访问网站的信息列表,或购买书籍的目录,可以推断他的个人兴趣爱好。还有一些更精细的推断,比如根据某人在超市的购买记录,可以推测他的种族、年龄或性别,甚至推断他的宗教信仰,或是饮食习惯。

淘宝每天有数亿用户访问,用户看了哪个商品、在哪个商品页面停留了 10 秒、点击了哪个页面但 1 秒都没停留、最终买了哪些商品……这些都会透露用户行为背后的想法,如用户到底想买什么。

今日头条可以根据用户的社交行为、阅读行为、地理位置、职业、年龄等挖掘用户兴趣。通过社交行为分析,5 秒计算出用户兴趣;用户每次动作后,10 秒内用户模型就会被更新,系统对每条信息提取几十个到几百个高维特征,并进行降维、相似计算、聚类等处理,去除重复信息;对信息进行机器分类、摘要抽取、LDA 主题模型(三层贝叶斯概率模型,包含词、主题和文档三层结构)分析、信息质量识别等处理。根据人的特征、环境特征、文章特征三者的匹配程度进行推荐。

2011年,《纽约时报》报道了一个大数据应用案例。美国第二大超市塔吉特给一个15岁女孩寄了一份传单,上面都是婴儿奶瓶、尿布、婴儿床的广告和优惠券。这发生在女孩把怀孕的消息告诉父母的两周前。没错,女孩的父亲在刚看到传单时很生气,不明白为什么塔吉特能在连高中女生的父母都尚未知情时就知道她怀孕了?

原来,塔吉特希望抢占孕妇用品市场,进行了商业新模式探索。他们希望建立能识别怀孕4~6个月女性的数据模型,以先于其他零售商得知顾客怀孕的信息。但怀孕是很私密的事,塔吉特想到之前举办"迎婴聚会"的顾客登记表,在通过建模对登记者的消费数据进行分析处理后,他们发现许多有用的关联信息,比如孕妇会在怀孕初期(20周内)大量购买补充钙、镁、锌等营养元素的保健品。依据这些数据,塔吉特选出25种典型商品的消费数据,构建"怀孕预测指数",使用这个指数能预测顾客的怀孕情况,提前寄发优惠广告,积极赢得顾客资源。

塔吉特有成千上万的顾客,并拥有其购买记录,能形成所谓的"怀孕分数",这不仅能让它知道一个女性顾客是否怀孕,还能测算其分娩日期。这种预测基于一些显而易见的事情,比如准备买婴儿床或婴儿服,还基于其他一些事情,比如她比平时多买了维生素,或她买了一个大得可以放尿布的新手提包。单独看这些消费记录或许并不能说明什么,但这是一种行为模式。当拥有大量人口背景做比较时,这种行为模式就会透露一些信息。塔吉特着眼于零星行为模式,当在众人中发现了这些行为模式,就能由此发现各种各样的事情。

昆士兰科技大学学者阿丽德娜·玛塔莫罗斯(Ariadna Matamoros)

研究了西班牙7个极右翼政党在Facebook上的仇视言论和隐秘歧视，并把执政党人民党作为对照研究。结果发现，"西班牙""移民""侮辱"三个词在极右翼政党所发信息中出现频率相当，而在人民党所发信息中，"西班牙"占很大比例，"移民""侮辱"两词出现的频率极低。西班牙人民党发布的图片多为信息说明和反恐怖组织，极右翼政党发布的图片主要是"反移民""反主流""西班牙民族主义""法西斯主义"等主题。极右翼政党除发布直接的仇视言论外，还发布隐秘的歧视性信息，包括图片和与移民相关的负面消息。

学术期刊《科学报告》（*Scientific Reports*）曾发布一项研究，麻省理工学院和比利时鲁汶大学的研究者研究了150万名用户15个月内的匿名手机记录后发现，通过"移动轨迹"，也就是每个手机用户位置的变化路线，只需要4个地点和时间点就能在95%的情况下识别出一名特定手机用户的身份信息。

第三种关系：用户与用户的关系。

网民会向认识的人发送信息以构建、维持社交关系，形成"社交图谱"，即一种"我认识哪些人"的网络图谱。现实世界的人、事、物常会出现各种复杂关系，比如人物关系、利益关系、结构关系，大数据有助于发现这些关系。

这属于"结构挖掘"，也称作社交网络分析，是指挖掘社交媒体中的实体或指涉物（如网民、机构、产品、事件等）之间的关系和互动情况，比如Facebook主页与其粉丝的关系、Twitter发主帖人与跟帖人的互动、发帖内容包含的关键词（人名、机构名或产品名）之间的关系等。挖掘结果通过可视化图表呈现，当中有节点代表联结的实体，或涉及物及边线，代表它们之间的关系。图表可展示实体之间的联结，发掘之间关系的大小，如关键意见领袖的多少、粉丝社群的大小、相互之间的联结关系等。

有学者运用复杂社会网络分析方法将传播主体视为节点，根据转发关系、评论关系、粉丝关系、地理关系、情感关系等建立连线，通过中介中心性、紧密中心性等指标确定意见领袖。

美国印第安纳大学教授菲尔·门泽尔（Phil Menzel）等研究人员开发出一款研究 Twitter 信息扩散的工具 Truthy，它每天能分析近 5 000 万条推文，通过分析关键词和追踪用户活动等方法，识别其中反映用户行为模式以及传播的观点等信息。

研究人员还收集对可疑 Twitter 账户的举报信息，然后使用分析技术梳理账户之间的联系。他们通过追踪即时动态信息，甄别突然流行的关键词或网页链接。如果大量即时动态信息集中来自较小的一批用户，那么它们极可能是伪民意。Twitter 的信息通常包含指向特定政治团体网站或有倾向性的新闻报道链接，这些链接能够影响谷歌的搜索结果，因为搜索排序在一定程度上取决于有多少链接指向某一特定网页。因此，一个网页拥有越多的外部链接，它出现在谷歌搜索页面靠前位置的可能性越大。

Truthy 的可视化效果图可以反映 Twitter 发布信息的用户之间的连接关系，其所显示的用户头像大小代表粉丝多少。研究结果表明，协调一致的造势运动本应来自草根阶层，但实际上是由"热衷传播虚假信息的个人和组织"发起的。美国一些政治竞选团体和利益集团借用大量虚假 Twitter 账户制造看似广泛的草根阶层参与政治意愿表达的假象。

阿姆斯特丹大学教授伯恩哈德·里德（Bernhard Rieder）用数据分析法研究社会问题。他研发出一款分析 Facebook 数据的软件，可描述性地分析 Facebook 用户，分析用户使用 Facebook 的动机、身份呈现、在社交网络中的角色，以及用户隐私和信息公开情况。里德通过区分群组中用户的影响力判定处于领导地位的用户，并通过用户使用的语言判定用户的国别。结果发现，在一个群组中，来自英语国家（美英）的用户占一半，来自德国的也占很大比例，由此可以推断这个群组的人员构成与其国籍的内在联系。

| 预测分析 |

中国有句老话——"三岁看大，七岁看老"，一个人的过去和现在会影响他的未来。大数据的核心价值就是对未来的预见性，挖掘、分析和预测大数据，能帮助人们预见和决策。大数据挖掘的主要目的是，发现潜藏在数据表象下的规律，并据此预测未来趋势。沃尔玛发现啤酒和纸尿裤的销售关联是一种描述性挖掘分析，如果以特定算法评估下个月的啤酒销量以确定进货量，就是一种预测性分析。大数据可预测某件事情的未来趋势及重复出现的可能性，当某些指标出现预期变化或超预期变化时，它会给予提示预警。大数据极大地丰富了预测手段，对风险预警和控制具有重要意义。

大数据预测为预警、预见带来了革新，为科学决策提供了依据。大数据可从监视对象的话语、关注内容、情绪、行为等方面洞察其态度、偏好和倾向，甚至预测将要发生的可能性事件，并能从文化、政治、习俗等多视角寻找解释，实现全面预判。

《谍影重重》中杰森·伯恩的行踪就是被情报部门通过技术手段发现并锁定的。技术系统能随时调用公共交通、城市电力、电子监控、银行系统、警务系统等方面信息,同时将个人医疗记录、犯罪记录甚至上网阅览内容和输入习惯等所有联网信息进行关联,这时就能对个人的行踪进行预判。

2015 年,微软 Bing 预测了第 87 届奥斯卡全部 24 个奖项当中的 20 个奖项,准确率达 83.3%,包括最佳影片、最佳导演、最佳男主角、最佳女主角、最佳男配角和最佳女配角等奖项。

2013 年,谷歌发布电影票房预测模型,利用搜索、广告点击数据及院线排片来预测票房,与真实票房的吻合程度高达 94%。由此,制片方和影院可以提前 1 个月对票房做出高准确度的预测。

2013 年,《自然》子刊《自然通讯》(*Nature Communications*)刊发论文指出,尽管谷歌流感趋势高估了 2012 年的流感情况,但由美国哥伦比亚大学科学家研发的预测系统成功实时预测了 2012 年全美季节性流感的暴发。这项预测流感何时暴发的技术与气象预报技术相似,在某些情况下对流感大暴发的预测可提前至 9 周。在进入流感季节的 4 周内,它能以 60% 的准确率预测流感何时会在全美 108 座城市达到顶峰。为开发该系统,研究人员分析当地疾控中心核实的流感案例数据,及来自谷歌流感趋势的数据。研究人员表示,各个城市的预测精度各异,但预测较小型城市的流感暴发相对容易。

可以说,大数据挖掘分析有三大功能:一是知往,监测分析过往舆论;二是晓今,知晓现在的舆论;三是先知,预测未来的可能性。大数据挖掘把数据分析范围从已知扩展到未知,从过去扩展到将来。

美欧国家监视全球数据

大数据看起来很美,但它是否会构成数据暴政,人类又是否将时刻生活在数据监控之中,是一个值得重视的问题。国际网络安全专家布鲁斯·施奈尔(Bruce Schneier)在《隐形帝国》一书中指出:"Facebook只根据点赞行为就可以推测一个人的种族、个性、性取向、政治意识形态、感情状态和药物使用情况……"许多学者忧心忡忡地说,大数据今天已使人陷入圆形监狱,类似全景敞式建筑,狱警不必走动,每名囚犯的一举一动便尽收眼底。

| 五眼联盟:梯阵 |

出于冷战需要,美国、英国、加拿大、澳大利亚、新西兰五国(五眼联盟)于1947年签署了一项名为"UKUSA"的秘密安全协定,由美国牵头在全球范围建立代号为"P-415"的梯阵电子情报全球监听网络。梯阵是一个遍布全球的庞大监听系统,由三部分组成:第一部分是分布在地球同步轨道和近地轨道上的侦察卫星,负责监听全球电话、传真以及互联网通信;第二部分是分布在多个国家的36个地面监听站,监听站有巨大的电子天线,负责接收侦察卫星发回的信号;第三部分是美国国家安全局,所有信息最终都统一汇总到那里进行分析。系统最大的特点就是具备全面监控能力,由卫星接收站和间谍卫星组成的系统几乎能够拦截所有的电话、传真和互联网通信。

其他的合作关系包括"九眼联盟"是在"五眼联盟"的基础上加上了丹麦、法国、荷兰和挪威,"十四眼联盟"则是再加上德国、比利时、意大利、西班牙和瑞典。这让美国国家安全局几乎能获得全球各地的信息。

| "特等舱"计划 |

"特等舱"计划（Stateroom）是"五眼联盟"的一个情报监控程序代号，主要对全球广播、电信和互联网进行窃听。美国、英国、澳大利亚和加拿大的驻外大使馆都秘密安装了这套监控设备，用于拦截监听。该设备通过对被请入"特等舱"人员的国际无线电拦截、电子通信及网络信号拦截，实行最高级别监控。整个欧盟都是其监控目标，监控内容涵盖从总统意向、国家经济策略到绝密军事武器等最高国家机密。

比如，美国国家安全局和中央情报局使用"白盒子"监听各国政府大楼的大部分手机通信，甚至监听德国总理默克尔使用最频繁的一部手机。美国驻德国大使馆屋顶有一个特殊设备，它就是"白盒子"，其表面涂料是一层绝缘材料，颜色与周围砖石相近，即使是微弱的无线信号都能渗透进这层材料。2005年起，默克尔的电话通信和使用的网络服务一直受"特等舱"计划的"白盒子"监控。

| 美国：棱镜、量子跃迁等 |

20 世纪 60 年代起，美国建立了一系列监听项目，包括针对卫星通信的"梯阵"项目、监听目标涵盖美国公民的"细线"（Thin Thread）计划、针对全球网络安全厂商的"拱形"（Camberdada）计划、针对电话监听的 MYSTIC 项目、针对网络骨干光缆和交换机复制光信号的

"溯流"①（Upstream）项目，以及"尖塔"（Minaret）和"休斯敦"计划等，涵盖网络、卫星、电话、互联网等多信号情报源，共同构筑美国强大的全球电子情报获取网络。

其中"棱镜"计划最早可以追溯到 1994 年 10 月，美国国会通过《通信协助执法法案》（要求电信运营商和电信设备制造商修改和设计设备、产品和服务等，确保政府能实时监听），美国联邦调查局试图将互联网监听纳入法案适用范围，但没有得到国会批准。"9·11"事件后，国家安全局提出"关系链"概念，计划在信息的海洋中筛选出有价值的信息，提前捕捉敌对势力动向，同时推动制定《爱国者法案》《国土安全法》，修改《外国情报监视法案》，允许情报部门在特定授权情况下不经法院签发命令就实施监听行动。2002 年，美国国防部推出"全面信息感知系统"，尝试对全美实施有效监控，但是遭到美国民众的强烈反对。时任美国总统的小布什开始策划"星风"（STELLARWIND）监视计划，但遭到美国司法部反对。小布什被迫让步，将"星风"监视计划拆分为"棱镜"（PRISM）、"主干道"（MAINWAY，存储和分析互联网的元数据）、"码头"（MARINA，存储和分析电话的元数据）和"核子"（NUCLEON）四个项目，由国家安全局负责。

- "棱镜"计划

2007 年，国家安全局和联邦调查局启动秘密监控项目——"棱镜"

---

① 溯流项目包括 Blarney（巧言，监测通过骨干网收发电子邮件或浏览互联网的计算机和设备的元数据）、Fairview（锦绣庄园，由国家安全局部署，收集美国境内主要电缆登陆点和交换站的外国公民电话，互联网和电子邮件数据，该项目始于 1985 年）、Brainstorm（风暴酿）和 Oakstar（橡木星）四个子计划，与下游的"棱镜"计划相互补充。

计划，直接进入美国互联网公司的中心服务器挖掘数据、收集情报，微软、雅虎、谷歌、苹果等9家互联网巨头参与其中。"棱镜"计划可以获得电子邮件、即时消息、视频、照片、存储数据、语音聊天、文件传输、视频会议、登录时间和社交网络资料等数据。2012年，情报文件"总统每日简报"在1 477个计划中使用了来自"棱镜"计划的资料。

• 量子跃迁

2012年8月，约50名美国政府雇员和私营公司雇员齐聚美国国防部开发实验室，开展一项为期9天的实验行动，仅通过公开渠道信息来源（特别是社交媒体）收集情报，实验主要围绕一桩洗钱案件的情报收集工作展开。随后，实验人员以月为基础周期来测试，将同样的信息采集方法用于打击贩卖人口、恐怖主义活动和贩毒活动等不同的行动方案。该行动持续了6个月，名为"量子跃迁"，由美国特种作战司令部发起。行动理念是让研究者梳理任意公开渠道可获得的公开信息，包括Twitter消息、物业信息、商业交易等。公开信息来源分析的支柱是猛禽X系统，它是一个为政府情报圈打造的地理信息系统；主要分析工具是"社交泡沫"软件，由加州索萨利托小镇"创意激进分子"公司开发，能从Twitter上抽取信息，搜寻Twitter消息、发帖人身份和位置等，以研究特定网络内的各种关系；使用了一款名为"侵入"的监控工具，用来收集隐秘网络的公共信息，如隐秘的法律文件、陈年的物业记录等。总之，量子跃迁以截获的公开信息为"杠杆"，能描绘不同网络的细节。比如，某一特定区域内涉及洗钱活动的人和企业等。

• 肌肉项目

肌肉（Muscuar）项目专门窃听复制谷歌、亚马逊、雅虎的数据中心未加密的内部数据,内部代号是 DS-200B,是英国政府通讯总部和美国国家安全局联合运营的监视计划。美国国家安全局每天将窃取复制的数据发送到位于马里兰州总部的数据存储库,处理后约一个月能向总部发回 1.8 亿条新数据,包括元数据以及文本、音频和视频数据。

- 公开资源中心

公开资源中心(Open Source Center)在调查"9·11"事件的委员会的建议下初步设立于 2001 年,设立之初的主要目的是专注于美国以外地区网上恐怖主义情报和武器扩散情报。2005 年,由美国中央情报局负责正式建立。

公开资源中心位于弗吉尼亚州一个工业园区内一栋不起眼的砖楼,有几百名分析师负责监控全球网站、聊天室、社交媒体的英语、乌尔都语等语种,每天分析筛选超 500 万条数据,把重大事件的各方反应提交给美国总统,为美国政府的战略决策提供支撑。

该中心有一个名叫"复仇图书馆馆员"的团队,成员大多为外语或图书馆科学专业硕士研究生毕业,分散于美国遍及全球的使领馆内。他们负责搜集分析社交媒体、报纸、电视新闻频道、地方电台、网络聊天室,以及任何人都能公开接触的所有海外媒体,随时掌握全球动向。他们每天会针对某起国际或地区事件搜集网络留言,录制网络聊天语音片段,搜集充满负面情绪的信息,并与当地报纸或秘密拦截电话交谈的内容观点比对,将世界各地重要事件的信息还原,最终整合成对这起事件的总体反应,为白宫高层提供真实情况。比如,美军海豹突击队杀死本·拉登后当地的气氛、预测中东哪个国家可能出现革命,它曾准确预言突尼斯和埃及的动乱。泰国黄衫军、红衫军在街头闹事,20 名"复仇图书馆馆员"潜伏在美国驻曼谷大使馆内，通过社交媒体了解集会现场情况，交叉评估消息发布者的前后信息和图片，确认哪些信息是可信的。最终，美国驻曼谷大使馆将报告传回华盛顿，其中三分之二成为各部门传阅的开放报告。公开资源中心甚至在西亚北非政局动荡过程中利用Twitter制造假消息，煽风点火，起到推波助澜的作用。

| 俄罗斯：SORM |

网络监控系统SORM专门为俄罗斯政府搜集、存储和分析电话、电子邮件、网络使用、社交媒体、信用卡等方面的数据。20世纪80年代起，苏联克格勃就开始为执法、情报机构提供一个能直接获取商业网络数据的技术系统。1995年起，俄罗斯联邦国家安全局（FSB）、内务部和承包商合作开发部署SORM。其中，SORM-1（搜索指令系统）于20世纪90年代初投入使用，能监控语音通话；SORM-2于1999年运行，专门拦截互联网流量；SORM-3可收集各种形式的通信媒体信息，并长期存储用户的所有信息和数据，包括实际录音和地理位置，能提供快速访问和长达3年的存储服务。2014年，SORM-3引入社交媒体监测，俄罗斯通信部要求企业安装包含深度包检测技术的新设备。2016年，SORM-3新增适用于俄罗斯所有互联网服务提供商的分类监管功能。目前，俄罗斯MFI Soft公司是SORM建设的最大厂商之一。中亚地区国家则参照SORM系统建立各自的SORM系统，并在国内外一些顶尖企业的帮助下建立SORM系统的核心组件——监控中心和控制室，实施电子通信监控。西方媒体报道，俄罗斯将SORM内置于互联网，2014年索契冬奥会期间几乎监视了网上一切事情。

2017 年 9 月，维基解密泄露了一批"俄罗斯文件"，文件来自俄罗斯公司 Peter-Service，包含 2007—2015 年的 209 份文件。Peter-Service 于 1992 年在圣彼得堡成立，是俄罗斯移动电信行业主要软件服务商，在俄有 1 000 多名员工。Peter-Service 积极与俄情报机构寻求商业合作，其提供的产品能掌握俄移动运营商的用户数据，包括手机和信息记录、设备标识符（IMEI、MAC 地址）、IP 地址、基站信息等。Peter-Service 声称已获取俄绝大多数手机通话记录和互联网流量。

Peter-Service 的技术架构包括：流量数据集市（TDM），即记录和监控所有移动设备网络流量的系统，TDM 会提供分类域名列表，俄政府感兴趣的所有领域全覆盖；数据保留系统（DRS），是俄法律规定运营商必须使用的组件，用于存储长达 3 年的本地通信元数据，DRS 的一个集群每天可处理 5 亿个链接，用户检索一天数据的平均时间为 10 秒。

英国：盯梢、时态

英国紧随美国构建自己的全球监听网络。比如，英国政府通讯总部从 2010 年起利用"皇家礼宾"（Royal Concierge）监听各国外交官员的住所；将"断崖"（Edgehill）用于破解互联网加密技术，以便于网络监控。比较知名的项目还有以下几个。

- "监听现代化"计划

2008 年，英国内政部提出"监听现代化"计划（IMP），目的是监听并保留英国互联网上所有人的通信数据，如电子邮件和网页浏览时间、地址等，试图扩展合法拦截能力，并在一个中央数据库内储存通信数据。

- "盯梢"计划

英国政府对任何人浏览过什么网址、向谁发送电子邮件或拨打网络电话都有权截取。为此,英国内政部召开磋商会议,推进要求通信公司监控所有互联网使用的计划,要求通信公司保留人们使用Facebook等社交网站的信息。

- "时代"计划

2008年,英国政府通讯总部秘密筹划大规模监视计划"时代",通过对北美洲跨大西洋光纤的英国上岸处装设拦截器,秘密获取传输全球电话和网络流量的光缆访问权,以进行信息监听,暗中收集全球范围内的网民信息,如邮件往来、Facebook定位、互联网追踪和通信记录。"时代"计划的关键在于可截获通过光缆传输的海量数据,并存储长达30天,以便展开筛选和分析并监控全球各国网络和电话数据。该项目与美国国家安全局共享信息。

- "颞颥"计划

2011年秋,英国政府通讯总部启动庞大的监视计划"颞颥"(Tempora),它可储存所有流经英国的数据,并将截取的电话通话和网络数据传输到美国。美国国家安全局参与协助数据处理,并获得数据使用权。英国和美国都安排了大量的分析师承担海量信息筛选工作。英国政府通讯总部利用海量削减技术过滤数据:第一层过滤器会滤掉数量大、价值低的流量信息,例如P2P(互联网金融点对点借贷平台)下载数据,能将数据量削减30%;第二层过滤器会与包含特定主题、电话号码和电子邮箱的"选择器"进行匹配,提取与之相符的信息。目前,英国政府通讯总部和美国国家安全局的"选择器"分别有4万和3.1万个主题、电话号码或电子邮件地址作为筛选关键词。

| 法国：大耳朵 |

欧盟紧跟美英，建设包括"申根信息系统"（出于欧盟国家安全和执法目的设立的数据库）、Indect（欧盟出资支持研究，用于开发在城市环境中监控异常行为的方法，如闭路电视数据流）在内的监听系统。欧盟成员国也不断建设自己的监听系统，比如瑞典国防电信局建立的数据库"巨人通信数据库"（Titan traffic database），储存电话服务的通话详请记录和互联网通信内容，涉及国际通信的数据库事务数据。再如，由瑞士数个情报机构运维的数据收集系统 Onyx（interception system）。其中，比较知名的是法国对外安全总局的情报收集和分析网络"梯队"（Frenchelon），俗称"共和国的大耳朵"。

20 世纪 90 年代，法国建成一套庞大的卫星监听系统，利用分散全球的地面接收站，昼夜不停地监听来自世界各地的电子信号。法国在世界三大洲都建立了"大耳朵"，监听的首选目标是能提供政治和经济情报的通信卫星。"大耳朵"储存了各国大量重要的电话号码或电子邮件地址，包括一些国家的大使馆、政府机构、非政府组织和跨国公司等。只要相关电话号码或网址在卫星通信中出现，该通信便会被即时记录下来并传往巴黎。

此外，还有不少大型 IT 公司帮助各国政府在全球建立监控中心：法国公司 BullSA 帮助黎巴嫩建立监控中心，以色列公司 Elbit 帮助尼日利亚建设技术系统，利比亚前最高领导人卡扎菲曾从南非 VASTech 公司购买电话监控技术，美国 Blue Coat 销售对企业网络监视和过滤的系统，加拿大公司 Netsweeper 的监控和过滤系统被也门、卡塔尔、阿联酋、索马里、巴基斯坦等国家使用，美国 Fortinet 开发的网络监控和过滤软件系统被缅甸等国家使用，美国 McAfee 的 Smartfilter 被突尼斯和伊朗等国家使用，英国 Sophos 的网络监控安全设备被叙利亚使用。这些网络监视系统不可避免地存在滥用风险。"9·11"事件后，美国开始监视社会运动，监视支持和反对堕胎活动人士、和平主义者及其他政治抗议者。比如，波士顿的融合中心监视"和平老兵"组织、妇女反战组织"粉色代码"及"占领运动"。

07

大数据预测

如何预测未来？人类曾经求助于夜观星象、塔罗牌排阵、刀刻火烤龟甲兽骨和观看手掌纹路。20 世纪 40 年代，科幻小说《银河帝国》系列作家艾萨克·阿西莫夫（Isaac Asimov）提出一个群体行为科学。在《基地》系列中，银河帝国数学家哈里·谢顿创立心理史学，结合历史学、社会学、统计学等预言未来可能发生的重大事件。心理史学的研究对象并非个人，而是构成人类的所有群体，研究至少数十亿人。它可以预测群体对某些事件刺激的反应，精确度不逊于物理学。通过研究数十亿人的集体反应，人类就能精准掌握蕴藏其中的人心动向。

今天，群体行为科学和心理史学预测方法不再是科幻小说，而是日渐变为现实，大数据为人类提供了群体行为和心理历史模型，赋予了人类强大的预测、预知能力。大数据能汇集网上的海量信息数据，包括人们在网上的各种言行。通过分析这些数据，我们就能具备对人类社会的洞察力，并据此预测人类社会的未来。

大数据时代的政治预测

美国预测分析领域专家、世界预测分析大会主席埃里克·西格尔（Eric Siegel）博士在《大数据预测：告诉你谁会点击、购买、撒谎或死去》一书中结合预测分析的应用实例，解读大数据预测。他指出，预测行为有益于人类发展。在疾病治疗、打击犯罪及反恐等领域，预测能挽救生命；在商业广告领域，预测能使广告定位更加精准，从而实现保护森林（减少无效纸质广告和宣传册的发放）、节省受众时间和精力的目的；在政治领域，运用科学预测方法的候选人胜算更大。

美国著名科技作家斯蒂芬·贝克（Stephen Baker）指出，利用大数据进行预测几乎成为所有领域的关键，不管是科技、商业、财经、运动还是政治。同时，大数据政治预测已成为一个热门话题，从美国参众两院选举到州长、总统选举，大数据预测始终如影随形。

政治预测指推断政治的发展趋势，预见重大政治活动、突发性政治事件发生及其时间、地点和范围等的预测方式。在冷战结束前，有许多学者和研究机构就重大政治事件走向进行预测。较为知名的政治预测包括：英国历史学家爱德华·卡尔（Edward Carr）等对第二次世界大战爆发的预判，美国记者埃德加·斯诺（Edgar Snow）对中国革命运动和社会发展前景的预测，欧洲德林软件公司对"如果美国悍然出兵朝鲜，中国会有什么反应"的研究，等等。1974年，美国学者纳兹勒·舒克瑞（Nazli Choucri）发表《国际关系中的预测：问题和前景》一文，深入探讨了如何将具体预测方法应用于国际关系研究，探索国际政治的预测问题。布鲁斯·布尔诺·梅斯奎塔（Bruce Bueno Mesquita）及其同事提出"战争和争端发生的预期效用"理论，演绎出九种假设性国际模型，用数学分析方法预测突发事件，如战争、政权转变等。美国中央情报局自成立之日起的职能之一就是政治预测。中情局前局长威廉·科尔比（William Colby）曾明确指出："中央情报局每天的工作就是在预言未来。"中央情报局擅长对事态发展进行短期、即时的反映和追踪，但拙于对事态长期发展趋势的分析和预测；对政治主体主导型政治事件的预测能力较强（如越南战争的结局），但对非政治主体主导型政治事件的预测能力很差（如伊朗伊斯兰革命）。中央情报局曾成功预测勃列日涅夫死后的政治安排、三次印巴战争、第三次中东战争、越战结局等，但未能预测到一系列改变国际政治格局的事情，如2008年金融危机、"9·11"事件、冷战结束、苏联解体、伊朗伊斯兰革命等。

这些学者和研究机构的常用政治预测方法包括直观预测法、历史类比法、数值法、时序法、情景法、模型法等，大多是自然预测方法在政治预测领域的移用。大多数预测都是基于学者或情报人员的经验教训和直觉判断，缺乏足够的数据和预测技术支撑，可靠性和准确性不强，特别是冷战突然结束，人们对苏联解体、冷战结束的原因众说纷纭，但无人能成功预测苏联解体这个冷战的和平结束方式。不过，大数据的出现又为政治预测带来了新曙光。

掌握大量预示性经济、政治、社会和舆论信息数据是开展政治预测的基本条件。互联网记录和存储的大数据能提供比较全面的进行政治预测的预示性经济、政治、社会和舆论信息。今天，互联网被称为最全面、利用价值最高的信息载体。经济政治的基本状况、社会发展的变化取向、人们思想认识的变化，以及经济、政治和社会领域的矛盾冲突及潜在苗头，都能从大数据中挖掘。

大数据蕴藏的巨大潜能能从根本上改善政治预测环境和手段，使预测信源更广泛、维度更多元、粒度更细密、记录更完整，便于发现数据使用有限性和孤立性掩盖下的变量关联。可以说，大数据正在改变长久以来的预测思维定式，从线性思维向非线性思维、从因果关系向相关关系、从规律观向趋势观、从共时性向历时性，实现思维方式的重要转变。特别是可以基于社交媒体对用户进行情感分析、价值观分析，甚至在一个热点议题开始传播之前就对它进行预测分析。

社交媒体用户既是信息接收者又是信息生产者，他们产生的海量信息能反映个人政治倾向、政治参与积极性、对某一议题或政策的态度等信息。可以说，社交媒体是了解选民和民意最直观的方式，数据统计覆盖面比传统民意调查大得多，数据的时效性也强很多。社交媒体数据还能与其他数据结合使用。比如，基于全球定位系统和图像地理标签，运用算法就能得出用户的准确位置，再结合以往对各州选民政治倾向的划分（红州、蓝州、摇摆州），就能精准预测 Twitter 用户的政治倾向，以采取更具针对性的竞选策略。比如，依据 Twitter 用户的粉丝关系和政治立场进行社会网络分析，能发现民主党人的关系网络具有更高的政治同质性，即更具相同的政治立场。

神奇的"善断计划"

2011 年，IARPA（美国情报高级研究计划局）发起一个计划，邀请顶尖科学家领导的研究团队对全球敏感的政治经济话题，比如黄金价格是否会下跌、朝鲜半岛是否会爆发战争、俄罗斯的政治格局会怎样变化、日本首相是否会参拜靖国神社、美元一个月后将贬值多少、世界经济一年后处于什么水平，以及石油在三个月后会是什么价位等题目进行预测。该计划被称作"善断计划"（Good Judgement Project）。

这是一个群策类项目，群策概念源自英国科学家弗朗西斯·高尔顿（Francis Galton）于 1907 年发表在《自然》上的一篇论文的实验。在这个实验中，一头牛在某次集市上被当场宰杀，高尔顿让在场的人估算牛的重量，并把每个人的估算数写下来，最后统计发现，虽然有 800 个人在场参加估算，但是没有一个人的估算完全正确。不过，800 个估算数的中位数却与实际重量惊人的相近。这头牛的实际重量是 1 198 磅，估算数的中位数为 1 197 磅，仅仅相差 1 磅。也就是说，如果有足够多的对某个问题有基本认识的人对某一问题做出预测，那么预测的平均值很可能无限接近最终结果。这就是 IARPA 群策项目的核心理念。

宾夕法尼亚大学教授、著名心理学家、社会学家菲利普·泰洛克（Philip Tetlock）受邀参加"善断计划"。2011 年 9 月到 2015 年 6 月，持续时间近四年，共两万多人登录"善断计划"网站（第一年就超 2 800 人），就情报界提出的 500 个国际问题持续预测、实时预测、实时检验。比如，希腊会不会在 2014 年 12 月 31 日之前退出欧元区？

IARPA 还资助美国五所精英大学的预测团队，并组织锦标赛。按 IARPA 要求，所有团队必须在美国东部标准时间每天 9 点提交预测报告。预测结果让人吃惊，泰洛克这个全部由业余人员组成的团队，在五个预测团队中获得全胜。第一年，泰洛克的预测团队在 60% 的问题上预测准确率高于官方对照组。第二年，预测准确率优势扩大到 78%，击败了来自密歇根大学、麻省理工学院等专业机构的预测团队，领先优势为 30%~70% 不等。最后，泰洛克预测团队还战胜了可以接触机密数据的美国中央情报局分析师。两年后，因为泰洛克预测团队的成绩远超竞争对手，IARPA 取消了锦标赛。

泰洛克总结这段经历后撰写了畅销书《超预测：预见未来的艺术和科学》，他在书中提出两个关键性结论：第一，世界上的很多事情是可以预测的；第二，预测能力是可以培养的，预测的准确性是由预测方式决定的。自己团队里那些能准确预测的超级预测家都是由网站招募的普通人，他们智商中上但并不特殊，教育背景不同，也接触不到机密消息，但是他们的预测可以战胜情报机构的分析师。泰洛克认为，任何脑子不笨、喜欢思考、意志坚定的人都可以学习和培养这种思维习惯。

"善断计划"还战胜了预测市场,即那些就各种真实事件下注的公开电子交易市场,比如艾奥瓦电子交易市场(IEM)。一般认为,预测很难准确,相对而言,用真金白银下注的真实市场对未来的预测最有效。"善断计划"为能否预测这个人类梦想带来些许希望。

泰洛克在《超预测》中提出了准确预测的方法,包括概率思维(无法通过简单线性因果关系找到确定性,但能通过强相关性推算未来走向的概率)、费米方法(将复杂、困难的问题分解成若干可预测的子问题,以最直接的方法迅速解决问题)、贝叶斯定理(现实世界存在很多不确定性,人们的观点和行动会随着事实发生改变而不断修正和调整)等。在他看来,预测的实质是在一系列事实、证据和信息、数据里找到强相关性,用概率预测未来走向。

| 人工智能的预测 |

"深绿"(Deep Green)是 IARPA 从 2007 年开始支持的研究项目,名字源于击败国际象棋特级大师卡斯帕罗夫的 IBM 超级计算机"深蓝",核心思想是借鉴"深蓝"预判敌人可能的行动,从而提前做出决策。"深绿"主要由指挥官、"闪电战"、"水晶球"及系统集成四部分组成。

其中,"闪电战"是"深绿"的分析引擎,它使用定性与定量相结合的自动化分析工具,迅速模拟指挥官提出的各种决策计划,生成一系列未来可能的结果,就像奇异博士在《复仇者联盟 3》中预测 14 000 605 种结局,最终只找到一种胜利结局。"闪电战"能识别各个决策的分支点，预测可能的结局范围和可能性，然后沿着各决策路径（即轨迹）持续模拟，直至每条轨迹达到终点。"水晶球"是"深绿"的决策总控模块，负责收集各种计划方案、更新当前态势、控制快速模拟和提供可能的决策选择，提醒决策点出现。它能辨识未来态势发展的潜在关键临界点，并对未来方案进行排序，实现对未来可能态势的生成、评估和监视。它还能根据实际情况不断调整修正，通过不断修正推演预测未来变化。2011年，"深绿"因各种原因被搁置，但其引入人工智能、仿真推演等思路值得借鉴。

2016年10月30日，由印度初创公司Genic.ai研发的MogIA人工智能系统，通过对谷歌、Facebook、Twitter、YouTube等网站的2 000万条数据进行分析，预测特朗普将是大选最后的赢家，这是MogIA连续四次成功预测美国总统选举。

Genic.ai的创始人桑吉夫·赖（Sanjiv Rai）2004年起就在研发MogIA，他表示社交媒体的人气很重要，因为在历届总统大选中，在社交媒体上人气领先的候选人终会胜出。特朗普在社交媒体上的人气比2008年奥巴马的人气峰值还高25%。MogIA完全独立学习并自主完善，根据事前与事后的事实信息自我修正，既不舍弃任何数据点，也不掺杂任何人为意见，以确保预测的客观性。MogIA使用Facebook等社交媒体数以百万计的数据，从中挖掘各种信号，然后核验预测数值与每个候选人在每个选区得票的符合程度，最后成功预测特朗普当选。

美国加利福尼亚州有一个Digital Democracy网站，它拥有很多数据资料，特别是州一级政治人物的言行情况，再配上PolitiFact（政治真相新闻网，由《坦帕湾时报》创办于2007年），更是如虎添翼。

PolitiFact 收集各种基本信息和数据，包括政治人物的讲话，以及涉及的任何事情和内容。

2009 年，PolitiFact 获得普利策新闻奖，因为在 2008 年美国总统大选期间，其利用调查记者和网络力量核查超 750 条政治性主张，为选民区分哪些是事实、哪些是修辞。比如，PolitiFact 公布了希拉里竞选期间的所有言论，并利用大数据和人工智能分析，结果是：完全正确的占 28%、基本正确的占 23%，剩下近 50% 基本不正确。PolitiFact 最初主要核实美国大选期间总统候选人的公开言论，之后范围逐步扩展至国会议员、白宫官员、政治游说者、利益团体代言人的事实性言论。2010 年起，PolitiFact 开始向各州扩张，已有佛罗里达州、新泽西州等 10 个地方版站点。

美国的"超级碗"橄榄球比赛往往充满戏剧性，但是一家 AI 公司在开赛前就能精确预测最后比分。2017 年 2 月 6 日，第 51 届"超级碗"总决赛举行。新英格兰爱国者队在落后 25 分的情况下逆转，最终以 34 比 28 战胜亚特兰大猎鹰队，逆转过程戏剧性十足。在赛前就正确预测比分的是 Swarm UNU（群集智能系统），它由 Unanimous AI 公司开发。该公司是一家位于斯坦福的创业公司，创始人路易斯·罗斯伯里（Louis Rosenberg）是斯坦福大学的博士。

群集智能概念是受到蚂蚁、蜜蜂等社会性昆虫群体行为的启发而产生的。这些动物以统一的动态系统集体工作时，解决问题和决策的表现会超越大多数单独成员，这被称为群集智能。Swarm UNU 把世界各地的人作为人类群集连接起来，实现人类实时输入和 AI 算法的结合。它结合人类参与者的知识、智慧、硬件和直觉，并把这些整合起来进行最优预测和决策。Swarm UNU 的机器智能将人类智慧纳入，核心理念是"三个臭皮匠，赛过诸葛亮"。

Swarm UNU 被证明在预测体育比赛、金融趋势，甚至奥斯卡奖得主等方面的准确率超过个人专家。2016 年 5 月，Swarm UNU 成功预测赛马比赛 Kentucky Derby 的前四名。不过，它也曾马失前蹄。2016 年美国总统大选期间，Swarm UNU 预测希拉里胜选。它以人为分析对象，通过询问一组问题来预测，比如"如果希拉里任总统，失业问题将如何改善"，测试了 45 个选民，其中 46% 为民主党人，24% 为共和党人，30% 在党派上保持中立或属于其他党派。从设计问题和选取对象上看，Swarm UNU 的预测明显偏向希拉里。以下是部分测试结果：

- 谁上任能更好地刺激就业？希拉里，大幅改善。
- 谁上任能更好地巩固国家信息安全？希拉里，大幅改善。
- 谁上任能更好地拉动美国经济？希拉里，大幅改善。
- 谁上任能更好地扶持中小企业？希拉里，不相上下。
- 谁更有可能在这次大选中获胜？希拉里，略胜一筹。

不过，Swarm UNU 在 2017 年法国总统选举预测时咸鱼翻身。在预测中，一组随机选取的适龄参与者会被提问，参与者按照自己的回答倾向来牵动球体，依据球体位置变化不断改变自己的选择：当发现多数人也支持自己的选择时，他可能会更加坚定地牵引；当发现球体大大偏离希望的方向时，他可能会放弃或减小牵引力，直至最终达成共识。Swarm UNU 对马克龙领先幅度的预测是 15%~20%，最终结果是马克龙得票率领先勒庞 31%。Swarm UNU 还在第 89 届奥斯卡的 16 个奖项预测中，预测中了 12 个，准确率为 75%。

DeepHuge 同样成功预测了特朗普胜选。DeepHuge 是领先的开源 SOA 解决方案提供者 WSO2 提出的一个 AI 概念，但其数据分析都是实实在在的，它依据媒体报道、往届选举记录、推文等数据来建模。

DeepHuge 更关注模型的导向性，根据模型并结合其他参数将所有候选人进行比对，越接近模型的候选人越有机会胜出。在预测之前，WSO2 已利用往届选举数据为 DeepHuge 做了大量前期训练，以达到最佳预测效果。

2016 年 9 月，美国东北大学政治学系助理教授尼克·比彻姆（Nick Beauchamp）在《美国政治科学杂志》上发表论文，论述如何分析 2012 年总统大选选举周期内 Twitter 的 1 亿条推文对州级政治性民意测验的影响。比彻姆经过实验发现，分析推文后得出的结论基本与当年的大选结果吻合，借助 Twitter 更能准确预测选举结果。

| 政治事件数据库 |

2013 年，美国国际开发署（USAID）和人权联合会举办联合国防范暴行高科技竞赛，要求挑战者创建一个算法模型预测何时、何地将会发生大规模暴行，能细化到州、城市或地区级别。数百名挑战者提交了 618 个算法，来自中国的数据科学家李小石在模型中融合 23 个地缘、社会政治和历史冲突影响因素，最终获得最高金额的奖金 1.2 万美元，该模型可以预测到一个从未发生过暴乱的地区将要发生严重暴乱。模型的最大作用不是节省专家预测在那些动荡地区将要发生暴乱的时间，比

如叙利亚，而是预测那些容易掉以轻心的可能事件。该模型预测的正确率比另一个常用的 Dummy 预测模型高 62%，对那些在过去半年内没有暴乱的地区，前者的预测准确率高 112%。

以利比亚首都的黎波里周边地区为例，一切看起来是那么平静。但是新算法模型检测到这个地区的动荡不安，并预测从 2010 年 3 月起每个月发生暴乱危机的可能性增加 5%。这场危机预测在 6 个月后被证实，反叛军重型武装侵袭了的黎波里，卡扎菲政府瓦解。与之相比，Dummy 预测模型直到暴乱危机结束也没有预测到任何动乱。

新算法模型预测的成功应归功于伊利诺伊大学 GDELT（全球事件、位置和性质）数据库的"政治事件数据库和预测系统"，它是一个由谷歌资助的新闻数据项目——一个庞大的地理标注数据库，全面记录 1979 年至今的每一次政治事件。今天，构建政治事件数据库已成为政治预测的常用做法，2010 年出现的综合危机预警系统（ICEWS）就是一座里程碑。

GDELT 数据库的建设者是文字与数字媒体分析专家卡列夫·李塔鲁（Kalev Leetaru），他是冲突早期预警领域里的领军人物。GDELT 数据库包含的事件、位置和性质等概念由菲利普·施罗德（Philip Schrodt）提出，并形成一个 CAMEO 理论（用于冲突和中介事件观察）。施罗德撰写的论文《自动产生大容量近实时性的政治事件数据》（Automated Production of High-Volume, Near-Real-Time Political Event Data）对全球事件数据的关键因素进行了研究。

- 事件指两个团体间的政治互动。比如，因领导变动引发示威游行或集会。事件新闻持续从大量资源中获取，用自然语言处理技术来处理。
- 行动发起者指参与事件的人，可能在一个国家范围，也可能超出国家范围，如国际组织、社会运动或公司。
- 事件状态，数值范围 −100（负无穷）~+100（正无穷），常见区间范围 −5~5。
- 事件的戈德斯坦得分，数值范围 −10~+10，表示该类事件对国家稳定性产生影响的大小。

GDELT 数据库收集了过去数十年的新闻报道，是 1979 年以来 1 亿多篇新闻稿的数据集。李塔鲁把这些原始数据全部导入一台超级计算机——拥有 1024 核心处理器的"鹦鹉螺"，最后从中查找规律。GDELT 数据库分析了从 20 世纪 90 年代末到 2011 年 5 月本·拉登被击毙前所有涉及他的报道，发现近 49% 的报道提到本·拉登时会附带提及巴基斯坦的一座城市。李塔鲁总结认为，全球新闻内容"可能已经道出本·拉登最有可能的藏身之所：以巴基斯坦北部伊斯兰堡和白沙瓦为圆心，半径为 200 千米的区域"。

2014 年年初，伊利诺伊大学正式建立 GDELT 数据库，数据库包含 25 亿个事件，从暴乱到抗议、选举，以感情基调为标准将事件分为 300 多类。然后，通过扫描软件自动扫描新闻文章，每晚更新数据库。GDELT 数据库每时每刻监视着全球 100 多种语言的新闻媒体，包括广播新闻、报纸新闻和网络新闻，自动识别提取人物、位置、组织、时间、数量、主题、数据源、情绪、报价、图片等要素和全球每秒正在发生的事。它每天能搜集数十万条全球新闻,以开展暴乱预测、各国领导人行为分析等数据挖掘工作。

GDELT 数据库是一个开放数据库,任何组织和个人都可以使用和完善它。目前,开放的数据库主要是全球政治事件数据库和 GKG(全球知识图谱)数据库,同时在谷歌提供的 Web 服务 BigQuery 上提供 API。GDELT 数据库提供分析服务,用户输入查询条件,能在 10 分钟内获得所需数据。利用这些数据,用户可进行事件浏览、事件网络、事件时间线、事件热力图、GKG 网络、GKG 时间线、GKG 热力图、GKG 浏览等分析。GDELT 数据库还提供态势感知、影响力网络、风险评估与全球趋势、政策反响和人权与危机处理等解决方案。

2017 年 11 月,GDELT 数据库正式上线"总结"(GDELT Summary)功能。这是一个大数据可视化平台,能整合分析海量的全球新闻文本和图片,每 15 分钟更新一次。其具有很强的自定义分析功能,使用者既能实时了解最新消息,也能深度跟踪研究感兴趣的主题。

预测师的博弈论

纽约大学政治学教授和斯坦福大学高级研究员布鲁斯·梅斯奎塔是一位博弈论专家,他的著作《预测师的博弈论》(*The Predictioneer's Game*)讲述了基于博弈论的数学模型,声称能精准预言未来。

梅斯奎塔的预言师生涯始于 1979 年。当年,他在研究导致战争爆发的条件时设计了一个数学模型以检验涉事各方可能做出的选择,而这些选择可能导致外交争端或战争,当时并没有真实数据可用来检验。此时,美国国务院恰巧询问他对印度政治危机的看法,因为时任印度总理的莫拉尔吉·德赛（Morarji Desai）或将被逼下台，而接任者可能在其政治联盟中产生。梅斯奎塔的博士论文主题是研究印度政治，于是他在自己的数学模型中输入可能对下一届总理选举产生影响的人物名单，并确定他们的偏好和影响力。他的预测是副总理贾戈吉万·拉姆（Jagjivan Ram）可能接任，但是数学模型给出了意料之外的人选——乔杜里·查兰·辛格（Chaudhary Charan Singh）。美国国务院不敢相信这个预测，但是6个月后，拉姆政府很快倒台，接任者正是辛格。

此后数十年，梅斯奎塔在数百个问题上做出数千次预测，从地缘政治到个人事务，准确率达90%。2010年5月，他预测埃及总统穆巴拉克将在1年内下台，9个月后穆巴拉克逃离开罗；2008年2月，他预测巴基斯坦总统穆沙拉夫在秋季来临前将卸任，结果9月前穆沙拉夫就提前离职了；1989年6月，伊朗精神领袖霍梅尼去世，梅斯奎塔甚至5年前就预测出其继任者。他为各国政府、美国国务院、国防部和中央情报局做出了许多预测。

梅斯奎塔预测成功的关键是"赛局"这款数学模型软件，它使用经济学家常用的数学分支博弈论来预测。"赛局"假设人物和组织会按照已知信息做出于己最有利的选择（类似经济人理性），从而推测事物的发展方向。局中人（所有持不同立场的谈判方，包括商业领袖、政治党派及各个机构）的目标、动机及影响力都被赋予数值。之后，"赛局"考虑各个局中人的选项范围，判断他们下一步可能采取的行动，分析每个局中人的行动对他人的影响，由此预测事件的发展方向。比如，美国削减国际援助对穆巴拉克会造成威胁，引起其军队和安全部队亲信的不满，从而削弱他的影响力。当时，穆巴拉克已四面楚歌，许多民众感到那些有不满情绪的官员不愿意强制平息抗议活动。①

美国海军研究生院的吉列尔莫·欧文（Guillermo Irving）也热衷于使用博弈论来预测。他利用美国空军的情报资料做仿真模拟试验，评估恐怖分子自我意识中的个人爱好（如钓鱼）和优先考虑事项（继续躲藏还是冒高风险雇用人体炸弹）的重要性。他认为，这些因素决定了恐怖分子的藏身之地和生活方式。博弈论对发现本·拉登藏身于巴基斯坦阿伯塔巴德起了重要作用。

|"密涅瓦计划"|

亚利桑那州立大学计算机科学专业助理教授保罗·萨卡利亚（Paulo Shakarian）毕业于西点军校，他发起的"密涅瓦计划"专门研究 IS 恐怖组织如何利用社交媒体传播极端思想和招募新成员。

研究人员收集了 2014 年 6 个月内的 2 200 多次军事行动，既有 IS 的行动，也有叙利亚政府军和美欧盟军的行动，以发现 6 个月内军事行动密集出现的时间段，以及双方采取了哪些类型的军事行动，从中找出导致 IS 在某个时段密集采取军事行动的原因，以及军事行动之间的关系。结果发现：如果这一周 IS 在伊拉克采取步兵作战，下一周他们就将在叙利亚进行汽车炸弹袭击；如果这一周 IS 在提克里克发动攻势且有大规模斩首行动，接下来他们将在伊拉克和叙利亚进行大量自制炸弹袭击；叙利亚政府军空袭将导致 IS 在接下来一周大规模逮捕民众；IS 在发动大规模步兵作战之前会在巴格达部署自杀性汽车炸弹袭击，以阻

---

① 陈杜梨. 美国政府为什么能预言未来 [J]. 发现，2012：36-37.

挠伊拉克政府军和警察部队增援。也就是说，IS 的恐怖袭击与军事行动之间有很大关联。

研究人员还将社会心理学模型嵌入算法程序，通过研究社交媒体特定人群的互动模式、关键字符、意识形态取向，研究极端思想在社交媒体上如何变成病毒化传播。结果发现：IS 成功招募的对象多是被孤立和边缘化的大学新生，这些人或多或少有偷窃、吸毒等前科，有些人来自有家暴行为或极端思想的家庭，他们与正常社会格格不入，加入极端组织让他们产生了归属感。

2011 年 3 月，美国电子外交办公室将大数据分析用于奥巴马对巴西的访问。他们通过 Twitter、博客上的千万条数据，运用关联运算和人群搜索，为奥巴马外交团队提供巴西民众讨论涉美话题最活跃的社交媒体或平台、最有可能传播奥巴马新闻的关键社交达人，以及巴西民众对奥巴马访问最感兴趣的话题等信息。这些预测工作为奥巴马回应巴西民众关切的问题并赢得巴西民众支持做好了准备。

| 翘楚之 Recorded Future |

Recorded Future（记录未来）是一个网络安全监控服务商，监控数以亿计的网站、博客和社交媒体账户，其超强的分析引擎分析、标记有用的信息，然后提供给美国中央情报局或国家安全局。只要有人在网上发表军事或经济类敏感信息，就有可能引起 Recorded Future 的注意，就像《黑客帝国》中电子乌贼攻击锡安基地，网络爬虫群涌般对敏感信息进行抓取和标记，然后分析预测其对美国的利害。

Recorded Future 创建于 2009 年，创始人克里斯托弗·阿尔波格

（Christopher Albergo）生于瑞典，其职业生涯始于瑞典陆军突击队，拥有计算机科学博士学位。公司初创团队只有16名剑桥大学博士，公司所在地、组织架构、运作方式、人员构成等所有的一切直至2010年都不为外界所知。

Recorded Future自称开发了一种技术，拥有1亿多起事件的索引，并存储于亚马逊服务器，可以实时汇集分析每个事件、每个人。主要方法是通过扫描海量的网站、博客、推文寻找目前和未来个人、组织、活动和事件之间的关联，即从网上抓取和分析实时数据，对未来可能发生的事情进行预测，将结果以时间轴（过去和未来）的形式展示。

该公司的一份白皮书表示，其时序分析引擎和智能算法可以"找出涉及相同或相关实体和事件的文件信息之间的'无形联系'"从而超越搜索；可以搞清楚每起事件涉及的个人、发生的地点及何时可能结束，能展示每起事件的发展趋势；可以即时抽取网上数据涉及的人物、地点以及活动，能分析事件发生时间和地点及文本情绪（语义分析）。

百度、谷歌等普通搜索引擎通过不同链接进行排名并连接不同网页。Recorded Future则使用一种独特算法，可以对网页内容进行更深层次的分析，能识别抽取出的事件、人物、地点和时间等核心属性，并重新整理和评级，再通过在线图表分析工具和时间轴为用户呈现更直观的搜索结果，并可在线实时跟踪一些人物、地点和事件之间的无形关联。它有一个预测工具，可通过搜索引擎整合并深入分析紧密联系的数据信息，预测未来走向。

用户打开Recorded Future网站注册后，页面呈现的是三个简单的输入框——"时间""事件""人物或地点"。用户可以根据需要定制感兴趣的事件，包括：上市公司最新活动、收购和盈利预测，国家或地区政治问题跟踪、新闻，行业新品发布、公司拓展及行业分析师评估，公众人物言论、位置及行踪，科技及信息安全新技术、网络安全……

Recorded Future 经常讲一个故事：有一次，一位药品经销商正为是否采购默克制药公司的某种药而发愁，当时他的资金十分有限，采购了默克公司的药，就得放弃另外一家公司的药。举棋不定的经销商突发奇想：要是有一家网站，把想法输进去，它就能直接提供决策结果该有多好。那天正有一位朋友在他那里，朋友建议说，有一个叫作"Recorded Future"的网站，可以让你得到你想要的结果。在朋友的帮助下，他输入了默克公司信息及自己的要求后，网站立刻显示一个时间轴，他从时间轴得知默克公司在 clinicalTrials.gov 美国临床试验注册中心注册的药物试验将于明年结束，也就是说将有一种新药上市，比他目前想购买的药效果更好。于是，他按网站提示，果断将资金用于购买其他药品。待资金周转过来后，默克公司的新药刚好面市，他再适时采购。

这个预测过程主要利用一个持续更新的索引来实现，Recorded Future 将其称作数据流，包括新闻报道、监管机构文件、Twitter 的更新、盈利报表或政治事件，以及经济演讲稿等。Recorded Future 通过算法识别各种特定类型事件（如产品发布、公司合并或自然灾害等事件）什么时候会发生，及其相关实体（如人物、公司和国家）。算法还能跟踪有关一些公司新闻报道的情绪，将其分为正面与负面。简单讲，Recorded Future 可以找出卷入每个事件的人、事发地点和接下来会如何发展，给出任何事件的在线发展趋势。在很多情况下，它可以预测事件发展趋势。

国家和地区政治问题也是 Recorded Future 的大卖点。2010 年 3 月 21 日,时任以色列总统的佩雷斯指控黎巴嫩真主党拥有远程导弹。正当人们猜测时,有人在 Recorded Future 上查询到真主党总书记纳斯鲁拉过去的相关言论,获取了一个月前的确凿证据,从而支持了佩雷斯的指控。这些例子表明,Recorded Future 具有辨认事件早期趋势的能力。

Recorded Future 的卓越表现引起了政治机构和人物的关注。成立不久,它就得到谷歌风投(Google Ventures)和美国中央情报局旗下 In-Q-Tel 公司的风险投资。这两家公司的投资让 Recorded Future 前途一片光明,成立于 2001 年的"锁眼"公司就是例证。2003 年 6 月,"锁眼"得到了"In-Q-Tel"的风险投资。2004 年 10 月,谷歌收购了"锁眼",它成立不到 3 年就更名为"谷歌地球",迅速风靡全球。这两家风投公司的能量并未局限于商业和技术实力,作为董事会成员,它们能不断介绍新的潜在客户。

Recorded Future 的服务价格是:个人用户 149 美元 / 月 / 人,多用户(团购)139 美元 / 月 / 人,定制服务 2 500 美元 / 月 / 人,其客户主要是金融机构、企业营销团队以及政府部门。它还将服务拓展到阿拉伯文和中文相关资源。

| 提前预警的 Blab |

Blab 作为一家新创公司,在预测危机方面有独到之处。Blab 创建于 2012 年,它利用大数据预测社交媒体趋势并提出应对策略。比如,一家科技公司升级一款软件,导致设备频繁死机,用户很快在网上抱怨。Blab 将监测到这些尚处于小范围的不满言论,预警客户在不良情

绪广泛传播前采取措施。

　　Blab 的业务除了预测未来，还包括社交媒体的日常会话监测。最早能在事情获得主流关注前 3 天做出预警，帮助客户在正确的时间、地点用正确的方式开展营销。Blab 研发了 BlabPredicts 数据分析平台，监测近 5 万个信息源，包括 Facebook、Twitter、YouTube 和博客及新闻网站。可分析各种消息的传播路径及传播模式，当类似热点再出现时，能提早预测。例如，用户可能先在 Twitter 上发关于亚马逊云服务宕机的消息，然后媒体开始关注，下一个宕机消息也可能遵循类似传播规律。数据分析平台 BlabPredicts 会判断不同消息源的权重，找出传播的核心枢纽是哪些人，最后分析出接下来的 1~3 天事件走向如何。它将会话进行分类，根据相似会话情况归类，以预测类似事件将在何时、何地以何种速度传播，传播影响有多大，目标是"把未来呈现在眼前，让客户看到明天的报纸"。

　　BlabPredicts 每分钟大约进行 100 万次预测，每天都会过滤 1 亿多段会话。它可以预测某一会话的发展状态，以便客户向目标受众发送合适的信息，或者在危机爆发前控制其影响范围。这套系统的准确率可以达到 70%。任何语言的文字、表情符号、图片、视频都可以成为分析对象。

政治预测的数据权威

| 老将巴拉巴西 |

　　美国物理学家艾伯特－拉斯洛·巴拉巴西（Albert-László Barabási）

的著作《爆发：大数据时代预见未来的新思维》研究了人类生活数字化大数据，并得出结论：数据、科学和技术的合力使人类行为比预期的更易被预测，93%的人类行为可预测。

巴拉巴西是全球复杂网络研究、无标度网络的创立者，他不仅是美国物理学会院士、匈牙利科学院院士、欧洲科学院会员，还是美国东北大学网络科学研究中心的创始人。他提出了无尺度网络模型，并因此于2006年荣获匈牙利计算机学会颁发的冯·诺依曼金质奖章，是建立基于网络共性的统一科学理论的先行者，是复杂网络界引述很多的科学家。世界著名科技杂志《大众科学》（*Popular Science*）赞誉："他可以控制世界。"

他的研究是在人类生活数字化的大数据时代基础上进行的，指出移动电话、互联网以及电子邮件使人类行为变得更加容易量化，将人类社会变成了一个巨大的数据库。他认为人类正处在一个聚合点上，在这里，数据、科学以及技术都联合起来共同对抗那个大谜题——我们的未来。他指出，人类日常行为模式不是随机的，人类行为具有令人惊讶的深层次秩序，使得人类变得比预期的更容易预测。

中坚彭特兰

阿莱克斯·彭特兰（Alex Pentland）是MIT（麻省理工学院）人类动力学实验室主任、"可穿戴设备之父"，也是全球著名大数据权威。1986年，彭特兰就参与创办了MIT媒体实验室、亚洲媒体实验室（设在印度理工学院）和未来健康中心等重要机构，并创办了自己的第一个实验室——MIT人类动力学实验室。

作为大数据权威,他通过研究大数据揭示社交规律、预测未来。2011年,《福布斯》评选他为全球最具影响力的七位数据科学家之一。彭特兰领导的研究团队在对1 600多万个手机通话日期、时间和位置进行分析并综合考虑各种因素后发现,人们的移动很明显遵循一套数学模式。彭特兰指出,如果获得某人过去足够多的移动轨迹信息,就能预测出此人未来所处的位置,精确度可达93.6%。这项技术已被手机生产商广泛应用。手机生产商能基于用户手机保存的好友信息准确预测哪些用户更容易改用其他电信运营商提供的服务。利用用户手机数据还能预测道琼斯工业平均指数的走势,甚至绘制出政治观点的传播图谱。

2009—2010年,彭特兰在MIT校区范围内追踪60多个家庭的社交活动情况。在获得授权的前提下,他将传感器和专用软件安装在这些家庭成员使用的智能手机上,跟踪记录他们的移动位置、社交圈、情绪、健康状况、通话习惯和消费行为。研究发现,这些数据能揭示数以百万计的用户在家里、办公场所和做游戏时如何相互作用、相互影响。彭特兰还发现决定人们社交行为习惯的一些影响因子,而这些影响因子会改变周围人的想法。

在比利时,研究者发现手机数据能揭示将发生的文化派系纷争,而这会引发政治危机。在美国总统选举期间,MIT研究人员通过追踪分析志愿者的手机数据,可知两人谈话的内容,推断出他们当时正谈政治话题。通过分析志愿者的移动方式和手机交流模式,研究人员还可以察觉到他们的感冒症状,而当时志愿者尚未注意到自己已感冒。

MIT媒体实验室项目的科学家安莫尔·麦丹(Anmol Madan)指出,"我们可以测量志愿者每天所处的政治舆论环境。可能有一天,用户将会下载一款 App 来测量自己周围共和党舆论和民主党舆论孰强孰弱，并以此决定自己的政治倾向"。在为期三个月的实验期间，有三分之一的志愿者改变了其原来持有的政治观点。

在彭特兰的一个可穿戴设备研究项目中，有一个引人注目的"社会计量标牌"可穿戴设备，该设备仅有卡片大小，配备了测量佩戴者运动的传感器、捕捉声音的麦克风、检测附近同类设备的蓝牙，以及记录面对面交流的红外线传感器。在"社会计量标牌"的帮助下，彭特兰所能掌握的用户信息远超用户说话所传递出来的内容。比如，在打扑克时，10 次有 7 次可以准确判断某人是否在牌桌上耍诈；在 5 分钟内预测佩戴设备的人是不是谈判中的赢家，正确率达 87%；甚至在男女闪电约会开始前就能准确预测约会能否成功。运用"社会计量标牌"，可以清晰了解人们是否对工作满意、工作效率如何。

| 新秀李飞飞 |

2017 年 11 月，斯坦福大学人工智能实验室主任李飞飞在《美国国家科学院院刊》上发表论文，她领导的斯坦福大学视觉研究团队，将人工智能的研究成果应用于人口统计学。他们通过算法分析谷歌街景图像中各社区的汽车类型和位置数据，为人口统计提供重大参考，包括预测社区人员的政治倾向。

研究人员使用具有视觉和学习能力的算法，分析了谷歌街景数百万个公开可用图像。智能算法通过自我训练，识别谷歌街景 200 个美国城市的 5 000 多万个图像中 1990 年以来生产的每辆汽车的品牌、型号和年份，以评估美国 200 个城市的社会经济特征。仅用两周，智能算法就按照品牌、型号和年份将 5 000 多万个图像中的汽车分为 2 657 个类别。

在整个研究中，有 2 200 万辆汽车（占美国汽车总量的 8%）的汽车普查数据被用于准确评估某一选区的收入、种族、受教育程度和投票模式。然后，将汽车类型和位置的数据与人口数据库、美国选区调查和总统选举投票数据比较，以预测种族、受教育程度、收入水平和选民偏好等人口因素。研究发现，汽车、人口统计学和政治劝说之间存在简单的线性相关。如果一个选区的轿车数量大于皮卡数量，那么在下次总统选举期间，该选区有 88% 的概率会投票给民主党；如果皮卡数量大于轿车数量，该选区投票给共和党的概率可能是 82%。

|"神算子"西尔弗|

统计学家纳特·西尔弗（Nate Silver）是一位政治数据挖掘专家，也是美国极具影响力的预测专家，从飓风到地震、从经济到股市、从 NBA（美国职业篮球联赛）到政治选举等诸多领域，都有他准确预测的案例。如今，他的个人博客基本是美国政治选举的剧透日报。

西尔弗最早从事的是统计工作，他对数据非常感兴趣，在审计公司毕马威当了 4 年顾问。后来，他将自己的数据分析才华应用到体育（全美大学体育协会举办的各种体育项目联赛、美国职业棒球大联盟）、赌博（全球扑克大赛）甚至约会分析上。在这些领域的成功让他开始靠数据分析创业。

西尔弗 6 岁时，家乡的棒球队底特律老虎队赢得美国职业棒球大联盟冠军，那时起，他就开始接触并喜欢收集各种棒球统计数据。西尔弗能从海量的大数据中筛选出真正的信号，是少数较早发现棒球数据潜在价值的人。他发现棒球比赛和总统大选都不是竞争激烈的领域，还用从扑克大赛上赢得的 40 万美元创建了一个建模分析网站，专门预测美国职业棒球大联盟运动员的职业前景，后来他把网站卖给了 Baseball Prospectus 网站。

然而，真正让西尔弗走红的是他对 2008 年和 2012 年美国总统大选的成功预测。2007 年，西尔弗建立了 538 网站（因为美国总统大选有 538 张选举人票），靠数据分析进行时政预测。2008 年总统大选，他预测对了 50 个州选举结果中的 49 个。西尔弗在大选结束后很快出版了专著《信号与噪声》。牛津大学数据专家维克多·迈耶称赞这本书：大数据革命将改变我们的生活、工作和思维模式，不必担心数据与我们自身有多大相关性，大数据会让我们看清楚假说的意义，未来它将会成为影响我们决策的重要因素，因为它重塑了我们眼前的世界。

2012 年，西尔弗与许多专家预测的奥巴马与罗姆尼胜选概率相当不同，他预测奥巴马胜出概率为 90.9%，而且全部 50 个州都预测对了。这让西尔弗彻底火了，他由此被称为"算法之神"。西尔弗的预测不是靠直觉，而是靠数据，是通过预测算法和编程实现的，也就是利用算法挖掘处理数据。他预测的基础数据主要是各种各样的民意调查。美国总统选战周期长，全美和每个州都有各种民意调查，一个州针对一次大选可能有上百次民调。

西尔弗依据各类民调数据挖掘，再添加经济数据等，经过调整、剔除噪声，最后算出某个候选人的胜率。由于各种民调的机构背景、立场倾向、覆盖人群、开展时间差异很大，如何处理这些数据成为大难题。西尔弗使用了"贝叶斯理论"（两个条件概率之间关系的理论）来处理。

比如，在没有任何信息时，可以认为希拉里和特朗普的胜率各为50%。这时有一个州的民调说，调查了2 000人，支持希拉里的有1 200人，支持特朗普的有700人，另有100人支持独立参选人约翰逊。把全美几千个民调的全部数据统合起来，有的会增加希拉里的胜率，有的会增加特朗普的胜率，最终综合形成胜率报告。538网站每天会计算形成新的大选胜率报告，形成胜率曲线。随着大选最终节点临近，有效数据越来越多，预测会越来越准。

西尔弗预测的概率波动或胜率曲线与人工智能AlphaGo（阿尔法狗）和围棋世界冠军李世石对弈过程的胜率曲线类似。对弈过程中每下一子都会不断更新双方胜率，高低起伏波动。到棋局定型时，实际上胜负已定。西尔弗是在用科学方法模拟选战，与AlphaGo模拟对弈胜率计算原理是相通的。

实际上，西尔弗预测出的只是一个概率，并不是确定的事情。比如，希拉里10月1日以67.3%领先特朗普的32.7%，不是说希拉里有67.3%的支持率，也不排除特朗普胜选的可能。事实上，算法会进行2万次模拟，希拉里的得票率预测值是47%，而特朗普的得票率预测值为43.9%，而且有6 000多次模拟结果是特朗普获胜。

如果从美国民调预测中差中选优，西尔弗预测模型的表现尚可，它也是预测希拉里获胜概率中最保守的。直到大选前一刻，预测希拉里的获胜概率为71.4%，而特朗普的胜率接近三成（28.6%）。这意味着如果同样的选举组织10次，特朗普有3次机会赢，希拉里有7次机会赢。

人们分析了"神算子"失算的原因。一个原因是他的数据源于民调、媒体和互联网，民调和媒体本身就有偏向性，预测结果自然不会偏离民意调查太远，而有的偏向数据是难以准确预测的。也就是说，如果没有足够有效的数据，就不能精准预测。从方法论看，越精确建模，越需要尽可能多考虑各种因素，才能更科学、更准确。比如，经济数据也要考虑进来，因为经济数据好对执政党派的候选人有利。

还有一个原因是选举人团制度，它在很大程度上放大了预测偏差。实际上，希拉里普选票超特朗普 200 万票，但是因为赢者通吃，反而让特朗普获得了更多选举人票。其实，大多数民调对大部分州的预测是比较准确的——准确预测了 17 个民主党支持州及 24 个共和党获胜州，其他 10 个州的摇摆状况也基本明确。问题出现在几个摇摆州的关键性票差，两党候选人差距也非常小。密歇根州、宾夕法尼亚州和威斯康星州最终选票差距都在 1% 以内，就是 1% 左右的偏差完全改变了整个选举格局。西尔弗预测的摇摆州支持率也十分胶着，大多是 46%~47%，在这种情况下很容易翻盘。2018 年美国中期选举临近，538 网站预测称，民主党有 75% 的机会在中期选举中重夺众议院。这一次它的预测应验了。

| 拉普拉斯妖 |

2015 年，俄罗斯智囊机构"合法性和政治抗议研究中心"开发了一款软件，它能预测抗议的发生。软件每 5 分钟分析一次俄社交媒体的帖子，寻找反政府抗议、未经批准的抗议或集会计划迹象，警告执法机构预防。

软件取名为"拉普拉斯妖"，意指"全知全能"。这是法国数学家皮埃尔·拉普拉斯在 1814 年提出的一种科学假设，此"妖"知道宇宙中每个原子确切的位置和能量,能够使用牛顿定律展现宇宙事件的整个过程。该软件主要监视全国范围内的政治团体社会抗议,以及特定地理区域的当地讨论平台。用户包括社会学家、研究人员、政府官员和执法机构。

| 系列研究机构 |

哥伦比亚大学和瑞典卡罗琳斯卡学院研究人员跟踪海地人所持手机内部的 SIM 卡,判断出手机持有人所处位置和行动方向,以追踪预测灾难和经济困境。正如联合国一份报告所讲,此举帮助他们准确分析出了超 60 万名海地人逃离太子港之后的目的地。后来,海地暴发霍乱疫情,他们再次通过追踪 SIM 卡把药品投放到正确地点,阻止了疫情蔓延。援助组织不仅追踪手机,也监控手机使用状况和账单缴付模式。如果数据突然发生变化,它就可能预示着经济正在恶化,这比 GDP 等数据准确、快速。

多数社交媒体平台都可建立社区或联络主页,能匿名交换信息,恐怖分子经常利用这种临时小组来沟通。迈阿密大学研究团队以俄罗斯社交媒体 VK(3.6 亿用户)为研究对象,挑选 196 个支持 IS 的临时小组,涉及 108 086 人。研究人员发现,这些临时小组人数不断增长,规模较小的小组会逐步合并成规模较大的小组。研究人员用 6 个月持续追踪这些临时小组的日常行为数据,设计专门预测算法。结果发现,临时小组成立速度加快将引发重大事件,如暴力抗议和恐怖袭击,2013 年的巴西示威抗议事件、2014 年 IS 在叙利亚的袭击都验证了这一点。

大数据情感分析与预测

  Twitter、Facebook、Tumblr（汤博乐）等社交媒体每天产生数以亿计的信息，就像一本本记录人们日常行为和喜怒哀乐的日记，其所表达的感情与现实社会发生的事件有密切联系，只要分析这些信息背后的情感，就能感知公众情感的变化，发现不同个体或群体对某一社会话题的态度和情感。情感分析是近年来热门的大数据应用，洞察的是人们的心理心态，感知的是情绪态度变化。

  情感分析又称倾向性分析、意见抽取、意见挖掘、情感挖掘、主观分析，是对带有情感色彩的文本进行分析、处理、归纳和推理的过程，方法包括自然语言处理、统计学、信号处理等，主要是分析词汇和句子的情感倾向。

  如今，情感挖掘和分析技术日趋成熟。国内外开发出一系列针对社交媒体的情感分析技术，可对主观态度、情绪或观点进行语义分析，快速判断情绪态度。国内外的情感分析工具很多，如 General Inquirer（评价词词典，收集了 1 914 个褒义词和 2 293 个贬义词，并为每个词语按照极性、强度、词性等打上不同标签）、Opinion Finder（主观词词典，含有 8 221 个主观词，并为每个词标注词性及情感极性）、NTUSD（由台湾大学收集，含有 2 812 个褒义词和 8 276 个贬义词）、知网 Hownet（评价词词典，包含 9 193 个中文词汇和短语，9 142 个英文词汇和短语，分为褒贬两类）、LIWC（Lingusitic Inquiry and Word Count，语言查询和字数统计工具）等，可将非结构化数据转化为可量化的结构化数据，从而预测公众对某一热点话题的情绪倾向。

帖文与情感

在维多利亚时代，经济学家普遍认为人的需求、欲望、情感等得到满足的效用是可测量的。英国经济学家弗朗西斯·埃奇沃思（Francis Edgeworth）甚至构思出一个专门测量人的快乐或痛苦大小的技术平台"幸福测量仪"。在经济学家看来，效用如同重量、长度，是可以计算和比较的。2008年，法国总统萨科齐组建了一个专家组，成员有诺贝尔经济学奖获得者约瑟夫·斯蒂格利茨、阿马蒂亚·森等20多名知名专家，开展"幸福与测度经济进步"的研究。该研究将国民主观幸福感纳入衡量经济表现的指标，以主观幸福程度、生活质量及收入分配等指标衡量经济发展。

在大数据时代，研究人员发现网上数据所反映的情感状态同效用一样，也是可以计算和比较的。早在1969年，心理语言学家包契尔（Boucher）和奥斯古德（Osgood）就提出"波丽安娜假说"（Pollyanna Hypothesis），认为人类在交际过程中普遍更喜欢使用带有正面色彩的词语。今天，研究人员利用大数据分析不断探究和验证这一假说。比如，南加州大学安南伯格传播与新闻学院创新实验室和工程学院信号分析和解释实验室的研究人员构建了一个Twitter情感分析系统，实时地对2012年美国总统选举的推文进行情感倾向性分析，通过统计推文对候选人的情感分布，实时预测选举结果。[①]

佛蒙特大学计算实验室的克里斯托弗·丹福思（Christopher Dan-

[①] WANG H, CAN D, KAZEMZADEH A, BAR F, NARAYANAN S. A System for Real-Time Twitter Sentiment Analysis of 2012 U.S. Presidential Election Cycle. Proceedings of the 50th Annual Meeting of the Association for Computational Linguistics, Jeju, 2012: 115-120.

forth）主持了一个"快乐指数"项目。研究人员对推文多语种文本进行分析，以了解英语、法语、阿拉伯语、印尼语等不同语种的快乐指数。该项目通过采集Twitter、谷歌图书、报纸甚至电影字幕，找出每种语言最常用的1万个词语，然后邀请母语者标定每个词的正面、负面等级。研究表明，人们的语言表达一般倾向于正面快乐情绪，西班牙语和葡萄牙语使用者的快乐指数远超其他语种。研究人员使用同样方法分析了Twitter的平均快乐指数，结果显示：美国总统辩论导致快乐指数下降，布拉德·皮特和安吉丽娜·朱莉离婚也导致快乐指数下降，同性婚姻立法通过促使快乐指数上升。他们还据此研究快乐与其他因素（如美国各地的社会经济、地理和人口统计状况）的关联规律。

研究人员按照埃奇沃思的构想，开发了一个"幸福测试仪"技术平台，自动检测推文中表示积极、快乐情绪的词语（如"新鲜""极好""咖啡""午餐"）和表示消极情绪的词语（如"不""讨厌""该死""无聊"）。该技术平台评出每条推文的幸福感指数。从2008年开始，它每天对数千万条推文进行情感分析，并将结果记录下来。它主要是通过自然语言处理分析情感，会在推文中寻找反映正面情绪或者负面情绪的关键词，绘制可视化幸福地图，实现对美国各州、各城市幸福感的实时测量，并发现当天影响幸福感的重要新闻。

佛蒙特大学研究人员于2009年在《快乐研究》杂志发表文章，论述如何从Twitter数据中发现民众在近期最悲伤的一天（迈克尔·杰克逊去世的那天）和最快乐的一天（11月4日奥巴马当选日）。研究人员从亚马逊的劳务众包平台Mechanical Turk选中上千个词语的"幸福相关度"进行测试、排名和赋值。基于赋值，编写算法分析了超1 000万条推文的用词。比如，脏话与心情不好有关联，所以一个人的脏话越多就越不快乐。

研究人员还研究了幸福感与地理位置的关系。2011 年，他们从 Twitter 上筛选带有地理位置的推文，在全球超 18 万用户发布的 3 700 万条推文中发现约 1% 含有经纬度信息。研究人员得出结论，人们最常去两个地方，并且两个地方相距不远，那就是家和工作地。工作地离家越远，所发推文含有的开心词语越多。

后来研究人员又改进研究方法，利用"幸福测试仪"分析 Twitter 上超 4 600 万个词语，并绘制美国民众幸福指数地图，精确度可以小到每个邮区。比如，夏威夷州是美国最幸福的州，路易斯安那州是最悲惨的州；加利福尼亚州北部的纳帕是美国最幸福的城市，市民经常谈论美酒和餐厅；得克萨斯的博蒙特是最不快乐的城市，市民常说脏话。

2012 年，快乐指数项目的主要工作人员、佛蒙特大学应用数学家彼得·多兹（Peter Dodds）等人又对 2008 年 9 月 9 日至 2011 年 9 月 18 日超 6 300 万个 Twitter 用户的近 460 亿个词语进行情感分析。研究人员对 LOL（laughing out loud 或 lots of laughs 的缩写，表示笑得很开心，是网络常用缩略语）、Haha（哈哈的笑声，表示喜悦）等表示快乐的 1 000 个常用词进行对比，结果发现：人们的整体幸福感从 2009 年开始一直下降，LOL、Haha 等欢笑词使用频率呈现下降趋势。

特别是 2009—2011 年的下降趋势尤为明显，由于一些负面事件以及全球经济低迷，人们的幸福感不断减弱。2009 年，H1N1 流感暴发、迈克尔·杰克逊猝死、影星帕特里克·斯威兹去世，2010 年英格兰在世界杯足球赛上败北，以及当年的一系列自然灾害，包括智利地震和北美风暴，网上情绪低落。当时，美国政府推出不良资产救助计划，导致人们连续几周情绪低落，并于 2008 年 9 月 29 日达到最低水平，这一天道琼斯工业指数下跌了创纪录的 777.68 个点。研究还发现，平均幸福感最高的是星期六，其后依次为周五和周日，平均幸福感最低的是星期二。节假日能带来好心情。每年的幸福感最高点都是 12 月 25 日圣诞节。此外，在圣诞节前夕、元旦、情人节、复活节、独立日、感恩节、母亲节和父亲节，人们都有较好的情绪。

2013 年，Twitter 分析师进行了细致的分析，发现了人们在不同时间包括喜怒哀乐在内的一系列行为规律。他们通过记录想用关键词的出现频率，以可视化数据图形象展示人们的情绪规律。

宾夕法尼亚大学心理学家约翰尼斯·艾希施泰特等人推出"世界幸福工程"项目（The World Well-Being Project），分析了 370 多亿条带有地理标记的推文，对不同地区用户群体进行实时心理状态评估，以反映每个地方的心理状态特征，如开放性和外向性，并绘制交互式地图，实时展示全美幸福指数和个性特征。

2008 年 2 月到 2010 年 1 月，康奈尔大学社会学家斯科特·戈登（Scott Golder）和迈克尔·梅西（Michael Macy）针对 84 个使用英语的国家的 240 万名用户，分析了其 5.9 亿条数据的正面和负面情绪词语频率的波动趋势。结果发现，世界各地的人虽然文化、地理和宗教不同，但是情绪节律相似，情绪与季节、生物节律有关联，比如正面情绪随季节变化而变化。[①]

[①] GOLDER S, MACY M. Diurnal and Seasonal Mood Vary with Work, Sleep,and Daylength across Diverse Cultures[J]. Science，2011: 333 (6051).

研究者发现，积极情绪和消极情绪在一周内的波动节律几乎一致，周六、周日的积极情绪显著高于工作日。正面情绪的推文主要集中在早晨和午夜。早晨（上班时间）积极情绪开始下降，而在晚上（下班时间）积极情绪回升；消极情绪在 7~9 点达到最低点，随后一天内均呈上升趋势，0 时左右达到峰值。

因为每个人早晨醒来时会有良好的情绪，推文中更可能包含"太棒了""超级""完美"等正向词，但随着一天时间推进，情绪会缓慢地恶化，推文中更多地包含"恐慌""恐惧"等负面情绪词，这反映了工作压力是重要的影响情绪的因素。这种情况与睡眠和生物钟一致。周末早晨的良好情绪会延迟 2 个小时出现，因为人们会睡懒觉。这种波动具有普遍性，也与各国文化习俗有关。阿联酋每周的正面情绪集中出现在周五和周六，因为阿联酋的工作日是周日到周四。

研究者还发现，绝对日照时长对积极情绪和消极情绪均没有显著作用，但相对日照时长与情绪有明显关联。白天时长的增加可能使人快乐，反之可能让人很难打起精神。

美国东北大学计算机学家艾伦·梅丝洛夫（Alan Mislove）和研究团队自 Twitter 2006 年诞生起就对推文进行持续跟踪。研究人员赋予推文中的词语情绪分值，比如"钻石""爱""天堂"等词被认为代表愉快的情绪，用绿色表示；"自杀""强奸""葬礼"等词被认为代表悲伤的情绪，用红色标注。两种色彩还通过颜色渐变设置 9 个等级，以对感情程度进行细分。他们通过对全美 3 亿条推文情感的分析，绘制了一幅"Twitter 情绪地图"，作为反映美国人心情起伏波动的晴雨表。

梅丝洛夫发现，每天 16 点左右，地图几乎变成红色，而到了 22

点，开始出现大面积绿色，这说明美国人下午烦躁，晚上情绪好转。另外，美国西部的人普遍比东部沿海的人快乐，前者所在区域经常被绿色覆盖。奥巴马当选那天，这位拥有百万 Twitter 粉丝的总统，让"Twitter 情绪地图"变为一块绿草坪。

布伦丹·奥康纳（Brendan O'Connor）、拉姆纳特·巴拉苏布拉曼扬（Ramnath Balasubramanyan）、布莱恩·R. 鲁特列奇（Bryan R. Routledge）和诺亚·A. 史密斯（Noah A. Smith）等学者挖掘 Twitter 用户情感发现结果与传统调查、投票等高度一致，以消费者信心和政治选举为例，关联度达 80%。

沃杰西克（Wojcik）等学者在《科学》杂志上发表分析保守派和自由派谁更幸福的论文。他们上网进行了政治倾向和幸福感的问卷调查，除了政治倾向和自我幸福感，还加入评估自我欺骗倾向的量表（BIDR）。研究人员共收集了 1 433 份调查问卷，结果显示保守派的自我幸福感评分确实显著高于自由派，但是他们自我欺骗、自我高估的倾向更加明显。分析表明，保守派更高的幸福评分似乎完全源于自我高估倾向。此外，从 Twitter 等社交媒体数据的客观幸福感指标（积极情绪的表达、微笑）看，保守派显著地表达了比自由主义者更低的幸福感。①

研究者又选取 Twitter 上只关注民主党官方账号和只关注共和党官方账号的用户，因为这能在一定程度上反映他们的政治态度。研究人员分析这些个人账号的 47 257 条推文，发现与民主党粉丝相比，共和党粉丝的推文包含更少的积极词汇和快乐情绪，而包含更多的消极词汇。

---

① WOJCIK S P, ARPINE H, JESSE G, et al. Conservatives Report, but Liberals Display, Greater Happiness [J]. Science, 2015: 347 (6227).

研究人员还在职业社交网站领英（LinkedIn）选取457位用户，对他们简历照片的微笑进行分析，结果发现自由派组织成员的微笑显得更加自然、真诚。对比发现，保守主义者比自由主义者的幸福感低。

南开大学社会心理学系的董颖红博士等人依据情绪结构理论，将微博情绪细分为快乐、悲伤、愤怒、恐惧、厌恶五大类基本情绪，构建包含818个情绪词（快乐类306个、悲伤类205个、愤怒类93个、恐惧类72个、厌恶类142个）的标准化微博用户基本情绪词库。为了检验情绪词库和工具的有效性，研究团队与华东师范大学软件学院海量计算研究所合作，对2011年7月至2012年11月使用微博的160多万微博用户进行分析。首先对五大类微博情绪之间的相关性进行测试，结果发现：快乐和悲伤、厌恶、愤怒、恐惧情绪之间均为显著负相关；悲伤、厌恶、愤怒和恐惧情绪之间呈现显著正相关。另外，悲伤情绪能显著预测未来1~3天上证综指交易量变化。[①]

研究人员分析五大类微博情绪从周一到周日的变化趋势，结果发现：快乐情绪在工作日期间落入低谷，周末显著高于工作日，周三是最低点，但会随着周末到来逐步回升；恐惧、悲伤等负面情绪在周末略有下降，其他时候则较为稳定。这比较符合日常生活经验。

研究团队还分析五大类微博情绪对重大节日、重大社会热点事件的反应。结果发现，微博情绪对2011年"7·23动车特别重大事故"、2012年"钓鱼岛争端"都呈现较为灵敏而合理的反应。比如，2011年7月23日发生甬温线动车追尾特别重大事故当天，微博快乐情绪急速

[①] 董颖红，陈浩，赖凯声，等.微博客基本社会情绪的测量及效度检验[J].心理科学，2015：38（5）.

下降，而悲伤、愤怒和恐惧情绪逐渐上升。值得注意的是，悲伤情绪早于愤怒情绪达到最高点，但愤怒情绪后劲儿足，上升趋势持续时间长。随后几天，人们沉浸在悲伤、愤怒和恐惧的情绪中，一直到7月29日悼念活动结束后，各类情绪才逐渐恢复到往日水平。在春节、中秋节等节假日，微博情绪有明显的对应波动。比如，春节期间快乐情绪明显上升，悲伤、愤怒、恐惧和厌恶等负面情绪跌入阶段性低点。

情绪与股市

有学者邀请一群专家预测经济、股票、选举，之后再检查预测结果，发现专家预测的平均准确率和黑猩猩掷飞镖的概率差不多。这个故事直到今天仍具讽刺意义。但是，今天有一系列大数据情感分析证明，社交媒体的情绪变化能预测股市变化。比如，网上的评论与某家公司的股票价格息息相关。

2012年，数据公司DataSift监测Twitter的相关信息发现，Twitter上与Facebook相关的情绪倾向与Facebook随后的股票走势呈直接正相关。DataSift创建于英国，后来搬到美国，自称是实时及历史社交数据平台，能汇总和分析Twitter、YouTube、Facebook等社交媒体的数十亿数据。DataSift监测发现，Facebook首次公开募股当天，Twitter上相关情感逐渐转向负面，Facebook股价于开盘25分钟后下跌。当Twitter上相关情感转向正面时，Facebook股价在8分钟后开始反弹。在股市接近收盘之际，Twitter上相关情感又转向负面，10分钟后Facebook股价又呈现下跌走势。Twitter上每一次情感转向都牵动着Facebook股价的波动。

中篇 | 数据操纵
07 大数据预测

2013 年 11 月 11 日，美国东部时间 8 点刚过，加拿大媒体透露 BlackBerry（黑莓）公司的 47 亿美元收购案被取消。足足过去 3 分钟，华尔街媒体才陆续报道。Dataminr 是纽约一家数据分析公司，就在加拿大媒体报道刚发布几秒后，Dataminr 的客户就收到了该报道的电子邮件提示。Dataminr 的很多客户，尤其是对冲基金客户，在其他人反应过来之前就卖空了这只股票。2016 年 8 月，当对冲基金巨头卡尔·伊坎（Carl Icahn）发布推文说他购买了大量苹果公司的股票时，社交媒体数据分析公司 Social Market Analytics 已经抢了先手，充分利用其覆盖 40 万 Twitter 用户的数据网络，获得关于苹果公司的乐观传言并告知其客户。Dataminr 的创始人兼首席执行官泰德·贝利（Ted Bailey）感叹："信息领域正在发生巨变，Twitter 的消息比华尔街上的来得更早一步。"

金融数据服务提供商 Markit 的研究表明，2011 年 12 月到 2013 年 11 月，具有乐观社交媒体情绪的股票的累计收益率高达 76%，具有负面社交媒体情绪的股票的累计收益率只有 14%。

社交媒体情绪预测股市的基本原理是实时抓取网上数据，找出每篇博客、每条微博、每则新闻关于每只股票的观点和情绪，然后汇总数据并告诉用户实时看涨看跌比例，就像股票雷达。1998 年，威索基（Wysocki）等学者以 3 000 多只股票为样本，对 946 000 条股评进行分析，证明股评数量对次日股票交易量的变化和异常收益率变化有一定的解释和预测作用。2009 年，休梅克（Schumaker）等学者开始基于实时的重要财经新闻，预测其对股市价格的影响。同年，学者泰雅（Tayal）和孔玛拉吉利（Komaragiri）根据 Twitter 和博客的数据分别对股价进行预测，发现 Twitter 数据预测的准确率高于博客数据的预测，Twitter 样本预测值与

247

公司的真实股价之间的相关性达到 0.911。

2013 年，学者琬芸、林杰根据五个证券相关认证机构用户的微博和评论，利用文本分析技术和情感分析从中提取投资者涨跌情绪倾向，量化为投资者涨跌情绪指数，利用格兰杰因果关系检验和脉冲响应函数方法，研究认为社交媒体的投资者涨跌情绪指数对证券市场指数收益仅在短期影响显著，能提前一两天预测；证券市场指数的收益与成交量对投资者涨跌情绪指数的影响持续时间超过 40 个交易日。

2010 年 10 月，知名学术网站 arXiv.org 刊登了美国印第安纳大学和英国曼彻斯特大学的约翰·博伦（Johan Bollen）等学者利用情绪量表 GPOMS（Google-Profile of Mood States，从平静、警惕、确信、活力、友好、开心六个维度测量情绪状态）进行的研究，他们发现 Twitter 信息的情感与债券市场波动、期货商品价格以及社会重大事件之间有着紧密的联系，社会、政治、文化和经济领域的事件对 Twitter 用户的情绪有重要、即时、独特的影响。比如，2008 年冬，Twitter 用户的愤怒、紧张和抑郁情绪的增长与秋季经济持续低迷有关。他们分析了 2008 年 Twitter 数据的报告发现，Twitter 中的"镇定度"水平能提前 2~6 天预测道琼斯工业平均指数走向，准确率可达 87.6%。[①] 由此，Twitter 不再只是社交工具，还是能识别心情的晴雨表。随后，他们将研究范围扩展到新闻调查、Twitter 订阅、谷歌数据，通过情绪追踪比较其对道琼斯工业平均指数价格、交易量、市场波动率、黄金价格的影响。

研究人员采用两种情绪追踪工具：一种是开源工具 OpinionFinder，

---

① BOLLEN J, MAO H, ZENG X. Twitter Mood Predicts the Stock Market[J]. Journal of Computational Science，2011, 2 (1): 1-8.

它能将推文二分为正面和负面情绪；另一种是在临床使用的情绪状态量表（POMS）的基础上新开发的情绪测试工具 GPOMS。

为验证两个工具的准确性，研究人员对比公众情绪和社会事件，结果非常吻合。比如，Twitter 上的公众情绪在美国总统大选日前一天开始紧张，在大选日当天变得冷静、充满活力、友善、幸福，总体情绪在大选日后又回归平常；在感恩节，整个 Twitter 洋溢着浓浓的幸福味道，过后又恢复正常。研究人员还对 2008 年 3—12 月的 985 万条推文进行挖掘，对比公众情绪和社会事件，结果十分吻合。如果将其"冷静"情绪指数后移 3 天，就和道琼斯工业平均指数非常一致，准确率达 87.6%（见图 7-1），其他情则没有该效果。另外，研究人员还测试了运用 SOFNN（自组织模糊神经网络）方法的股市预测模型。仅输入股市数据时，模型的准确率为 73.3%；加入"冷静"情绪信息后，准确率升至 86.7%。但是，Twitter 情绪指标尚不能预测突发的"黑天鹅"事件。

博尔迪诺（Bordino）等学者研究发现，纳斯达克 100 指数与其成分股的雅虎搜索量显著相关，并且在搜索指数的峰值附近有提前 1 天的预测作用。还有学者研究 98 个金融相关词汇的谷歌搜索数据与美国股价走势的关系，结果发现金融词汇的搜索数据能预测股价走势。

2011 年 5 月，世界首家基于社交媒体的对冲基金 Derwent Captial Markets 上线，一期规模为 4 000 万美元，年化收益率为 15%~20%。它以即时关注 Twitter 情绪来指导投资，通过评价人们当前心理状态来投资。该对冲基金首月盈利，并以 1.85% 的收益率战胜其他对冲基金 0.76% 的平均收益率。该基金创始人保罗·霍汀（Paul Hawtin）表示："以前人们没有技术或数据量化人类情感，这是第四维。我们要通过即

操纵

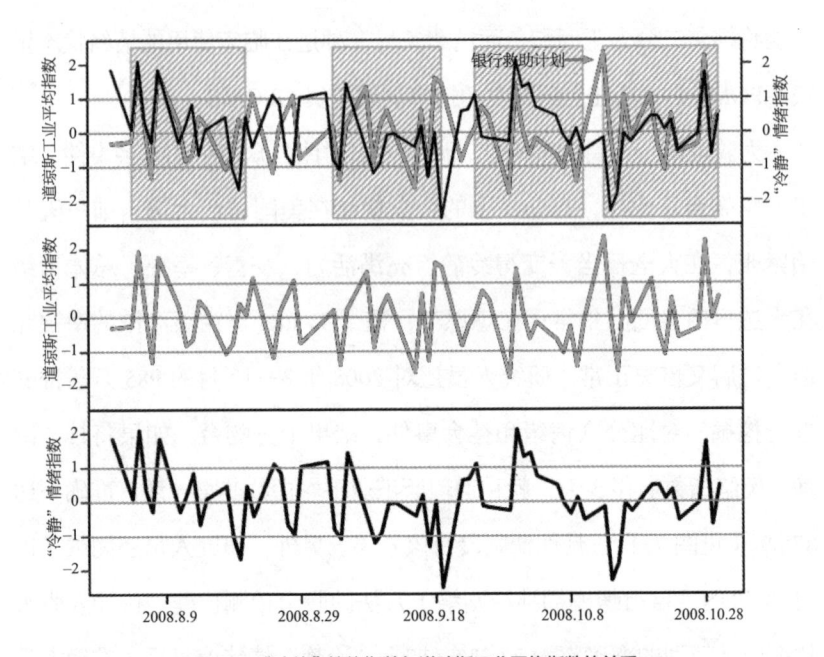

图 7-1 "冷静"情绪指数与道琼斯工业平均指数的关系

注：公众情绪中的"冷静"情绪指数（黑线）后移 3 天和道琼斯工业平均指数（灰线）能够很好地匹配。这种一致性在灰色区域尤其显著。

时关注 Twitter 的公众情绪指导投资。"2012 年 7 月，他又在美国建立基于谷歌、Twitter、Facebook 等信息来源进行大数据选股的 Cayman Atlantic 对冲基金。到 2014 年 6 月，该基金的年化收益率为 21.8%，在 24 个月中有 20 个月都获得了正收益。

2013 年 4 月，英美学者联合发表的论文《金融市场上的量化交易行为》被《福布斯》等媒体广泛转引。该文分析了 2004—2011 年谷歌搜索关键词，发现以关键词搜索量变化为基础，制定投资道琼斯工业平均指数的短线交易策略，可以带来丰厚的回报。比如，以"债务"的搜索量为基础建立的短线交易策略，在 2004—2011 年可带来高达 326%

的累计回报。欧美国家出现了一批以大数据分析公众情绪为金融、选举、营销等方面提供服务的公司，例如 DataSift 的市值达数十亿美元，彭博新闻社的 Eikon 交易平台免费给散户投资者提供 Twitter 数据跟踪器，线上股票交易平台 StockTwits 提供入门级的 Twitter 投资新闻追踪系统。

2011 年，麻省理工学院的张雪等人根据情绪词汇将推文标定为正面或负面情绪。结果发现，无论是如"希望"的正面情绪，还是"害怕""担心"的负面情绪，其占总推文数的比例能预测道琼斯工业平均指数、标准普尔 500 指数、纳斯达克指数的下跌。当民众对未来的态度是悲观或不确定时，投资和交易更谨慎，并使用"希望""害怕""担心"等情感词。带有这三种情感词语的推文数快速增长，往往预示着道琼斯工业平均指数要下降。这三种情感指数与道琼斯、纳斯达克和标普 500 指数存在负相关关系。据此，研究人员认为，只要是情绪突然爆发，无论是希望还是担忧，都反映出人们对于市场的不确定性增强，因此能预测股市走向。

慕尼黑工业大学的两位学者对 Twitter 进行了更细致的分析，他们筛选出提到标准普尔 100 指数中公司的推文（比如 $AAPL 代表苹果公司），将其分为"买入""持有""卖出"三类，算出每只股票的看涨程度，结果同样十分吻合。推文的总数与交易量、看涨程度和标准普尔 100 指数之间都密切相关。如果投资者采取买入看涨程度最高的 3 只股票、卖出看涨程度最低的 3 只股票的策略，半年内能有 15% 的回报。

美国佩斯大学的博士生亚瑟·奥康纳（Arthur O'Connor）追踪星巴克、可口可乐和耐克三家公司在社交媒体上的受欢迎程度，同时比较它们的股价，发现 Facebook、Twitter 和 YouTube 的浏览观看人数都与股价密切相关。品牌的受欢迎程度能预测其公司股价在 10 天甚至 30 天后的上涨情况。

2010 年，埃里克·吉尔伯特（Eric Gilbert）等学者从心理学角度分析群体担心、惊恐的情绪与股市走向的关系，以社交网站 LiveJournal 上 2 000 万篇帖文为数据基础，研究发现：悲观情绪会导致股价短期内下跌，与股票指数成负相关；焦虑的标准差增加 1%，收益率会下降 0.4%。

2015 年年初，欧洲央行发布报告称："从统计学和经济学角度来看，Twitter 上的情绪状况对预测美国、英国、加拿大股价变动有重大价值。"欧洲央行统计每天 Twitter 出现"看多"或"看空"的频率，以衡量主动投资者对特定日期市场的感觉，然后与真实市场走势比对，发现市场普遍使用的"每日情绪指数"（DSI）每上升一个点，当日道琼斯指数回报就上升 2.26 个基点；欧洲央行统计的"Twitter 情绪指数"上升一个点，道琼斯指数可在次日上升 12.56 个基点。"Twitter 上看涨情绪较高时预示次日回报不错，但在接下来 2~5 天内回报就会恢复正常水平。"

中国散户比例高，及时了解他们的情绪对预测后市尤为重要。

南开大学赖凯声、陈浩等学者基于心理学情绪理论和情绪测量表，对新浪微博从 2011 年 8 月 1 日到 2012 年 2 月 29 日的 2 242 个情绪词汇进行词频统计。结果发现，993 个常用情绪词汇与上证指数存在不同程度的相关性，学者们据此构建"微博情绪综合指数"。他们通过时间序列建模分析发现，"微博情绪综合指数"和上证指数的时间序列存在长期均衡关系，"微博情绪综合指数"对预测下一个交易日上证指数具有显著意义。[①]

|情绪与危机|

谷歌快讯（Google Alerts）服务是了解谷歌用户对某个话题的情绪看法的重要工具，可以监视所有出现在网上的有关公司、品牌、竞争对手和新闻事件的信息。它会扫描网上新闻的正面和负面词汇，同时区分严重程度，比如"憎恶""讨厌"。

美国东北大学学者研究推文发现，具有某种特定情绪倾向的人往往会扎堆交流，而且情绪会从这群人蔓延到其他地方。这可帮助政府对重大事件做出适当反应，推出最适合的政策。有学者提出，记者和政客不能忽视对集体情绪的持续洞察，如果英国政府拿出更多时间跟踪公众对欧盟的情绪，而不是重复英国经济如何从欧盟成员国身份中获益这个事实，那么脱欧公投很可能是另一个局面。

南开大学社会心理学系博士董颖红等学者为探索公众感知社会风险的情绪反应规律，通过百度搜索数据测量中国网民的社会风险感知水平（社会稳定风险、日常生活风险、资源环境风险、公共道德风险、政府执政风险、国家安全风险、经济金融风险），并利用微博用户基本情绪词库（Weibo-5BML）分析 2012 年 2 月 1 日到 11 月 30 日新浪微博数据的五大类基本情绪，检验不同类型微博情绪与股市之间的关系。学者们通过格兰杰因果检验发现，社会情绪对社会风险有显著的预测能力，不同情绪

[①] 赖凯声，陈浩，钱卫宁，等.微博情绪与中国股市：基于协整分析[J].系统科学与数学，2014 (5).

对不同类型风险的预测能力不同。[1] 此外，悲伤情绪能显著提高上证指数成交量（预测准确率提高2.4%）。如果把悲伤情绪词汇中唤醒度最低的25%作为新的悲伤指数，那么它们对上证指数成交量的预测能力仍很显著。具体来说，愤怒情绪可以显著预测政府执政风险，悲伤情绪可以显著预测未来2~5日资源环境风险。相比快乐情绪，悲伤、厌恶、愤怒、恐惧这四大类负面社会情绪是预测社会风险的重要变量。研究结果表明，具有低唤醒度的负面情绪与上证指数交易量相关。[2]

北京航空航天大学的先进网络分析研究小组（GANA）开发出基于表情符号的中文微博情感分析系统Moodlens，以350万条微博作为语料并使用一台快速朴素贝叶斯分类器，对2010年4—9月的7 000万条微博和20万个活跃用户数据进行情感分类和波动分析，跟踪愤怒、厌恶、高兴和低落4种情绪（95个表情符号对应这4类情绪，作为微博的类标签）的传播机制和变化趋势，及其背后对应的具体事件和情绪变化。研究小组通过用户之间是否出现"@"或转发等互动来确定社交关系，仅当实验期间两个用户之间发生过至少30次互动时，才认为他们之间存在可信社交联系。研究人员使用表情符号标注情绪，对所有微博的情绪进行自动分类。然后，通过用户情绪比例的相关性分析用户之间的情绪影响。研究发现：愤怒情绪的相关性最大甚至远超喜悦，低落情绪相关性出乎

---

[1] DONG Y, CHEN H, QIAN W, et al.Micro-blog Social Moods and Chinese Stock Market: The Influence of Emotional Valence and Arousal on Shanghai Composite Index Volume [J]. International Journal of Embedded Systems, 2015, 7 (2).

[2] DONG Y, CHEN H, TANG X J, et al. Collective Emotional Reaction to Societal Risks in China [C]. Hong Kong: Proceedings of 2015 IEEE International Conference on Systems, Man, and Cybernetics (SMC), 2015.

意料的小。也就是说，愤怒情绪传播更快，该情绪的微博被转发或成为愤怒反应对象的可能性远大于厌恶、高兴和低落这三种情绪，换句话说，厌恶、高兴和低落等情绪对他人的影响力不及愤怒。人们更容易转发朋友发出的愤怒信息，粉丝众多的用户比其他人具有更强的情绪影响力。

　　研究人员分析用户转发的愤怒的微博信息，利用话题模型和关键字抽取等方法，发现以下两类事件更易引发愤怒情绪：一类是事关国家主权和核心利益的事件，如美韩在黄海联合军演；另一类是社会热点话题，如食品安全。这些都是典型的情绪传播，在某些情况下（如愤怒）会加速信息流动，使其在网上广泛扩散并形成公共话题或舆论事件，转帖成为表达情绪的"象征性行动"。这表明，愤怒情绪更易在社交网络中传播。人们在写新微博时，抱怨工作不顺、环境污染、办事遇阻、社会不公更容易脱口而出。研究小组还设计出一款情感搜索引擎"心情搜索"，它可以了解大众对待被搜索话题的情感随时间变化的状况，还可了解大众对该话题的主流看法和讨论。

　　由海伦·克里斯蒂安森（Helen Christensen）领导的澳大利亚黑犬研究所（Black Dog Institute）和澳大利亚联邦科学与工业研究组织（CSIRO）联合发起"We Feel"计划，对人类的情绪脉搏展开研究。"We Feel"每天扫描2 700万条推文，搜寻近600个表达情感的关键词，将其归纳为6种情感——爱、快乐、惊讶、生气、悲伤、害怕，然后制作出情感图。研究人员监测了包含大量特定情绪词汇的Twitter用户，并随机抽取1%的公开推文，平均每分钟分析19 000条推文，从而研究每时每刻Twitter上人们的所说所想。基于此，研究人员绘制了世界不同地区民众的各种情绪状态，包括惊讶、开心、忧伤、愤怒、恐惧的相对百分比地图，随后分析在各国或全球爆发某一事件时，Twitter 用户的情绪状态是如何变化及互相影响的。研究人员还能查看特定地区、当前或某种情感的实时变化图，能提前发现可能发生的紧急事件，如自杀。

| Twitter 政治指数 |

Twitter 作为一个社交平台，提供了快速便捷的信息获取、交流和传播渠道。Twitter 由此成为反映大众心理、社会百态最快、最大的平台，甚至被称为"世界的脉搏"。

• 伦敦的"闪烁之眼"

2012 年伦敦奥运会期间，泰晤士河畔的摩天轮安装了被称为"伦敦之眼"的灯光展示装置，每晚 21 时到次日凌晨 2 时，"伦敦之眼"就会变为一台巨大的情绪指示器，根据当天 Twitter 用户对奥运会的不同情绪而点亮。

这个项目名为"Energy of the Nation"（国家能量），从 Twitter 上筛选来自英国本土、带有"Olympics""London 2012"等与奥运会相关的信息。然后，扫描信息中带有情绪意义的词汇［如 brilliant（太棒了）、failure（失败）、very（非常）、never（绝不、从未）］、语调（如 !!!、?!）甚至表情（如 :)），通过算法测量民众对奥运会的情绪指数。

"伦敦之眼"灯光展示的是一个情绪比例，在该项目官网可以看到各种详细数据，包括热门地区、热门关键词、Twitter 信息分布等，还有实时信息流动的地图。

• Twitter 政治指数

伦敦奥运会期间，美国总统大选如火如荼地进行。Twitter 联合数据分析公司 Topsy Labs、两家民调机构 The Mellman Group 和 North Star Opinion Research 发布针对 2012 美国总统大选的"Twitter 政治指数"。比较提及两位候选人的 Twitter 信息情绪指数与其他主题 Twitter 信息的情绪指数，以预测选民对两位候选人的支持率。情绪指数每日更新，同时将最新数据与两年内民意调查结果对比。

Topsy Labs 创立于 2007 年，它拥有 Twitter 的 fire-hose 接口，能获取 2006 年以后 Twitter 的所有完整索引，约超 4 250 亿个数据点。Topsy Labs 可以基于海量数据分析数以百万计的话题和标签，判断 Twitter 用户对某个话题的反应是积极的还是消极的。

Topsy Labs 能实时分析所有 Twitter 消息，对非正式语言和缩略语（如口语、网络语言等）进行准确分析和归类，懂得用户正在议论及表达什么，从而根据 Twitter 用户的立场每日为候选人奥巴马和罗姆尼评分。它每日分析 4 亿多条 Twitter 信息，抓取与美国大选有关的信息，对特定关键词进行量化跟踪。随后，利用社交情感分析技术打分。Topsy Labs 以百分制打分，高分意味着用户更踊跃积极的情绪。这能弥补传统民意调查的不足，帮助外界更好地对选举态势做出预测。USA Today（今日美国）网站在 Twitter 数据的基础上，还能呈现不同时间点决定民意走向的关键事件。

可以说，"Twitter 政治指数"能帮助捕捉选举民意的细微变化，通过比较候选人的情绪指数，预测选民对每位候选人的满意程度。当候选人推出一项举措受到广泛支持时，如 2012 年 5 月 9 日奥巴马宣布支持同性婚姻，其"Twitter 政治指数"就会大幅飙升。也就是说，一些关键事件能影响或决定选民的态度走向。

- 数据与民意

目前，人们对社交媒体数据的挖掘还处在初级阶段。"伦敦之眼"的"Energy of the Nation"项目主要依据对表达情绪的关键词进行匹配的方法，辅以对语调、表情的分析。但是，日常口语的表达，如讽刺、反语或是不同的使用场景，其实际含义会发生变化，而预先设定的匹配词库可能会限制信息收集。不过，通过累积大量数据，大部分偏差可以被抵消，但语义分析还必须更加精准。

就像雷达、卫星对以温度计、气压计为主要数据来源的气象学来说是一个重要的补充，社交媒体数据也可以作为民意观察的辅助和补充。比如，在许多交通不便、无法开展现场调查的地方，人们可以通过手机上网发表意见。"Twitter政治指数"也显示其与常用民意调查Gallup（盖洛普咨询公司）在大多数情况下的趋势保持一致，当两者趋势不一致时则会发现很多有趣的情况。

本·拉登被击毙后，Twitter的奥巴马满意度指数一度上升，但它比盖洛普的数据更早开始回落。因为Twitter的相关讨论更多回归到美国国内依然肆虐的经济危机，这种数据差异可以为政府评估决策提供参考。

康纳等学者利用OpinionFinder研究与消费者信心和政治选举有关的Twitter用户情感的关系，并与消费者情绪指数（CSI）、盖洛普ECI及总统选举选民投票情况比较，发现基于Twitter的情绪分析方法能重复传统方法所得的结果。托马斯·兰斯道尔等学者利用WordNet-Affect（情感词库）分析98万用户31个月内在Twitter上发布的4亿多条信息，发现周期性事件（如圣诞节、情人节）在每年会呈现相似的情绪波动模式，突发经济或政治事件对公众情绪有显著影响，如2010年10月英国政府宣布削减公共财政支出，加剧了负面情绪。这些情绪指标可预示某些社会事件的发生，如 2011 年夏英国伦敦骚乱发生之前，公众的愤怒情绪从春季开始持续积聚，公共财政支出削减声明与伦敦骚乱之间有强相关关系。[①]

同样，从谷歌和 Twitter 搜索股市相关信息，并与传统的 CCI（股市技术分析指标）和盖洛普 ECI 比较，谷歌洞察（Google Insight）等也能预测股市波动。搜索引擎的热门搜索（如谷歌趋势）在卡特里娜飓风、智利大地震等事件中起到重要作用。民意调查、搜索趋势、社交媒体获得的数据各有不同特征，民意调查获取的是被调查者对他人观点的看法，搜索趋势获取的是搜索者对某个事物的兴趣，社交媒体数据反映的是用户对某个问题的态度和观点，三者虽然各不相同，但各有作用。

2017 年，社交媒体反映出的德国大选形势是，极右翼的德国选择党应遥遥领先。但与此前 2017 年法国大选情况一样，Facebook、Twitter 显示的网络参与度对德国大选来说是一个糟糕的预测指标，尽管不久前社交媒体对美国大选和英国脱欧公投进行了较为准确的预测。

当时，利用社交媒体数据预测 2017 年法国总统选举结果大多以失败收场，而传统民意调查得出了正确结论。在 2017 年 4 月首轮选举前，马克龙几乎没有铁杆支持者，肯定要输给有选民基础的候选人，如民族主义者玛丽娜·勒庞（Marine Le Pen）、保守派的弗朗索瓦·菲永

[①] THOMAS LANSDALL, VASILEIOS LAMPOS, et al. Effects of the Recession on Public Mood in the UK[J]. Proceedings of the 21st International Conference Companion on World Wide Web, 2012: 1221-1226.

（François Fillon），以及善于与媒体打交道、富有魅力的左翼党派候选人让-吕克·梅朗雄（Jean-Luc Melenchon）。不过，社交媒体咨询公司 Echobox 根据社交媒体用户对候选人的支持情况设计出一个模型，预测结果与民意调查基本一致。

在德国，Echobox 的选举追踪器显示，德国选择党的支持率排在首位。Echobox 追踪器计算的选民对各政党的支持情况，源自各党派相关媒体文章的总体阅览次数。这能表明哪个党派获得最多关注，包括正面和负面关注。另一家社交媒体咨询公司 NewsWhip 表示，德国选择党的 Facebook 关注度也排名第一。NewsWhip 创立于 2012 年，通过数据抓取和挖掘，从 Facebook、Twitter 热门话题中挖掘新闻，然后按照关注热度排序推送给用户，帮助用户获取当天热门新闻。同时，NewsWhip 网站实时更新新发新闻和热点，还能将新闻按区域和话题分类，方便用户有选择地阅读。

| 情感分析与政治预测 |

社交媒体的情感分析可用于政治领域，追踪社交媒体用户对候选人演讲和行为的看法。美国政府早已开始利用 Facebook、Twitter 等数据，综合传统报纸、电视、广播等媒体资讯，监测国内和世界各地民意变化，效果显著。但它与真正准确的预测还有一定的差距。

2010 年，卡内基-梅隆大学的学者通过分析 Twitter 情绪研究提出，可以把 Twitter 用户的言论变为定性数据，即每条有态度倾向的信息可以被归类为赞成或反对，一个用户长期的 Twitter 言论能反映出该用户的政治态度。大量 Twitter 用户的信息可以帮助预测总体的选举投票结果。如果把预测结果与实际竞选投票结果比对，相关性会很高。

安德拉尼克·图马赞（Andranik Tumasjan）等学者基于党派政治情绪分析，将政治情绪分为未来导向、过去导向、积极情绪、消极情绪、悲伤、焦虑、生气、倾向性/意图性、确定性等 12 个维度。通过抓取用户的实时网络数据并动态监测，研究人员能找到公众情感走向情绪化的阈值，以及态度从量变到质变的阈值，从而更精准地预测某种情绪或态度是否会引发政治危机。2010 年，他们结合 2009 年德国选举的背景，对 10 万条关于政党或政治家的 Twitter 信息进行文本挖掘和情感分析，发表论文《推特预测选举：140 字如何反映政治局势》。研究发现：Twitter 信息可以在一定程度上反映选举结果，同时 Twitter 可以用作政党或政客扩大影响的工具。

英国学者分析 2010 年英国大选最后 8 周选民的 Twitter 信息并建立数据模型，发表了论文《政治微博的定量分析》。该模型通过分析网络受众在 Twitter 上的政治情感表达，反映各政党的现实支持率。荷兰学者利用 Twitter 预测 2011 年荷兰议会选举结果，用两年时间收集数百万推文，对推文的政治情感表达进行量化分析，以预测选举结果。

2011 年，都柏林大学研究人员根据其政治情绪和预测建模，分析认为在选举中 Twitter 总量甚至是"最关键的单一变量"。这个结论得到慕尼黑大学相关研究的支撑，其研究结论更为直接："Twitter 的数量反映了选民偏好，并且与传统投票结果接近。"因此，Twitter 可以用来预测美国总统大选的结果。

塞龙等学者利用监督文本情感分析法，对海量 Twitter 数据进行分析，不仅可以实时观测大选选情变化，还能预测最终选举结果，并且监测实时性和预测准确性均优于传统民调。他们利用这一方法分析了两场截然不同的选举——2012年美国总统大选与2012年11月意大利中左翼联盟选举的第一轮和第二轮，前者是对政府首脑的选举，是二选一；后者是对政党领袖的选举，有多个候选人。

2012年9月28日到11月6日，美国总统大选期间，研究人员对Twitter上有关奥巴马、罗姆尼、自由党的约翰森和绿党的斯坦这四位候选人的推文进行实时监测，每天不少于100万条，并将当日的推文与前后各三天共七天的推文合并起来分析，得出每位候选人支持率的预测值。[1]大选过程中的一系列热点事件（比如三次辩论和一些丑闻爆料）后，两党候选人的支持率出现较大变化。这是传统民调无法体现的，因为民调需要一定时间，往往有几天延迟，因此大数据分析可以更加实时地监测选情民意变化。

意大利政党领袖选举期间，研究人员分析从2012年10月6日到11月25日的50万条Twitter信息，并在10个时间节点，每次对5万条推文进行分析，得到5位候选人的支持率变化。与美国的情况类似，预测的准确性与传统民调不相上下。

上述两个案例表明，大数据情感分析具有实时监测选情变化和预测投票结果的能力。但是，需要考虑Twitter用户在选民总体中的代表性。不同的政治倾向在社交媒体上的分布不一定代表其在所有选民中的分布，如左翼群体在社交媒体上更加活跃。这需要研究社交媒体用户特

---

[1] ANDREA CERON, LUIGI CURINI, STEFANO M. LACUS. Using Sentiment Analysis to Monitor Electoral Campaigns: Method Matters—Evidence from the United States and Italy[J]. Social Science Computer Review, 2015: 34 (4).

征,并对不同观点倾向赋予适当的权重,比如适当降低左翼观点权重。

在 2012 年和 2016 年的美国总统大选中,各候选人团队根据社交媒体用户档案和发言,分析用户政治态度和投票倾向,找出对某候选人持支持态度的选民,有针对性地发送竞选广告;发现对特定选民群体有显著影响力的意见领袖,争取其协助筹集竞选资金及说服选民。

2016 年,Twitter 发布"2016 年美国总统大选 Twitter 平台跟踪器",它可以提供相应数据。该跟踪器可提供交互数据可视化图,人们可以查看每个候选人自 2015 年 9 月以来在 Twitter 上被提及的总次数。

08

大数据操纵

大数据具有科技和政治的二重性：一方面，大数据是现代信息科技发展的产物；另一方面，作为互联网发展的产物，大数据也会基于政治因素被人为操纵。大数据操纵比以往任何操纵人心的方法更为强大且隐蔽，让人难以察觉。当你自认为是在独立思考时，其实数据早已对你进行了潜移默化的操纵。这种操纵不必是显性广告，也可能是植入式广告。今天，以现代信息技术为基础的大数据操纵，可以在政治角逐和商业竞争中起到决定性作用。

"润物细无声"的阈下

从20世纪50年代开始，受众就一直在被追踪、被试验，被劝导做出某种行为。美剧《广告狂人》的每一个观众都清楚，心理学是现代广告产业的灵魂所在。美国行为研究与技术研究所高级研究心理学家罗伯特·爱泼斯坦（Robert Epstein）向人们揭示了这一点。

1958年，新泽西州的一家剧院因被怀疑在一部电影中放入隐藏信息以提高冰激凌销量，而被大众关注和质疑。在事件发酵推动之下，美国广播电视协会修改法令，禁止在广播电视中使用潜意识信息。1974年，美国联邦通信委员会认为，潜意识信息有违公众利益。禁止潜意识信息的立法也曾提交给美国国会，但并未予以实施。英国和澳大利亚也有法律禁止类似信息的使用。

以隐藏信息来影响人们的潜意识，可谓"润物细无声"，它在心理学领域有一个专有名词——阈下（潜意识的，太弱或太快以至于难以觉察的）。阈下是指阈限以下，在弗洛伊德精神分析学说中经常被提起，它还可被称为"阈下刺激""阈下效应""阈下知觉""感觉阈限"。这是一种低于阈限的刺激所引起的行为和心理反应,因为作用于人的感受器官的适宜刺激必须达到一定强度(阈限值)才能引发感受。

比如,用一根很细的针轻扎一下皮肤的某个位置,被扎者不一定能感觉到,但稍加力度使其刚好能感觉到触感,此时所用之力就是皮肤的触觉阈限。所以,阈下就是刺激量低于阈限值,也就是没感觉到。但是,研究人员通过一些巧妙的测量方法发现,其实人是可以感觉到阈下刺激的,只不过自己不知道而已。

从阈下得到启发,人们开始借助现代先进信息技术手段,利用阈下信息影响目标对象的认知、情感、意志等方面,特点是呈现的快速性、投送的微弱隐蔽性及影响的潜在性。这点在广告中很常见。信息接收主体表现为可能觉得有什么东西露了一下面,可又不能确切说出是什么东西,或压根儿就没有意识到这个东西出现了。这犹如电影《盗梦空间》的情节,信息发送方潜入你的梦境,给你注入一个想法,而你还以为这完全是自己的想法。

20世纪早期,政治家们也开始用巧妙的阈下信息推销自己。1957年,美国记者万斯·帕卡德(Vance Packard)出版了专著《隐形的说客》(*The Hidden Persuaders*),描述了美国社会迅速兴起的一种奇特的影响力。帕卡德认为,在许多案例中,凭借来自心理学、社会科学方面的洞见,美国公司高管和政治家们开始使用微妙且完全让人察觉不到的方法改变民众的思想、情感和行为。

比如,大型超市的轻音乐能让顾客放慢脚步,购买那些自己可能并不需要的商品。时尚娱乐业推出各种非主流文化,如网络游戏,让青少年每天体验各种胡思乱想和紧张情绪。政客们与顾问们合作，检视自身言行的方方面面，如衣着、语调、表情、妆容、发型、演讲都要呈现最佳状态，以说服投票人。

但是进入互联网＋大数据时代，能与阈下信息媲美的数据操纵兴起，而且数据操纵远比过去已知的操纵手段更加强大、更具隐秘性，可谓大道无形。

| **数据引导你的作为** |

曾几何时，打开剑桥分析网站首页，一行大字醒目跃入眼帘："Data drives all that we do."（数据引导你的作为。）如今，数据已成为驱动经济社会发展的重要资源，基于用户数据分析的行为科学研究进入了新时代。有时，这也被称为"Captology"（计算机劝导技术），该名词由斯坦福大学说服力科技实验室创立者、行为设计学家福格（Fogg）于1996年创造，主要是指设计、研究和分析那些用来改变人们的态度和行为的交互式计算机产品。[①]劝导技术作为一种塑造人类思想和行为的手段，在生活中经常可见。这种技术衍生出一个尖刻的术语——豚鼠经济，指人就像一只只豚鼠，被训练和引导，最终习惯成自然。

今天，数据将不再仅反映我们是谁，它还在引导人们决定自己到底是谁。互联网公司为了向用户提供更精准的定制化产品和资讯服务，让其推送的产品和资讯与用户偏好恰好吻合。不过，要引导用户行为，首先要对用户进行画像。

---

① 张卫，王前.劝导技术的伦理意蕴[J].道德与文明，2012（1）.

"交互设计之父"艾伦·库伯（Alan Cooper）最早提出 Persona（用户画像）概念："Persona are a concrete representation of target users."（用户画像是目标用户的具体表现形式。）也就是说，用户画像是真实用户的虚拟代表，是建立在一系列真实数据基础上的目标用户模型。它根据用户的社会属性、生活习惯、情趣偏好和消费行为等数据，将用户区分为不同类型，然后从每种类型中抽取典型标签特征，如名字、性别、地域、场景等，从而形成一个用户画像的原型。

用户画像一般具备哪些元素？

- 姓名
- 照片
- 年龄
- 家庭状况
- 收入
- 工作
- 用户场景/活动
- 计算机技能/知识
- 目标/动机
- 喜好
- 人生态度

要想抽取用户画像的这些元素，就需要大量收集分析用户数据。

- 网络行为数据：活跃人数、页面浏览量、访问时长、激活率、外部触点、社交数据等。
- 服务行为数据：浏览路径、页面停留时间、访问深度、唯一页面浏览次数等。
- 用户内容偏好数据：浏览/收藏内容、评论内容、互动内容、生活形态偏好、品牌偏好等。
- 用户交易数据：贡献率、客单价、连带率、回头率、流失率等。

收集的数据不会100%准确，具有不确定性，因此还需要对用户行为进行建模再判断。比如，某用户在性别一栏填写的是"男"，但通过其行为偏好，可判断其性别为"女"的概率为80%。这个建模过程需要机器学习辅助，猜测用户的行为和偏好。比如，女性更喜欢谈论购物、巧克力等话题，如果相关词汇出现在Twitter言论中，基本可以判定这名用户是一位女士，准确率可达75.8%。高准确率的关键在于男女使用文字语言的差异性。如果文字包含感叹号或笑脸，用户可能就是一名女士，因为研究证明女性更喜欢使用表情符号、缩写词、重复字母表达情绪。语言学家甚至能根据用户使用"我的"（My）一词的方式判断用户的身份。

建模之后，还需要把用户的基本属性（年龄、性别、地域）、购买能力、行为特征、兴趣爱好、心理特征、社交网络等标签化，一般采用多级标签、多级分类。比如，第一级标签是基本信息（姓名、性别），第二级标签是消费习惯、用户行为。第一级标签分类包含人口统计属性，而人口统计属性又有基本信息、地理位置等二级分类，地理位置又可分为工作地址、家庭地址等三级分类。这些标签通常是高度精练的用户特征标识。针对每类用户特征标识，可进一步分解成数据维度。

一是用户数据：

- 自然特征：性别、年龄、地域、受教育水平、出生日期、职业、星座。
- 兴趣特征：兴趣爱好、常使用的App/网站、浏览/收藏的内容、互动内容、品牌偏好、产品偏好。
- 社会特征：婚姻状况、家庭情况、社交/信息渠道偏好。
- 消费特征：收入状况、购买力水平、已购商品、购买渠道偏好、最后购买时间、购买频次。

二是渠道数据：

- 信息渠道：微信、微博、论坛、SNS（社交网络服务）、贴吧、新闻网站、咨询App。
- 购买渠道：电商平台、微店、官网、实体店、卖场。

最后，把用户的年龄、性别、地域、偏好等所有标签综合起来，就可以勾勒一个立体的用户画像。

用户画像犹如打开"上帝视角"，每个用户的社会属性、使用行为、消费行为、偏好属性、潜在需求都清晰可见。互联网公司掌握了这些用户画像，就可以用数据引导用户行为。《连线》杂志创始主编凯文·凯利（Kevin Kelly）认为："技术狂热是我们的一种自然状态，我们喜爱我们的东西，并且由它们引导。"互联网公司先是大量收集用户的数据，将数据收进云端数据库，对用户进行数据画像，再根据用户画像不断向用户投递个性化的信息流和广告。用户习惯了这种信息接收方式，就变为被信息喂养的人——技术瓦解了"自我的真实"。久而久之，互联网公司的推送信息就能影响人的决策，"数据引导你的作为"就成为一种现实。

现在，许多互联网公司都具备"数据引导你的作为"的能力，甚至强大到足以改变人们对"我是谁""我想成为谁"等问题的回答。比如，Facebook 为 22 亿用户建立精细的心理档案，开发出最好的 AI 信息推送技术。Facebook 还有能微调参数的算法引擎，它不仅能影响用户购买的品牌，还能影响用户的情绪，通过调整内容推送控制用户的喜怒哀乐，甚至可能改变选举结果。如果 Facebook 长期决定用户接收的信息内容，多年后用户的世界观和政治倾向就会完全被 Facebook 主导。Facebook 的广告主，包括政治广告主，看中的正是它影响用户的能力。

2016 年，谷歌制作了一段视频"The Selfish Ledger"（"自私的数据册"），讲述了"Selfish Ledger"的概念。它收集用户所有的数据，包括所有操作、偏好设置和决定，然后根据用户行为、习惯等信息引导用户完成一个目标。它看似是帮助用户解决问题，但细思极恐，因为用户的行动、决定、偏好、运动和关系数据很容易被传递给其他用户，就像遗传信息代代相传。谷歌已有两份专利申请表与"Selfish Ledger"的设计一样。谷歌 2015 年的一项专利申请是"检测和纠正用户行为中的潜在错误"，帮助用户进行自我改善和行为修正，它的另一项专利申请是

2015年开始的"通过智能手机引导购买"。

虽然互联网公司只是试图最大限度地参与并引导用户的购买决策，并非操纵用户的世界观，但它们已成为各种势力利用的工具，像英国脱欧公投、美国总统大选，利用大数据操纵舆论已成为现实。

2017年，美国依隆大学助理教授兼数据科学家乔纳森·奥尔布赖特连发7篇"AI技术操纵美国大选"系列研究文章，通过倒查追溯信息传播轨迹和节点、统计分析信息交互聚合中枢，并做可视化图形呈现和试验验证，研究分析"微宣传机器网络"的运行机理，就"网络虚假不实误导性新闻"发布、传播、扩散生态链进行试验验证，解读追踪和识别技术、DNS劫持技术、大数据挖掘，以及运用AI开展有政治目的和倾向的舆论塑造，并在干预方面起到关键的作用。该系列文章提出，从网络规模看，306个新闻网站（包括新闻编发和第三方汇聚转载网站）、2.2万个网页、133.8万个超链接交错连接构成"微宣传机器网络"，该网络以行为的微观瞄准和情绪操纵为主要特征，具有强大的传播影响力、舆论动员力和社会动员力，能裁剪、把控受众人群对事物的认知、意见、观点，引导煽动舆论情绪，就一些重要复杂议题制造病毒传染性的分享共识体验。

| 数据影响你的投票 |

"现在世界通用货币是什么？"美国政治分析师斯坦·格林伯格（Stan Greenberg）自问自答，"不是黄金，而是数据。"2016年美国总统大选结束后，媒体（特别是互联网）与美国总统大选的关系成为广泛讨论的焦点。人们更多地将特朗普胜选归结为社交媒体的胜利，将希拉里

败选归结为传统媒体（特别是纸媒）的失败。

回顾美国 200 多年来的总统竞选，可以发现媒体在其中起到重要而独特的作用。从亚当斯到罗斯福，从肯尼迪到奥巴马、特朗普，把握了时代前沿媒体的候选人都成了最终胜利者，在一定意义上可以说"赢得媒体就赢得了选举"。

从 19 世纪中叶开始，美国报业迎来大发展。美国建国后的前 50 年被称作"党报时期"，大多数报纸背后都有一个政党支持，报纸成为政党斗争的工具。1796 年，约翰·亚当斯充分利用报纸成功竞选总统。1884 年，格罗弗·克利夫兰在著名新闻人约瑟夫·普利策（Joseph Pulitzer）及其创办的《世界报》的支持下击败竞选对手，成为美国南北战争后首任民主党总统。

20 世纪初，广播在美国出现并逐渐普及。1920 年，西屋电气赶在大选前成立 KDKA 广播公司，向听众报道总统竞选，选民第一次在家中听到候选人的声音。1924 年，共和党总统约翰·柯立芝第一次利用广播向全美 26 个不同地区的听众发表演讲。1932 年，广播在富兰克林·罗斯福的胜选中扮演了关键角色，罗斯福也被称为"广播总统"。

到 1941 年，美国已有 18 家电视台投入商业运营，电视作为新兴媒体走入千家万户。1952 年，德怀特·艾森豪威尔第一个利用电视竞选，选民第一次在电视上看到候选人的演讲和形象。1960 年，约翰·肯尼迪与理查德·尼克松的电视辩论对选民投票意向产生了巨大影响。在投票时，60% 的选民称受到电视辩论的影响。选后调查显示，400 万选民是因观看电视辩论才决定投票的，其中 300 万人投给了肯尼迪。最终，"阳光男孩"肯尼迪击败老牌政治家尼克松，前者也被称为"电视总统"。从此，电视辩论成为美国总统竞选一个不可或缺的环节，直接影响选民判断。

20世纪中后期出现了一系列以互联网为依托的新兴传播媒介，互联网开始在美国总统竞选中大显身手，深刻影响候选人的竞选策略和方式。1996年，共和党候选人布坎南第一次运用互联网为其竞选，一批受公司和机构资助的选举类网站相继出现。2004年，竞选网站和新闻网站已成为选民获取竞选信息的重要渠道。从戈尔、奥巴马、麦凯恩、罗姆尼到希拉里、特朗普等总统候选人纷纷广泛运用互联网。

奥巴马在2008年和2012年总统大选中采用大数据和精准营销方式，获得了选举胜利，其他候选人也纷纷效仿。大数据改变了政治广告抵达选民的方式，改变了政治活动举行的方式。大数据被候选人用于实现筹款目的和获得个性化政治推送，确保在选举日获得更多选票。

2006年，奥巴马还是伊利诺伊州一名新晋参议员，正在为2008年总统竞选四处奔走，他敲开Facebook联合创始人克里斯·休斯（Chris Hughes）的家门，希望在Facebook上推广自己。当时很少有人会料到此举竟极大地影响了选举结果。

2007年春，休斯正式加入奥巴马的竞选团队，担任网络推广项目负责人。在休斯的帮助下，奥巴马发起一系列网络活动，在Facebook、MySpace等社交媒体上发表公开演讲、推广施政理念，赢得大量选民支持，募集了5亿多美元竞选经费。

奥巴马团队的呼叫中心每星期在每个竞选州都会拨打5 000~10 000通简短电话，约1 000通时间较长的电话，通过这种形式不断修改对选民的算法模型和选情预测。奥巴马团队预测在俄亥俄州汉密尔顿郡的得票率为57.68%，实际结果为57.16%。对此，《麻省理工科技评论》用一句话总结：选民实际上可以被视作个体公民的集合体，每个公民都可以在个人维度上被测量和估量。

最终，奥巴马成为美国历史上第一位黑人总统。在这个过程中，以Facebook为代表的社交媒体厥功至伟，有人戏称奥巴马是"Facebook之选""社交媒体总统"。

从报纸到广播，从广播到电视，从电视到互联网，每种新兴媒体的出现都会为美国政治选举打上时代烙印。2015年，Facebook推出Facebook for Politics（脸书政治），实际上，社交媒体正越来越多地成为候选人投放广告的平台。没有比Facebook、Twitter、Instagram等社交媒体更方便、更精确地了解用户的平台了，大数据让定向广告真正有了用武之地。这导致美国的政治竞选规则发生重大转变，候选人虽然仍争着抢着在电视上露面，抢占媒体头条头版，但还有秘密武器随时随地掌握和影响着选民想法，那就是大数据。

今天，Ad Exchange（互联网广告交易平台）联系着需求方平台和供应方平台，通过接入供应方平台汇集大量媒体流量，搜集处理属于广告目标客户的数据，也使Ad Exchange成为精准营销的交易场所，比如谷歌的DoubleClick[①]等。候选人通过Ad Exchange，在恰当的时机买入符合需求的广告资源，再通过需求方平台将竞选广告推送给目标选民。

2012年美国总统大选时，奥巴马的竞选团队确定了三大目标：让更多的人掏更多的钱、让更多的选民投票给奥巴马、让更多的人参与。

---

① DoubleClick是网络广告服务商，主要从事网络广告管理软件开发与广告服务，对网络广告活动进行集中策划、执行、监控和追踪，2006年年底被谷歌以31亿美元收购。

竞选团队主管吉姆·梅西纳（Jim Messina）表示，在整个大选过程中，没有数据支撑的情况很少。实现三大目标需要运用数据对选民进行微观层面画像，即每个选民最有可能被什么因素说服？每个选民在什么情况下最有可能掏钱？什么广告投放渠道能最高效地影响目标选民？如何实现微观层面的画像？

为了筹集10亿美元竞选款，奥巴马的数据团队利用近两年时间搜集、存储和分析选民数据，并根据数据分析结果制订竞选方案。数据团队在大量数据分析的基础上，制定有针对性的宣传策略，短时间内筹集10亿美元竞选资金；制作了拉拢摇摆州选民的具体数据分析模型，找到最有效的拉票方法；做到对选情了如指掌，确定在竞选后期应展开活动的地点。

在大选过程中，谷歌执行董事长埃里克·施密特（Eric Schmidt）在奥巴马竞选团队配备、技术甄选和培训主管等方面起到重要作用，竞选团队主管吉姆·梅西纳等人也发挥了重要作用，他组建的分析部门的规模是2008年竞选时的5倍。在丹·瓦格纳（Dan Wagner）领导的分析部门，施密特也很有威信，这个部门帮助奥巴马拉到500万张选票。

瓦格纳认为，传统竞选拉票方法有一定的限制性，不可能照顾到每一个选民。在他成为2012年奥巴马竞选团队的首席分析官后，他们宣布了以大数据为中心的竞选策略。瓦格纳领导的数据分析团队整合商业和政治数据库，了解选民的真实想法，随后运用Facebook、电子邮件或登门拜访等独特方式与选民接触，并说服选民将选票投给奥巴马。具体方法有很多，比如社交网站Google+、Facebook，哪怕用户什么评论都没写，只要他们在相对正面或负面的言论或者链接上+1或者点赞，就立刻会被贴上相应的标签。如果用户倾向于反对奥巴马,则他的言论就会被跟踪和分析。此外,一些出现频率较高的民意会被捕捉,竞选团队因此能有针对性地调整竞选言论,以挽回这部分人群。他们就是这样通过科学技术影响那些面临选择的选民的行为,将数据优势转变为政治优势的。

分析部门还发现,影星乔治·克鲁尼对美国西海岸 40~49 岁女性来说有很大吸引力,她们是最有可能为了在好莱坞与克鲁尼和奥巴马共进晚餐而自掏腰包的群体。克鲁尼在自家豪宅举办筹款宴会,当晚筹得竞选资金 1 500 万美元。此后,当数据团队决定在东海岸物色一位对 40~49 岁女性群体具有相同号召力的影星时,发现莎拉·杰西卡·帕克(Sarah Jessica Parker,《欲望都市》女主角)的粉丝也同样喜欢竞赛、小型宴会和名人。于是,一场与奥巴马共进晚餐的竞争诞生了,她们竞相争夺在帕克位于纽约 West Village 的豪宅参加晚宴的机会。克鲁尼竞标打来的千万美元效应被成功复制到东海岸。通过对粉丝数据的分析,竞选团队成功地满足了她们与喜爱的明星共进晚餐的愿望,也让她们竞相掏钱捐助奥巴马。接下来,与奥巴马共进晚餐的竞标诞生:一个与他在帕克的私宅共赴一场晚宴的机会,公开售价是每位 8 万美元。

在整个大选期间,奥巴马的广告费不到 3 亿美元,罗姆尼的广告费近 4 亿美元却败选,因为奥巴马的数据团队投放广告的决策是经过详细数据分析后制定的。竞选团队成员表示,可以通过复杂建模找到目标选民,针对其购买和投放竞选广告。例如,目标选民是迈阿密戴德郡 35 岁以下的女性,那么就需要寻找覆盖她们的广告方式,因此,竞选团队购买《混乱之子》《行尸走肉》《23 号公寓的坏女孩》等 35 岁以下女性喜欢看的电视剧的贴片广告。芝加哥竞选总部表示，在电视渠道方面，2012年的广告购买效率较2008年提升14%。一项民调也显示，80%的美国选民认为奥巴马比罗姆尼让他们感觉自己更受重视。结果，在奥巴马筹得的第一个1亿美元中，98%来自小于250美元的小额捐款，罗姆尼的这一比例仅为31%。罗姆尼在大选当天遭遇的数据崩溃是竞选之路上压垮他的最后一根稻草。《连线》杂志还说，奥巴马竞选连任拉开帷幕时，他对4年前帮他入主白宫的69 456 897名美国人了如指掌。奥巴马竞选团队充分挖掘和运用数据，再一次取得了胜利。奥巴马利用大数据分析，不仅击败了竞争对手，而且实现了其最初的目标：让更多的人掏更多的钱、让更多的选民投票给自己、让更多的人参与。

在2012年总统大选结束后，施密特投入数百万美元留住数据分析团队核心成员，并成立Civis Analytics咨询公司，总部设在芝加哥，由瓦格纳负责运营，公司的20多个员工多是此前数据分析团队成员。该公司的"一站式数据工厂"创新方式帮助企业分析和运用数据，然后基于数据提出优化的建议。

创立Civis Analytics的想法源于瓦格纳在分析部门的经历和感受。瓦格纳在负责奥巴马竞选分析工作时发现，很多机构都遇到了数据问题，不论是政府还是企业，痛点是想通过数据感知和预见事实，然后进行关联以指导决策。公司的主旨就是帮助客户真正理解用户，并告知客户如何预测用户态度和行为。对企业来说，就是帮助其更深入地了解客户和潜在客户；对于政府部门来说，就是帮助其更深入地了解民众；对政治选举来说，就是帮助其更深入地了解选民。Civis Analytics的客户覆盖公共领域和私人领域，包括Airbnb、2020 US Census（美国人口普查局）和 Verizon（威瑞森电信公司）。

2014年，北卡罗来纳州众议员汤姆·提里斯（Thom Tillis）成功当选北卡罗来纳州参议员，他的成功被认为是使用非传统竞选方式的代表性案例，也有剑桥分析的功劳。提里斯的一个策略是，邀请Facebook用户参加在线心理测试，政治竞选顾问从而对每位选民的性格进行分析，之后再通过Facebook和电子邮件投放不同的政治竞选广告。

- 对在心理测试中被归类为"和蔼可亲"的用户，投放的是一则提里斯全程微笑的广告，主题是恢复"华盛顿共识"。
- 对在心理测试中被归类为"谨慎"的用户，投放的广告是一位戴着安全帽的工人在工作，提里斯的画外音是"我有让经济运转的经验"。
- 对在心理测试中被归类为"高度敏感"或"负面情绪过多"的用户，投放的广告是一位穿着迷彩服、脸上画着迷彩妆的军人，画外音是"你的安全是他的最优先事项"。

提里斯竞选的成功让美国两党在政治选举中试图使用选民信息左右选情的做法遭到批评，也被麻省理工学院研究团队专门收录为案例。华盛顿电子民主中心主任杰夫·查斯特（Jeff Chester）表示："我们从未有过像现在这样一个巨大的、无所不能的系统，一个能影响我们政治程序的系统。"

越来越多的个人化数据被滥用，但关键问题是，人们在这个过程中的个人决定可能受到外在影响，而自己并没有察觉。互联网公司及其广告主可以向人们投放罗马旅游广告,仅仅因为其搜索过"意大利",或在亚马逊上买过关于比萨斜塔的图书。不仅如此,互联网公司还将对用户行为和心理的数据研究用于影响选民的选择,从而潜移默化地向人们推荐某位政治候选人。

数据左右你的情绪

你在社交媒体上表达的情感可能会影响其他人的情绪。

1993年,美国社会心理学家伊莱恩·哈特菲尔德(Elaine Hatfield)提出情绪传染理论,他认为人类存在自发模仿身边人言行并将它同步为自身行为的习惯,将它指向情绪方面就构成了情感传染。一直以来,哈特菲尔德的理论并未得到广泛认可,主要原因是缺少一个用户数量足够大的实验来证明该假说。

2012年,Facebook首席数据科学家亚当·卡拉默(Adam Kramer)、康奈尔大学交流与信息科学学院教授贾米·古伊洛瑞(Jamie Guillory)和杰弗里·汉考克(Jeffrey Hancock)对689 003名母语为英语的Facebook用户秘密进行"社交网络大规模情绪传染"实验,在这些用户完全不知情的情况下,通过修改他们可以接触的好友新鲜事的情绪帖,研究情绪在社交媒体上的传播与扩散方式,以及是否可以侧面操控用户情绪。[1]

在为期一周(2012年1月11—18日)的实验中,Facebook在测

---

[1] KRAMER A, GUILLORY J, HANCOCK J. Experimental Evidence of Massive-scale Emotional Contagion through Social Networks[J]. Proceedings of the National Academy of Sciences, 2014, 111 (24).

试对象的页面上设置一些正面或负面的情感关键词，用户登录时首先看到的是消息推送，即一张状态更新列表，包含好友发布的消息和照片。Facebook 显示给每个用户的更新列表并不完整，即不包括所有好友的所有可能相关的消息，之后收集不同用户在其发布的消息中的行为表达。

但这种信息控制不是随机的，在推送消息之前，Facebook 已根据专有算法进行了筛选，没有人知道算法的标准，就像谷歌排名算法一样。具体方法就是算法调整和改变用户的信息流，过滤用户分享的内容，有选择性地让用户看到某些内容。

- 对一组人减少刷新好友新鲜事时显示的正面情绪帖占比。
- 对另一组人减少刷新好友新鲜事时显示的负面情绪帖占比。

简而言之，就是放大两种极端情绪，分析用户受影响的情况。

研究发现：朋友帖子中评论、视频、图片和网站链接的情绪化内容可以影响用户的心情。

- 朋友帖子中正面情绪帖呈现量越少，用户发布正面信息就越少。
- 朋友帖子中负面情绪帖呈现量越多，用户发布负面信息就越多。
- 那些在信息流中被剔除了正面情绪帖的用户会变得消沉，并越来越消沉。
- 那些在信息流中被剔除了负面情绪帖的用户会变得积极，并越来越积极。

同时，研究者还发现一种退出效果：越少接触情绪性帖子的用户，在接下来的时间感情流露越少。这与此前认为"阅读朋友Facebook正面情绪状态会带来负面影响"的观点相左。研究人员基于此认为，负面情绪的产生原因是接触正面情绪不足。

这项实验的研究论文《社交网络中大规模情绪扩散的实验证据》于2013年发表在《美国国家科学院院刊》上，该论文得出如下结论：

- 情绪可以通过情绪传染的形式传递给他人，使他人在无意识中感受到同样的情绪，进而在社交媒体上形成大规模情绪传染。
- 面对面的交流和非言语暗示并非情绪传染的必要条件，即情绪传染并不只有面对面才能实现，还可以经由社交媒体进行。
- 通过社交媒体一样可以改变一个人的情绪，能相互传染情绪，甚至词汇本身即足以改变一个人的情绪。
- 如果人们在Facebook上过度接触正面或负面情绪，他们就会被该情绪感染。

很多互联网公司所进行的类似研究都是在内部完成的，而且目的是完善各自的产品。随着社交媒体兴盛发展，人们普遍认为其能对群体情绪造成巨大影响，而Facebook用实验数据证实了这一点。

但是，Facebook实验过程因涉及操纵用户的好友消息推送而遭受质疑。大量用户和学界人士抨击这项实验在未经用户许可的情况下人为操纵其朋友圈的帖子，剥夺了用户选择参与或者退出实验的权利；被动接受负面信息的用户很有可能受到负面情绪的不良影响，体会到情绪感染导致的焦虑。美国数字隐私保护组织电子隐私信息中心（EPIC）向美国联邦贸易委员会（FTC）提起诉讼，指控Facebook通过改变用户信息流的方式"故意扰乱人们的思想"。英国信息专员办公室（ICO）表示，或将以涉嫌违犯数据保护法之名调查Facebook。

然而，真正让人感到恐惧的是，Facebook具备大规模操纵情感的能力，可以通过信息流轻易操纵人们的喜怒哀乐。Facebook获取用户数据和操纵信息流如此轻而易举，而几乎所有互联网公司都具备同样的能力。

牛津大学互联网研究所教授拉尔夫·施罗德（Ralph Schroeder）撰文，对大数据研究提出两种不同的导向：第一种研究为学术导向，第二种则是应用导向。两种研究都利用大数据增加对人类社会的理解：前者意图创造可推广的知识；后者则致力于向特定受众提供可应用的知识，从而影响用户决策行为。

对Twitter的类似研究也给予了佐证，即用户的正负面情绪与其在社交媒体接触的情绪呈线性相关。萨拉西等人在研究大规模在线社交媒体人类情绪波动时，采用统计方法研究积极和消极情绪在Twitter上的传播。研究结果显示：负面情绪经过Twitter传播会影响身边的人，甚至社交网络中其他距离较远的人。

加利福尼亚大学圣迭戈分校的一项研究分析了Facebook上从2009年1月到2012年3月美国100座大城市10亿条包含情感内容的信息（负面内容在阴雨天出现的概率更高），研究人员发现下雨天会直接影响用户Facebook状态中的情绪水平。人们对雨天的负面情绪会通过社交媒体影响远在其他城市、没有直接体验下雨天气的好友的情绪水平，也就是说"一个地区内人们的喜怒哀乐会感染网络那端的人"。该研究证实了情绪传染机制，并揭示了社交媒体在放大全球情绪中的重要作用。后续研究发现积极情绪也具有传染性。[①]

- 一个负面帖子会引发约 1.29 个帖子。
- 一个正面帖子会引发约 1.75 个帖子。

这些实验证明情绪可以在互联网上蔓延，互联网对产生情绪共鸣有推波助澜的作用。

如今，信息流和推荐算法无处不在，它们已不仅仅意味着我们在浏览什么，还在我们生活的很多方面起到关键作用。Facebook 的情绪传染实验只是简单校验了一下信息茧房的假说，结果却发现信息流可能影响人们的情绪。实际上，在购物、旅行、音乐等方面的选择上，我们都会被信息流左右。信息流影响了我们读什么新闻、看什么电影、买什么东西，而这些行为数据又被记录下来，成为自身画像的一部分，也成为算法构成的依据。从某种程度上讲，这一切都会让我们和信息流中的自己越来越像。

我们看到的信息是经过"策划"的，数据决定用户会读到哪些政论文章、看到哪些电影预告、与谁保持联系、收到谁的评论……

[①] LORENZO C, YUNKYU S, KRAMER A D I, et al. Detecting Emotional Contagion in Massive Social Networks[J], PLoS ONE, 2014, 9 (3).

| 数据操纵你的价格 |

近两年，"大数据杀熟"成为一个热门词。

杀熟自古有之，只不过在今天，互联网产品或服务的提供者在大数据支撑下分析用户习惯和使用记录，为用户量身定价，"让愿意花 10 元的人花 10 元，让愿意花 100 元的人花 100 元"，真正做到千人千价。

2018 年 3 月，网民爆料自己经常通过某旅行服务网站订某家特定酒店的房间，每间房每晚的价格长年在 380~400 元。偶然一次，他用朋友的账号查询，发现价格却是 300 元。随后，许多网民吐槽并晒出被大数据杀熟的经历。媒体经调查发现，在线票务、酒店预订、视频网站会员等网络平台销售都存在类似情况。还有网民反映，在某电影票订票平台上，用新注册的账号、普通会员账号和高级会员账号同时选购同一场次的电影票，最便宜的是新注册的账号，其次是普通会员账号，而用高级会员账号买票至少要比新注册的账号贵 5 元。

大数据让互联网公司从无差别的产品推送进化到个性化推送。根据每个用户不同的年龄、收入、消费习惯、兴趣爱好，以及购买历史、浏览历史等信息，进行差异化产品推送。每个人在自己手机客户端看到的推送信息都是不一样的，如果不做横向对比，根本不知道自己看到的信息与别人看到的不同。你是消费能力强的人，平台就给你推荐贵的商品，甚至直接搞差别定价，让你在购买同样的商品时支付比别人高的价格。有网民说，这是大数据的精准靶向坑人。

2015 年 1 月，微信正式向用户推送朋友圈广告，宝马、可口可乐与 vivo 手机是微信首批广告商。一些用户发现在微信朋友圈刷出了宝马汽车广告，另一些用户却刷出了 vivo 或可口可乐的广告。经统计调查发现，苹果手机用户收到的宝马广告最多，宝马广告只发送给19~50岁的一线城市用户，或在移动支付方面支出超过某个标准的用户。微信用户不满情绪因此暴涨，一些用户认为他们被归入较低的社会阶层，抱怨道："连腾讯都发现我只买得起可口可乐，而且我终生都买不起宝马。"

微信采用的是精准投放，微信算法可能根据用户头像判断他们有多好看、多成功，以及他们的朋友是谁来对用户进行归类。其实质是采用大数据"千人千面"之术，根据用户的个人资料、流量轨迹、购买习惯等信息建立用户画像，然后根据画像向其推荐产品或服务，制定相应的价格。这也被认为是中国数据歧视的起源。

数据歧视通常指互联网产品或服务的提供者在向不同用户提供相同等级、相同质量的产品或服务时，依据已掌握的用户个人信息、行为习惯等数据分析用户对价格的敏感程度，从而在用户之间实行不同的销售价格或服务标准。这一情况在国外早已出现，2000年，亚马逊开始了差别定价实验，其选择了68种DVD采取动态定价，根据潜在客户的人口统计资料、在亚马逊的购物历史、上网行为以及上网使用的软件系统确定不同的报价。例如，某一DVD对新用户的报价为22.74美元，而对那些对它表现出兴趣的老用户的报价为26.24美元。用户删除Cookie数据前后显示的价格不同。亚马逊CEO贝索斯在事后道歉称，这一切只是"实验"。

Facebook曾提供发送定向广告时排除特定种族、性别和家庭背景群体的服务，这对弱势群体来说可谓充满歧视的差别待遇，其恶劣影响更甚于杀熟。

比如，当大数据和算法判断求职者为男性时，为其推送高薪主管类职位消息的概率远大于同等条件的女性求职者；利用大数据计算参与恐怖主义活动的概率，并采取不同程度限制出行或监控的措施；在缺乏直接信用记录和数据的情况下，基于其他信息（如电话账单、教育背景、社交网络等）预估信用评分，最终导致特定群体无法申请小额贷款；银行降低某人信用卡消费额度的原因并非基于该持卡人的消费与还款记录，而是基于该持卡人被归为"同一类型"的消费者共同的记录与特征。

2018年7月，德国反垄断委员会发布"双年报告"，第一章的主题就是"算法与合谋"。报告认为，尽管定价算法能带来诸多益处，但定价算法可能导致潜在危害，导致反竞争效果，特别是合谋方式的反竞争效果。合谋是一种市场现象，即企业通过相互协调（比如协调价格或数量）获得高于正常水平的利润。因此，合谋行为会损害客户利益，不利于社会整体利益。在数据密集型行业，定价算法可以通过自动化协调行为使合谋更加方便，并在技术上促进合谋发生。企业可以设计算法，发布信号、协调统一政策、监控数据以及对合谋背离者实施自动化惩罚。比如，算法大大提升市场透明度，使竞争各方可以快速发现降价行为并实施报复，从而让合谋更为稳定。

在算法合谋之下，监管部门很难发现企业的合谋行为，很难确定协同行为是否实际发生，很难发现可能涨价的证据。"双年报告"还提出，算法在信息筛选和影响消费者行为方面还存在其他风险。比如，对算法进行调整以操纵评级系统，或者提供影响消费者决策的产品推荐信息。在反垄断领域同时存在排他性滥用与剥削性滥用风险。比如，当搜索排名算法被设计为排除竞争对手时，就会出现排他性滥用；当定价算法使用敏感性消费者数据实施价格歧视时，就会出现剥削性滥用。

搜索引擎操纵效应

美国哲学家兼评论家杰森·斯坦利提出，互联网是一款极好的宣传工具。只要在谷歌搜索"恐龙时代发生了什么"，用户就会在结果页面顶部看到一个固定化答案："《圣经》从数千年历史的角度给出一个用以解释恐龙的框架，包括恐龙生存年代之谜和恐龙时代发生了什么。在向儿童和成年人灌输几百万年的地球历史时，人们最常提到的就是恐龙。"这种搜索结果令人警醒，这说明谷歌可以受人操纵。一个组织可以巧妙地将其奉行的准则以搜索结果的形式呈现，占据搜索页面首要位置，而且这个结果在漫不经心的谷歌用户看来俨然就是"事实"和"真相"。这就像所有高明的宣传一样无所不能，同时又不露出丁点儿痕迹。

目前，全球用户规模最大的搜索引擎是谷歌。研究显示，大约 50% 的人都选择点击搜索引擎排名最前面的两个选项，超过 90% 的人点击了排在第一页的选项，并且很少有人查看其他结果页，尽管其他结果页数以千计。也就是说，谷歌通过操纵搜索引擎排名就能够影响人类的思想和认知。马萨诸塞州剑桥行为学研究中心的创始人、名誉主任罗伯特·爱泼斯坦将这一现象称为搜索引擎操纵效应（Search Engine Manipulation Effect，SEME）。2016 年，爱泼斯坦出版了《新型心灵控制》（*The New Mind Control*）一书，专门细致全面地阐释了搜索引擎操纵效应。

因为人们更可能阅读和点击搜索引擎排名靠前的条目，所以许多公司每年花费巨资改变谷歌的搜索算法——处理选择和排序的算法，以使公司的信息页面排名靠前一点儿，排到前几位是公司赢利的关键。

2012年美国总统大选激战正酣，在美国部分地区，若网民在谷歌搜索框中输入一名候选人的名字，便可看到其竞争对手发布的广告。罗姆尼还在Facebook上部署了类似措施。这一措施是为了帮助总统候选人赢得网民或社交媒体用户的关注，但也引发了争议甚至诉讼。

在用户搜索竞争对手时展示自家广告，在搜索引擎领域很常见。比如，谷歌允许广告主花钱将广告投放到竞争对手的品牌、产品和公司搜索结果的一侧。美国律师迈克尔·杨（Michael Young）将这种行为称作"品牌劫持"。

| 心理学家的选举实验 |

美国行为研究与技术研究所的一项研究显示，谷歌搜索算法可以设置选民优先看到的内容，进而影响其投票偏好。从统计学意义上看，谷歌影响选民的比例可以达到20%~80%。在美国总统大选历史上，约有一半的胜选者是以7.6%的微弱优势获胜，2012年总统大选的获胜优势只有3.9%，几乎在谷歌的可控范围之内。

2013年年初，爱泼斯坦和同事罗纳德·罗伯森（Ronald Robertson）进行了一次实验。他们将来自圣迭戈的102名志愿者随机分成三组：第一组看到的是支持一位政治候选人的搜索结果，也就是说，结果会链接到那些让这位候选人看起来优于竞争对手的网页；第二组看到的搜索结果偏向另一位候选人；第三组是控制组，人们看到的搜索结果是混合排序的，看不出支持哪一方。每组使用的都是相同的搜索结果和网页，唯一不同就是组别不同，搜索引擎排名就不同。

为了让实验更显真实，研究人员使用了真实的搜索结果，这些结果会链接到真实的页面。他们使用了真实选举——2010年澳大利亚联邦选举，他们招募的志愿者就年龄、种族、政治立场和其他特征而言，大体可视作美国选民的代表。实验使用外国选举是为确保被试不会出现预先决定的情况，因为大多数被试对两个候选人都知之甚少。

所有被试先有15分钟时间听取候选人的基本情况，然后被问对特定候选人是否信任、是否会投票给他。一开始，被试都没有特别青睐某位候选人，选票在三组人中均匀分布。然后，被试有15分钟可在网上搜索候选人信息，他们使用新开发的一个模拟搜索引擎Kadoodle，并能够看到5页搜索结果，上面显示了30个关于入围候选人的网站，其中15个与托尼·阿博特有关、15个与朱莉娅·吉拉德有关。被试可随意在搜索结果和网页之间切换，就像使用谷歌一样，但不同小组看到的搜索引擎排名不同。被试并不知道搜索引擎被操纵，搜索引擎排名会明显倾向于某位候选人。在最极端的情况下，被试会看到排在前面的15个网页全部是关于吉拉德的公开论坛、政治目标等信息，关于阿博特的相似的15条搜索结果则全部排在后面。搜索结束后，研究人员再问被试同样的问题：愿意给谁投票？

正如所预测的，被试花了更多时间阅读处于列表顶端的网页。但是列表顺序导致的差异性结果令人惊讶，支持率在向搜索引擎排名靠前的候选人靠拢，即排名越靠前的政治家越有可能获得选票。与两位候选人信息混合排列的对照组相比，带有偏向性的搜索结果使未做决定的选民中选择被偏向的候选人的数量增加了48.4%。另外，75%的被试似乎完全没有意识到其看到的搜索引擎排名是有偏见的。哪怕注意到了这一点的人也更倾向于把票投给被偏向的候选人。而在实验控制组，观点的变化并没有如此明显。

2014年，两位研究者又做了三次同样的实验，重复了第一个测试，让被试持续阅读带有偏见的排名、分析或其他搜索结果，不断重复，几周内他们的偏好就会相应改变。其中，第三次的被试样本是来自美国50个州的2 100名志愿者，他们都是在亚马逊劳动力众包网站Mechanical Turk上在线招募的，被选作美国选民的代表。在这个实验中，投票偏好的转向比例是37.1%，

更多的被试帮助研究人员确认了易受搜索引擎操纵的人群：离婚者、共和党人，以及对候选人不熟悉的被试。而更了解候选人、已婚或者年家庭收入在40 000~50 000美元的被试则很难被动摇。温和的共和党人最易受影响：被操纵的搜索引擎排名使打算给被偏向的候选人投票的中间选民增加了80%。

两位研究者通过实验还发现，通过只在第一页减少搜索结果的偏见，也就是在第三位或第四位加入一条偏向另一名候选人的搜索结果，就能掩饰操纵意图，没有几个人甚至不会有人意识到自己看到的排名是有倾向性的，实验仍能让被试的投票偏好发生显著转变，而且是在神不知鬼不觉之中。研究者表示，在有偏向的搜索引擎排名的帮助下，一位候选人可能会得到90%未确定意向的投票人的选票。

为了进一步验证前面几次实验的结论，在 2014 年年初印度人民院（下议院）选举首相时，两位研究者前往印度让真正的选民参与实验。

该实验使用了模拟搜索引擎，随机将被试分为不同组，每组看到的搜索引擎排名经过研究者设计为偏向某个特定竞选人。在实验前后，被试均被问到其投票偏好。研究人员希望发现：有倾向的搜索引擎排名是否可以改变选民的意见和偏好？如果答案是肯定的，将在多大程度上改变中间选民的偏好？

与澳大利亚选举实验中的被试不同，这次参加实验的选民都对候选人非常熟悉，如果以 10 分为满分，选民对候选人的熟悉度基本介于 7.7~8.5 分。在这种情况下，操纵搜索引擎排名可能不会产生显著影响。但是，实验结果仍出乎意料。

- 有偏向的搜索引擎排名可以改变 20% 甚至更多的中间选民的投票倾向。
- 这种转变在某些特定年龄段人群中比例甚至超过 60%。
- 搜索引擎排名偏好可以很隐蔽，99.5% 的被试完全没有意识到自己看到的搜索引擎排名是有偏见的，也就是他们是受到操纵的。
- 仅使候选人的搜索引擎排名高一点儿，就可使未做投票决定的印度选民投票给这一候选人的人数增加 12%。

另外，更多人搜索某一位候选人意味着其搜索引擎排名更高，这是个正向循环。

在现实政治选举中，很多选举都由于竞选团队实力不相上下，最终多数党以微弱优势取胜。因此，该实验的意义在于证实：仅凭操控搜索结果排名，搜索引擎公司便有能力影响选民决策，操纵竞选结果。2015年，两位研究者在《美国国家科学院院刊》和美国政治类报道网站"政治家"（Politico）发布详细的报告，记录了他们对搜索引擎操纵效应进行的前五次实验结果。研究者认为：

- 在控制民众观点及信仰进而控制大选结果方面，搜索引擎公司的能力最强。
- 搜索算法会根据自身某种运行逻辑，自动排列海量无序信息，将一个候选人推到搜索结果首页。
- 搜索引擎能影响20%尚未下定决心的摇摆选民，在特定年龄段人群中甚至能左右80%犹豫选民的决定。
- 如果搜索引擎公司有青睐的候选人，它就能通过操纵搜索引擎排名偏好轻而易举地操纵犹豫不决的选民，这是一个极其微妙但行之有效的政治操纵方式。
- 搜索引擎公司有可能影响甚至已经开始影响政治选举的结果。

如今，谷歌在搜索领域占据绝对统治地位，基本垄断了美国的搜索引擎市场。皮尤研究中心调查显示，83%的美国人使用谷歌上网搜索。

谷歌的搜索引擎操纵效应所产生的不可察觉的影响十分神奇，当人们面对被操纵的搜索结果时，完全察觉不出异样。一次又一次的实验结果证明，排名靠前的结果一旦与候选人偏好联系到一起，就会对那些犹豫不决的选民产生戏剧化的影响，一个简单的原因就是人们往往只点击热搜结果。

这些让人细思极恐：与阈下信息一样，搜索引擎操纵效应是不可见的力量；与阈下影响不同，它的影响更大。如今，搜索引擎所影响的领域并不仅限于购物和投票。已有证据表明，最初几乎所有人都没有注意到它，但是今天我们所做的每个决定几乎都会受搜索引擎排名的影响，它影响着全球互联网用户的观点、信仰、态度和行为，而人们完全没有意识到这一点。现在，一些人有组织地通过搜索生成支持某个观点的结果，颠覆没有坚定观点的百万用户的看法。在许多实验中，带有偏见的搜索结果改变了33.9%的人对"水力压裂"（富有争议的天然气开采方法）的看法。

搜索算法每天都在回应人们的查询，它从数十亿网页中挑出一些网页，并且用加密算法排列网页。几秒之后，人们做出的决定或者形成的观点（使用哪款牙膏、"水力压裂"是否安全、该去哪里旅行、谁会做最好的总统、全球是否真的会变暖）都取决于呈现在其面前的短短的列表框，他们甚至都不知道列表框是如何生成的。如果，你在谷歌搜索栏中输入"唐纳德·特朗普 移民"，搜索结果会显示特朗普的言论、游说过程的新闻短片，以及支持和反对特朗普观点的所有文章。谷歌算法的校准方式将决定网民能否看到上述所有内容，而且也很容易看出将网民引向某个特定方向会对他们的看法产生怎样的影响。

也有人会说，搜索结果排名前几位的信息可能只会轻微影响人们对一些事物的看法，有时零星的几个百分点微不足道。但是，现实的政治选举往往靠不到1%的差数获胜。如果80%的合格选民可以上网，并且他们中的10%是中间选民，搜索引擎操纵效应则可以让投票给一个目标候选人的中间选民数增加 25%。只要预期获胜差数在 2% 或 2% 以内，操纵搜索引擎排名就完全可以决定投票结果。

美国总统大选的胜负边界很小，超过一半总统大选的胜负差在 7.6% 以内，2012 年大选胜负差只有 3.9%。微小差距完全在操纵范围之内。谷歌上万名程序员每天都在调整算法，相当于每分钟都在操纵使用谷歌的数亿美国人。最能决定谁当选美国下一任总统的不是竞选纲领、电视广告和演讲，而是搜索引擎。科学家们研究认为，这种操纵开始深入思想和选择层面，搜索引擎操纵效应已成为人类最大的行为影响手段。

| 操纵大选的可选模式 |

谷歌到底有没有偏向过某个候选人呢？2012 年美国总统大选，谷歌连同其高管团队向奥巴马赞助了 80 万美元，而仅仅捐赠给其竞争对手罗姆尼 3.7 万美元。2012 年，由马里兰大学及其他成员组成的调查小组指出，谷歌的搜索结果一贯偏向民主党候选人。美国联邦贸易委员会在 2012 年的一份内部报告中称，谷歌搜索结果会将谷歌的经济利益置于其竞争对手之上，而欧盟和印度针对谷歌的这种行为展开了一系列反垄断措施。

在许多国家，人们对谷歌的极度信任加之缺少竞争环境，将其推向了一个可以对选举造成影响的独特位置。搜索结果排名这门生意是不受任何监管的，谷歌无论偏爱哪个候选人都不会触犯法律。它的独特影响力并不仅限于美国本土，在绝大多数国家，90% 以上的搜索是通过谷歌完成的。这让谷歌获得了甚至比在美国本土更强的能力控制各种选举。

爱泼斯坦和罗伯森统计发现，现在的谷歌能在不被人察觉的情况下操纵全球 25% 的国家大选。实际上，不管谷歌的执行官们有没有预谋过，谷歌的搜索引擎排名已经影响了各种大选许多年，而且这种影响力逐年递增。因为搜索引擎排名是转瞬即逝的，不会在纸上留下痕迹，这也给了谷歌事后拒不承认的方便。

令人忧虑的是，美国公司高管和政治家们越来越多地使用这种微妙且让人察觉不到的办法，改变民众的思想、情感和行为。诸多研究者认为，有三种模式可让互联网公司操纵数据轻易影响甚至决定大选结果。

• 西联模式

互联网公司先确定一个最符合美国利益和公司利益的候选人，然后将其人为设定于搜索结果、热搜榜、话题榜等最靠前的位置。这种事情历史上有过。在电报时代，西部联合电报公司曾主导美国电报行业并试图影响政治议程。比如，为国会大厦安装线路，议员们可以免费使用电报系统；与美联社结成联盟，美联社可低价使用专用电报线路，作为回报，美联社保证其与下属媒体绝不会以任何形式鼓励或支持对电报公司不利的言论。在 1876 年美国总统大选中，美联社西部分支负责人史密斯动用各种力量支持当时名不见经传的俄亥俄州州长拉瑟福德·海斯，使用一切手段保证海斯只有正面消息出现在报纸上，成功使其成为共和党候选人。西部联合电报公司给予史密斯高度权限，帮其拦截并获取民主党高层的大量电报，史密斯将这些秘密信息传递给海斯，最终帮助海斯当选美国第 19 任总统。

今天，互联网公司要想影响大选结果，无非是捐款给候选人，并利用科技手段保证其获胜。在 2008 年、2012 年美国总统大选中，谷歌与奥巴马结盟。如今，互联网公司控制的信息量是西联无法比拟的，只要它愿意，效果远比西联强劲。

2018 年 9 月，美国白宫方面表示正在起草供特朗普总统签署的一份行政令草案，该草案将要求在行政令签署后 1 个月内提出"保护在线平台市场、消除在线平台偏见"的建议，并彻底调查谷歌、Facebook 等科技公司。长期以来，共和党议员和右翼团体一直质疑 Twitter、Facebook、谷歌等科技巨头存在偏见，反对保守党并宣扬民主党或激进的政治观点。特朗普也曾多次公开指责这些公司在网上压制保守派的声音。

• 米尔纳模式

互联网公司内部任何一个拥有足够权限的员工都有可能做手脚，更改搜索引擎排名。马吕斯·米尔纳（Marius Milner）是谷歌的一名工程师，2010 年开发了一项技术，让谷歌街景车能够获取用户重要隐私。它不仅能拍摄街景和定位无线网络，还能记录用户的电脑地址，甚至包括私人电脑发送的未加密邮件、上网记录、文本信息以及密码。后来，米尔纳被美国联邦通信委员会指控，谷歌坚称这是米尔纳的个人行为。谷歌有 3.7 万雇员，其中不乏顶级软件工程师，他们动动心思（如同灭霸无限手套，只需打个响指）就能影响全球用户的投票倾向。因此，"流氓员工模式"无法完全阻绝。

2018 年 9 月，《华尔街日报》获得了谷歌一些内部讨论邮件。邮件显示，部分员工曾建议人为操纵搜索引擎排名，突出显示支持移民政策的组织，或者突出向美国公民自由联盟（ACLU）等公益机构捐款的链接。与此同时，美国白宫起草了一份特朗普签署的行政命令，联邦反垄断和执法机构将调查谷歌、Facebook 和其他社交媒体公司，以确保没有网络平台能够以损害消费者利益的方式行使市场权力，包括通过使用偏见。

- 算法生成模式

在这种情况下，互联网公司及其员工都是无辜的，算法会根据自身某种逻辑自动排列海量的无序信息，将一个候选人推到搜索引擎排名前列。此时，选举总统的不是选民，而是数据算法。

谷歌经常调整显示相关搜索结果的算法，有时候秘密进行，有时候公开进行。搜索咨询公司 Yoast 的创始人乔阿斯特·瓦尔克（Joast Valk）曾为《卫报》工作。他透露，所有搜索引擎优化（SEO）专家都表示，他们会在搜索引擎排名算法中将相对 CTR（点击通过率）作为参数。比如，对于给定的 10 个结果页，希望前 5 个具有一定的 CTR。如果某个链接获得的点击次数比预期的多，那么该链接排名会更靠前，以便工作人员观察该链接是否仍然会继续保持高点击率。虽然谷歌不愿承认，但它确实使用了 CTR 作为参数。各种测试都表明，主题越热门，点击率越高。

搜索引擎存在政治偏见，可能体现于搜索引擎和被搜索信息的关系：网页能否收录于搜索引擎结果，又能够被给予怎样的排名。这两个过程中算法的不公开性都会为政治偏见的产生提供温床。大多数搜索者并不了解搜索引擎的收录和排名机制。信息不对称使得搜索者无法做出理性的决策，他们只会根据偏好或者随机进行选择。

搜索引擎排名如此重要，它不应该单由市场控制。搜索引擎是市场的市场，当人们搜索一条特定信息时，实际上是处于信息市场。而搜索引擎会在信息市场倾向于选择突出更受欢迎和金钱能力更强的网站。如果单单由市场控制，这种偏见问题会更突出。

目前，谷歌有60多个网络平台时时刻刻收集着人们的信息。Gmail邮件的用户也大多不在意自己所写的每封邮件甚至未发出的草稿——还有他们从Gmail与非Gmail用户那里收到的信件——被谷歌储存并分析。如果谷歌意在控制一场选举，那么它可以识别那些还未做出决定的选民，然后它就可以为这些人推送有利于某个候选人的定制排名。

| 谷歌炸弹集体引爆 |

"谷歌炸弹"是一种搜索优化方式，也就是常说的搜索引擎优化。它利用搜索引擎的算法规律，将网站、字段、图片与特定关键词联系在一次，让预设内容得到更靠前的搜索引擎排名。

由于影响搜索结果的因素众多，有时候，一些很微妙的语言会导致我们没法预测的搜索结果出现。

如今，干扰Twitter热门话题或者Facebook新闻动态已成为许多人的一种乐趣。任何人只要花5美元就几乎能在所有主要网站上轻而易举地买关注者、点赞数和评论量，这背后的经济和政治动机显而易见。但是，除了势力强大的水军，还有一大群毫无目标的人参与其中。

"比萨门"是2016年美国总统大选期间出现的阴谋论，这个阴谋论已数次被反驳，包括警察部门。但是，人们创造了许多跨网络平台"马甲"的虚假账号，巧妙地影响媒体和其他团体，引发他们对精心设定的问题、博文和网络视频的关注。

这种编造并不是为了让媒体信以为真，而是让这些媒体通过大量自有宣传渠道否定它。这样就会产生"反向效应"，如此那些不相信媒体的人就会认定其中必有一些阴谋论，进而鼓励一些人自发调查。接着就有铺天盖地的评论要求"打开窗口"，或者说扩大公共讨论话题的尺度。媒体会被诱骗去散播问题事件。推荐引擎会被用于向问题事件的被动接受者推送更多相关内容。

| Facebook 的操纵方法 |

Facebook 如果要影响美国总统大选投票，至少有五种方式。2016年秋，由于该平台在全球拥有约 20 亿用户，包括 72% 的美国成年人，如果采用这五种方法，它就会对美国的选举造成显著影响。

• "热门框"

美国科技博客网站 Gizmodo 报道引用了一位匿名者的话，他曾在 Facebook 的"馆长"团队，这个团队决定哪些故事将出现在"热门框"（页面右上角），"热门框"显示的是"最近在 Facebook 上人气飙升的主题和标签"。"馆长"团队不仅系统地阻止保守党故事上热门，还设置了一种算法替代人工来阻止保守党上热门。他认为没有证据证明 Facebook 高管参与其中，团队偏颇的选择可能只是其成员组成的结果——他们主要来自常春藤大学。

"热门框"怎么影响选票呢？研究表明，当人们对一个问题犹豫不决时，一个可靠的信息来源可以轻松地影响他们的决定。一些群体对这种操纵特别敏感。一个有偏见的信息来源比有偏见的新闻更能影响人们的心理，因为人们从心底里认为像 Facebook 这样的信息平台是不偏不倚的，而新闻可能会受政府影响。越多的人信任信息来源，网络平台的影响力就越大。Gizmodo的揭露表明，在选择过程中，人们也参与其中，这意味着存在偏见和操纵。

- 中心新闻源

Facebook页面中心是头条新闻，它有比"热门框"更大的影响力，因为Facebook有时会把一个热点固定到新闻的顶部，从而显著提升其影响力。Facebook工程师会对其算法做出一些修改，是否带有偏见，外界不得而知。Facebook已成为美国极具影响力的新闻来源之一。衡量人们信任企业和政府水平的爱德曼信任度调查显示，74%的被调查者表示他们信任高科技"会做正确的事"，网上新闻资料库（如Facebook）的新闻源比报纸更值得信赖。

- 搜索栏

Facebook不是一个搜索引擎，但其页面顶部有一个搜索栏。中国的微博、微信、今日头条等也都有搜索栏，并有各种热搜指数。尽管Facebook用户主要用它寻找其他用户，但是它在2016年提出鼓励用户在搜索栏中搜索"2016年美国选举"。用户搜索后，页面将出现与选举有关的材料和新闻提要，排列顺序完全由Facebook控制。

- 选择性"出门投票"提醒

俄亥俄州立大学的政治学教授罗伯特·邦德（Robert Bond）、社会学家詹姆斯·福勒（James Fowler）等于2012年在《自然》杂志发表论文《一个6 100万人的社会影响力和政治动员实验》，研究了信息投放对政治动员的影响。实验发现信息投放影响了数十万用户的政治交流、信息检索和选举行为。

在 2010 年中期选举日当天，Facebook 向超过 6 100 万用户发出投票提醒。Facebook 将这 6 100 多万用户分成三组，第一组接收鼓励投票的信息，有 60 055 176 个用户；第二组接收中立信息，有 611 044 个用户；第三组不接收任何信息，有 613 096 个用户。因为 Facebook 想鼓励投票，所以第二组和第三组的占比不大。

当日，第二组用户收到"今天是选举日"提醒（中立信息），那是一个简单的页面，上有一幅带有投票字样的图片和"我投过票"的点击按钮，并允许用户查找最近的投票点。第一组用户收到的是微调后的页面，除了与第二组显示了相同信息，还增加了 6 个已经点击过"我投过票"按钮的用户好友头像，目的是告诉用户他们的朋友投了票，以此鼓励用户投票。这个小小的微调增加了 34 万投票者。研究者认为，收到投票激励信息通知的用户比收到一般性通知的用户的投票率高 0.9%。

同时，Facebook 用户一旦在朋友圈发布一条自己已投票的信息，往往会影响他们的好友，哪怕好友并没有收到 Facebook 推送的投票激励信息。由此，投票激励机制直接增加 6 万张选票（相较于其他样本组用户），而涟漪连锁效应可能又增加了 28 万张选票，总共是 34 万张选票。也就是说，这使 34 万本来没计划投票的人投了票，否则选举就会少 34 万张选票。2012 年，他们再次进行了同样的实验，最后多了 28 万投票者。可见，Facebook 页面细小的改变能促使成千上万的用户行为发生改变，而且这些细小改变也能影响选举，甚至能影响总统竞选结果。[1]

---

[1] http://www.nature.com/nature/journal/v489/n7415/full/nature11421.html#auth-2

2012年美国总统大选期间，Facebook在近200万用户的新闻动态中增加硬新闻，并用"我已投票"和"我是选民"图标鼓励选民社交圈的朋友也参与投票。这一操纵使得全美范围内的选民投票率增加了0.4%。[1] 就投票而言，看来的确存在从众效应。可见，Facebook正向的新闻推送可以把用户流量导向或导出任何新闻或政治网站，这种能力让Facebook在互联网上拥有完全不对称的巨大影响力。哈佛大学贝克曼互联网研究中心主任、社会理论学家乔纳森·兹特瑞（Jonathan Zittrain）于2014年发表论文，将这种做法称作"数字化划分选区"，他对此感到担忧：假设Facebook决定帮助某一候选人获胜，它就可能会在竞选胶着之际对支持某候选人的用户发送投票推送，那么这就完全可能改变选举结果。比如，2000年美国总统大选，佛罗里达州选区起胜负决定作用的仅是537票。

• 选择性选民登记提醒

在2016年美国总统大选中，Facebook新闻来源的顶部一直固定着"登记投票"提醒，主要是为加州6月7日初选做准备。美国2.18亿合格选民里有1/3（约7 200万）还没有登记投票，其中72%可能是Facebook用户，如果Facebook只发送提醒给赞成某个候选人或政党的人，5 200万人中会有多少在Facebook的督促下去登记投票呢？数量肯定相当可观。

上述五种操纵方式都是短暂的，在人们眼前一闪而过，对他们产生影响，然后永远地消失，不留下任何记录。这些方法都是合法且隐形

---

[1] MICAH SIFRY. Facebook Wants You to Vote on Tuesday. Here's How it Messed with Your Feed in 2012[J].Mother Jones, 2014(11).

的。事实上，如果一个总统候选人比起其他候选人来说对公司而言更好，那Facebook高管是否有信托责任使用这些方法？

Facebook清楚地知道自己该支持谁，因为人们在Facebook主页发布的内容、发送的消息、点击的热门事件和新闻，以及在WhatsApp上发送的信息、在Instagram上点赞的内容全部都在Facebook的掌握中。Facebook几乎所有收入都来自针对性广告，人们甚至可以在Facebook上购买目标为特定政治团体的广告。如果Facebook对总统大选没有偏好，它也就没有操纵的动机。但事实是，扎克伯格曾公开发表对共和党候选人特朗普的消极评论，数据也显示Facebook员工对民主党候选人希拉里的偏好。

选举政治在很大程度上是一种营销手段，政治家开始利用个性化营销能力区别跟踪投票模式，以更好地销售候选人或政策立场。候选人和利益团体可以为特定类别的人群创建广告和筹款需求。他们向一组人推送令人愤怒的广告，向另一组人推送基于充分考量的广告。他们也可以选择在选举日微调动员投票活动，并且更有效地在选区之间重划选区。这样使用数据可能会对民主和投票产生根本性影响。数据操纵将变得越来越隐蔽，以至于我们都不知道自己正被操纵。

| 社会工程处 |

2016年以来，人们对虚假信息、宣传、信息操纵和伪造的关注日渐增加，这种广泛的现象被称为敌对的社会操纵，是指有目的的系统生成和传播信息，通过影响信仰、态度和行为给目标国家和地区的社会、政治和经济带来不利的后果。从人工智能到个性化消息推送等新兴技术

的交汇，为社会操纵提供了条件。① 为了解决社会操纵问题，有外国研究机构提出了社会工程解决方案。

俄罗斯新成立的研究机构"社会工程处"（Social Engineering Agency）自称致力于政变与颜色革命课题的研究，并提出"颜色革命方法论"——第一个从国外组织角度系统研究国家政变的方法，研究了抗议基础设施、革命营销等重要因素。"社会工程处"指出，在21世纪，每年有多达12次颜色革命的尝试。软实力中的非对称信息技术已成为全球外交的主要工具。为了有效应对这些挑战，俄罗斯需要镜像和非对称对策。为此，"社会工程处"撰写的《颜色革命的方法》详细分析了21世纪发生的36次颜色革命。该书指出，约有一半的颜色革命导致现有制度更迭，这显示了软实力的高效率。俄罗斯国家杜马国际事务委员会主席列昂尼德·斯卢茨基（Leonid Slutsky）对"社会工程处"的成立表示支持，希望其制定打击颜色革命的措施。② "社会工程处"指出，信息对公共意识的操纵发生在潜意识层面，因此要通过社会工程方法识别和改变社会自我意识的组织过程。为此，"社会工程处"提出了新的工作方法和目标，将其命名为"颜色革命方法论"。

• 社会工程学

对特定社会或特定人群的社会和历史进行分析和解码。二三十年前，这种社会代码转换的过程需要花费数十年，在苏联时期甚至需要

---

① 卢垚. 虚拟社会战争的新兴风险——变化信息环境中的社会操纵 [J]. 信息安全与通信保密，2020 (02)：26-32.

② https://sea.com.ru/en/cases-en/social-engineering-agency-presented-the-color-revolution-methodology

几代人的时间才能系统地完成。今天，我们使用现代化媒体和心理学，可以了解社会操纵方法取得了何种重大进展，发现病毒技术为何会在过去几天吸引人们参与抗议活动。因此，对政治环境中不断出现的挑战做出灵活有效的反应从未像现在这样重要。及时识别各类政治风险，最小化可能的负面后果以及将威胁定位到本地的时间是国家政治的关键任务。因此，在政治威胁发展的早期阶段，人们就要将其识别，找到其中的主要诱因，并开展更高层次的分析，制定有效的防御和正确的反击策略。[①]

- X射线分析

人们每天都会收到兆字节的信息内容，而这每天都在塑造他们的意识。在大多数情况下，许多信息是伪装的，具有双重目的，并且分发该信息的组织和媒体具有某种诉求，甚至政治研究人员常常也不了解这些信息传播过程的真正内幕。人们各自选择自己的行动策略，由此形成了整个社会的政治幻想。"社会工程处"将帮助分析人们所在地区的社会，确定外部影响的矩阵，锁定最脆弱的地方，制定并实施应对计划。

数据操纵幕后公司

美国、以色列、意大利等国家出现了许多数据操纵服务商，从数据监视到数据操纵，技术先进、运营隐蔽、人脉广泛，为各国政府

---

① https://sea.com.ru/en/capabilities/

和企业提供全方位服务。比如，英国非政府组织隐私国际（Privacy International）于 2016 年发布的报告指出，总部设在以色列的数据监控公司约 27 家。如果按照人口计算，人口仅 800 万的以色列是全球人均拥有数据监控公司最多的国家。以色列每 10 万人就有 0.33 家数据监控公司，美国该数据则只有 0.04。这些数据监控公司不仅替客户监视舆论，还秘密操纵舆论，成为全球诸多政治选举幕后的操纵力量。

| RapLeaf |

RapLeaf 是一家数据采集和追踪公司，由来自硅谷的企业家奥伦·霍夫曼（Auren Hoffman）等人于 2006 年在西雅图联合创立。该公司最早从 PayPal 联合创始人及 Facebook 投资人彼得·蒂尔等知名硅谷投资人那里获得了 100 万美元投资。RapLeaf 最初的业务只是提供一种让商业交易双方在网上为彼此打分评级的服务。创立后不久，它便开始从社交媒体搜集信息，创建网民数据库，建立自己的人肉搜索引擎，并向一些公司提供其电子邮件库的用户数据。该公司能将社交媒体资料与电子邮件地址等数据匹配。

截至 2010 年，RapLeaf 已索引超 10 亿个独立电子邮件地址，并以每月 3 500 万个的速度增长。在全球金融危机和经济衰退的背景下，RapLeaf 原有的核心业务——为客户提供电子邮件地址的服务开始萎缩，此时网络数据追踪业务渐渐兴起。RapLeaf 找到了新机会：将与人相关的数据库和安装在用户电脑的 Cookie 关联，帮助客户有针对性地精准投放广告。

为此，RapLeaf 与需要用户将电子邮件地址作为注册登录信息的网站合作，安装专用的 Cookie。当用户登录这些网站时，Cookie 会将该用户的注册信息发送给 RapLeaf，它就可以在电子邮件地址档案库中寻找与之匹配的资料，找到这个用户，再记录用户资料。2010 年，RapLeaf 曾利用 Facebook 数据构建自己的数据库。它通过 Facebook、MySpace 等获取用户数据后，会将数据发送给与之合作的广告公司。

面对 RapLeaf 的 Cookie，"潜水""马甲"毫无用处，用户无所遁形。2010 年 9 月，美国新罕布什尔州，国会中期选举初选的前两个星期，67 岁的琳达·托姆博雷（Linda Twombly）发现自己的电子邮箱、常访问的网站充斥着共和党参议员候选人吉姆·本德尔（Jim Bender）的竞选广告。这些竞选广告并非无的放矢，因为 RapLeaf 为民主党和共和党同时提供有关潜在选民的档案信息。托姆博雷被 RapLeaf 准确定位为"保守派、对共和党政策感兴趣、喜欢《圣经》、对政治与环境事业有所贡献"，于是她遭遇了本德尔竞选广告的持续轰炸。更令人吃惊的是，RapLeaf 不仅知道托姆博雷的政治取向，甚至知道托姆博雷及数百万美国人的真实姓名和电子邮件地址等信息。

托姆博雷的数据资料是 RapLeaf 庞大数据库的冰山一角，共和党和民主党都能对其加以利用。因为托姆博雷用电子邮件地址在 RapLeaf 的合作网站注册后，RapLeaf 便可用至少 26 个分类与其匹配，包括收入范围、年龄范围及对《圣经》、厨艺、手工艺、农作物种植和野生动物的兴趣。RapLeaf 随后将其信息发送给至少 23 家数据挖掘公司和广告公司。比如，把 Facebook 用户身份码发送给至少 12 家公司，把 MySpace 用户身份码发送给 6 家公司。

RapLeaf 不仅拥有 10 亿个电子邮件地址，还能收集用户的真名实姓。《华尔街日报》曝光的文件显示，RapLeaf 把用户资料归纳为 400 多个类别，包括家庭收入范围、年龄范围、政治倾向、性别、家中孩子的年龄，以及用户对宗教、赌博、烟草、成人娱乐以及致富门路等话题的兴趣，等等。《华尔街日报》曾破解 RapLeaf 的一份个人档案：戈登·麦科马克是新罕布什尔州阿什兰市的 52 岁居民，档案还描述了麦科马克的收入区间、汽车数量、对园艺和披头士乐队的爱好，以及喜欢玩网络游戏《黑帮战争》(*Mafia Wars*) 等，均与实际情况相符。由此，RapLeaf 将麦科马克定义为一个喜欢网上交友的人。

政治团体是 RapLeaf 最早的客户。在 2010 年激烈的中期选举中，部分政治团体购买了 RapLeaf 的服务。共和党网络活动战略师罗伯特·威灵顿（Robert Willington）参与了本德尔在新罕布什尔州的竞选活动，他说："我们以前通过邮件'轰炸'他们的家庭，如今我们借助网络广告来'轰炸'。"民主党政策顾问克里斯·勒哈恩（Chris Lehane）在 2010 年曾利用 RapLeaf 的数据在加利福尼亚州组织了一场反对改革该州汽车保险费率提案的活动。RapLeaf 通过数据分析发现，在加利福尼亚州南部约有 20 万居住在郊区的 40 岁以上的女性，她们对提案倾向不明，是可以争取的摇摆选民。勒哈恩认为，尽管州议会投票通过了该提案，但对方阵营仅以 4 个百分点的优势胜出，这说明 RapLeaf 是很有效的。在类似的对抗中，将信息传递到每个选民非常重要。据统计，仅 2010 年第三季度，RapLeaf 就参与了约 10 场政治活动。

| Ntrepid |

Ntrepid 2010 年 10 月注册于美国佛罗里达州，年营业收入为 15 亿美元。2011年，美军中央司令部与洛杉矶新成立的Ntrepid内定签署了276万美元的"在线角色管理"招标合同，帮助美军使用大量虚假在线用户身份，影响网络言论并传播亲美观念。美军中央司令部称，该项目专门在美国以外渗透和影响海外疑似恐怖分子和极端分子，执行"反暴力极端主义和敌方宣传"。每个美军账号能同时操纵10个马甲账号，每个马甲账号均具备高可信度的背景、历史和细节支持，并且不会被人追踪到服务器，因为IP信息显示为来自世界各地。这些假网民与其他网民互动，最终引诱目标相信并接纳他们。该软件主要针对阿拉伯语、波斯语、乌尔都语和普什图语网站，有50名美军操作软件。美军还曾委托布兹·艾伦·汉密尔顿公司（斯诺登的东家）开发名为"金属齿轮"的软件，它也在社交网站扮演普通网民。

美军中央司令部发言人比尔·斯皮克斯（Bill Speaks）中校表示，该项目是为了在外语网络上抵制极端主义思想，旨在帮助部队建立和维持一些在线网民身份，通过制造这些网民在世界各个角落登录和发帖的假象，诱使极端分子接纳他们进入聊天室和论坛。也就是利用"美国本土以外的秘密社交活动来对抗极端分子的暴力思想和敌方宣传"，但该行动从未针对英语国家，因为这与美国国内法矛盾。

实际上，Ntrepid为美军提供的是一个网络水军系统，其自称是国家安全领域的网络运用、分析、语言学和监控的软件开发、硬件开发和服务提供商。Ntrepid的首席技术官兰斯·科特雷尔（Lance Cottrell）是互联网密码与隐私保护专家，也是匿名者公司的创始人，该公司公开招聘情报分析师等敏感岗位。

Ntrepid的高管还包括理查德·赫尔姆斯（Richard Helms）。赫尔姆斯在美国中央情报局预防风险领域服务了30年，是一位阿拉伯问题专家，于1999年退休。"9·11"事件后，他于2001年创立了专注于信息安全和风险预防的Abraxas公司，帮助政府和私营企业抵御潜在的威胁。其开发的视频监控系统TrapWire被伦敦警察厅、唐宁街10号、白宫以及很多跨国公司使用，其主要功能是识别出那些多次到建筑设施附近踩点的恐怖分子，可以将视频监控与不同时间、空间的多种数据相关联。

Abraxas公司的员工大多是美国中央情报局前资深探员。匿名者公司的高级员工也全都到了Abraxas，之后Abraxas才创办了Ntrepid。不过，Ntrepid也可能是一家壳公司，幕后可能是美国西海岸最庞大、历史最悠久的电子防务公司Cubic。Cubic 2010年以1.24亿美元收购Abraxas，它的创新副总裁艾米·克鲁斯（Amy Kruse）在2005—2010年曾任美国国防部高级研究计划局的防务科学办公室项目经理。

| i360 |

美国共和党的数据库主要有两个：一是共和党全国委员会建设的官方数据库，二是i360第三方数据库。i360是共和党重要的选民数据收集和分析公司，拥有2.5亿美国人的数据，由麦凯恩竞选总统时（2008年）的首席技术官迈克尔·帕尔默（Michael Palmer）创建，2011年与美国亿万富豪科赫兄弟及其保守派捐款人网络出资建立的数据非营利机构合并。《时代》周刊如此描述i360：它知道你家里买的肉比蔬菜多，知道你家门廊上是否插着一面美国国旗、你家院子里是否有政治标识，知道你家拥有什么车、你家是否养猫……它能比你的配偶更准确地预测你将为谁投票。

杰布·布什（Jeb Bush）、泰德·克鲁兹（Ted Cruz）和约翰·卡西奇（John Kasich）选择使用 i360 Walk 应用。i360 Walk 搭配一个电话功能界面的 i360 Call，使用语音 IP 系统，让工作人员通过电话进行催票拜访的回访变得成本更低、更便捷。i360 Walk 仅向共和党候选人开放。美国共和党高官曾称："该公司是美国政坛最重要的非党派政治玩家。"亲约翰·卡西奇的超级政治行动委员会"美国新天地"（New Day for America）政治主任戴夫·卢凯蒂奇说："不用电话线，我们只需要在 iPad Mini（一款苹果平板电脑）上安装我们的呼叫中心。"

科赫兄弟数据网络还有一个机密组织，专门负责收集民主党方面的机密选民动员计划，也可通过检查民主党对手在社交媒体上发言所带的地理位置信息来追踪对手的行踪，收集民主党团体与候选人的黑资料。该组织的负责人是资深共和党调查员迈克·罗曼（Mike Roman），组织内有多位美国中央情报局前成员。特朗普团队曾要求一直以来支持共和党的 i360 帮忙，但被拒绝，因为科赫兄弟不喜欢特朗普。

| Definers |

咨询公司 Definers Public Affairs（定义公共事务，简称 Definers）与共和党关系密切，也曾被 Facebook 雇用。Definers 自称将经过验证的政治竞选沟通技术转化为服务企业、贸易协会等，能建立和影响媒体叙事，改变公众舆论，为客户的公共关系和政府事务工作提供威力足够强大的弹药。2017 年，长期从事共和党政治活动的蒂姆·米勒（Tim Miller）在旧金山湾区成立 Definers。米勒精通对反对者的研究和打击行动，善于追踪关于客户政敌的破坏性情报，他与网络水军的联系也很密切。很快，Definers 就获得大量业务，从初创公司 Lyft（来福车）、共享出行公司 Lime、电子烟制造商 Juul 到 Facebook、高通等科技巨头都是其客户。

《纽约时报》报道，2017 年 10 月，Facebook 扩大与 Definers 的合作。"剑桥分析"事件曝光后，Facebook 与 Definers 签订合同，对批评人士进行抨击。Definers 将索罗斯描绘成反 Facebook、反保守主义的幕后金主，还为高通这个重要客户抹黑苹果公司及其高管。Definers 创建了一个特殊的网站"Tim Cook 2020"，宣传库克有意参加 2020 美国总统大选，并有望成为总统候选人，意在挑拨库克与特朗普之间的关系。网络安全公司 Threat Connect 指出，在粗制滥造的"Tim Cook 2020"网站上发现了 Definers 员工留下的数字痕迹。

| Catalist |

多年来，美国共和党全国委员会凭借资金和技术优势，不断锁定那些可能支持共和党的选民，构建了知名的选民数据库 Voter Vault（选民保险库），它也是共和党历次大选成功的秘密武器。2008 年，奥巴马阵营不甘示弱，民主党人创建了选民数据服务公司 Catalist。它拥有 50 个州和哥伦比亚特区超过 2 亿独立投票选民和未登记选民的数据。它分析得出的结论有助于竞选团队开展工作，甚至能让候选人一夜之间改变其竞选策略。

2008 年美国总统大选期间，Catalist 作为民主党数据的主要存储库，与 90 多个自由派团体合作，包括服务业雇员国际联盟、美国民主党全国委员会和 2008 年奥巴马总统竞选团队等。Catalist 还为 Rock the Vote[①]和 EMILY's List[②]等客户提供数据挖掘服务，并接受民主党联盟的资助。2016 年 8 月，Catalist 曾分析 10 个州的情况，发现大量新选民涌入且主要是白人，这是共和党初选投票率破纪录的原因。Catalist 联合美国知名在线调查服务网站 SurveyMonkey 共同研究发现，桑德斯的支持者比希拉里的支持者投票更少、更不可靠。

不过，美国网站 Axios（爱可信）分析民主党和共和党的数据策略后发现，曾在 2008 年、2012 年高效运行的民主党数据机器最终在 2016 年断送了希拉里的白宫之路。这是该文作者格雷格·鲁本与 20 多位（包括特朗普和希拉里的竞选团队成员）数据和竞选方面专业人士交流后得出的结论。鲁本发现，希拉里竞选团队的数据策略早已过时，各个数据部分是割裂运行的。其数据主要来源是民主党全国委员会数据中心和希拉里竞选团队数据中心，包括 Catalist、Civis 及曾为奥巴马胜选立下大功的民间组织 Organizing for Action，但它们各自为战，任务相对独立，缺乏长期积累。

2012 年，希拉里没有成为民主党候选人，导致她对选民数据池的打造被中断。民主党的数据策略是为单个候选人量身打造的，因此奥巴马的选民资料积累对希拉里的帮助并不大。共和党方面则完全不同，因为其 2008 年以来一直败选，因此该党花费 8 年时间潜心建设数据池。共和党全国委员会与 Data Trust 长期合作，它的数据策略是为共和党打

---

① Rock the Vote 是尝试结合音乐与政治的非政府组织，没有党派立场，鼓励年轻人关心政治、参与投票，后来议题扩展到环保、薪酬、教育、种族、性偏好等。
② EMILY's List 是一个政治行动委员会，旨在为民主党女性候选人助选。

造一个适用于每个候选人的公共数据池。

Data Trust 的高级顾问迈克·谢尔兹 [白宫幕僚长、共和党全国委员会主席雷恩斯·普瑞巴斯（Reince Priebus）的前参谋] 指出，民主党只是针对奥巴马这个"产品"设计了推广宣传机器，如果能设计一个适用于所有被提名候选人而非某一特定候选人的公共数据池，那共和党就能在一系列竞选中获得连胜。

特朗普竞选团队每天投入 20 万~30 万美元，在 Facebook 随机投放 4 万~5 万则广告进行 A/B 测试。由于拥有足够数量的数据池样本积累，他们能通过 A/B 测试的选民反应准确识别摇摆选民中可能投票给特朗普的潜在选民。然后，他们向这些特定选民推送信息，用这个方法，每个特定广告的成本仅 20~50 美元。

政治数据科学

候选人竞选团队通过收集和分析大数据，针对受众行为特征建模，能形成说服不同选民群体的最佳方法，并依据其难度排序，同时预测捐赠行为，促使摇摆州选民为己方候选人投票。如此精准的数据操纵是一个技术长链条。首先，i360、Data Trust、TargetSmart 等专业数据公司仔细分析美国 1.9 亿注册选民的人口、地域等数据；其次，DSPolitical（政治数据科学）、Targeted Victory 等广告投放公司会把 1.9 亿注册选民的人口、地域等数据与选民的网页访问历史、房产记录、缴税记录等数据匹配后有针对性地推送政治广告。比如，一个家在纽约的环保主义者通过谷歌搜索"丰田普锐斯"（混合动力车）时，他就会收到专门为他定制的个性广告：内容是希拉里有关环保的政策或民主党的环保宣传视频。

DSPolitical 的联合创始人兼 CEO 吉姆·沃尔什（Jim Walsh）指出，自己的公司可以根据数十种人口学和消费学分类指标，精准定位任意年龄层的个人。DSPolitical 是一家专注于服务政治竞选的广告定向投放公司，它提供自助式选民定向数字广告投放平台 DemocraticAds，该平台被称为选举界的需求方平台。也就是说，它将目标对象清单同广告网络的 Cookie 记录进行匹配，将特定的广告弹给匹配的人群观看。2015 年，沃尔什表示，为应对 2016 年选举季，公司业务量剧增，需招收 60 名员工。

在美国，政治广告的重要媒介仍是有线电视。DSPolitical 等广告投放公司把追踪选民上网记录的 Cookie 技术应用到有线电视广告投放上，用数据决定精准广告投放对象，让电视广告也具备精准定向能力。DSPolitical 会根据 Cablevision（美国最大的有线电视服务商）、Cox（美国有线电视和宽带服务提供商）等有线电视公司机顶盒的数据，向有买车需求的家庭只展示汽车广告，向对政治更感兴趣的用户只投放选举广告，还能让同一栋楼、同一单元的住户在看相同的电视节目时看到不同的广告。在竞选过程中，广告定向投放公司能选择只给已登记的选民或某个党派的已登记选民展示特定政治广告，以增强广告投放的针对性。互联网数据中心报告称，2016 年美国这种定向电视广告投放市场规模接近 10 亿美元。

L2 Political 是一家位于华盛顿的政治数据解决方案和服务供应商，其技术平台 L2 VoterMapping（投票地图）是一个强大的选民数据平台和分析工具，它能向客户自有数据分析和广告应用开放 API，客户包括联邦政府、州政府等竞选团队和政治组织。基于对客户自有数据的分析，L2 Political 可以定向那些居住在某些特定社区、曾到沃尔玛购物或访问过医疗保健网站的选民，或定向 40 岁以上的登记选民，并从中找到那些搜索过全球变暖的信息或购买过混合动力汽车的登记选民。基于这些定向数据，如何向选民推送广告、如何与选民有效沟通都可以量身定制，让竞选团队想投放的广告和想传播的信息触达特定群体。

对此，Targeted Victory（目标胜利）创始人兼 CEO 扎克·莫法特（Zac Moffatt）指出："以前的政治竞选活动，每向选民投放 1 美元广告，就有 75 美分因投放目标不正确而被浪费。定向广告改变了传统电视广告和数字广告大多无效、价格昂贵的现状，最大化政治广告的触达和效率。" Targeted Victory 是共和党很倚重的科技咨询公司，该公司是由罗姆尼 2012 年总统竞选团队的数字小组创立的。公司网站称其业务范围包括公共事务、广告、媒体策划、融资及声誉管理，还提供网上政治广告和选民定向宣传等服务。

在创办公司之前，莫法特曾在罗姆尼的竞选团队担任数字主管，竞选活动结束后，他创立了 Targeted Victory。加入罗姆尼竞选团队之前，他还曾为共和党全国委员会工作。他的个人简中提及了自己帮助客户在当前政治和媒体环境中传播信息的经验，客户包括 Facebook、联邦快递和吉列。由于 Facebook 通信团队与罗姆尼的竞选团队有很深的渊源，Facebook 曾邀请 Targeted Victory 举行会议，讨论大选公正性和广告透明度及大选期间最佳工作方式等问题，并雇用它为战略咨询公司。

DSPolitical、L2 Political、Targeted Victory 等都属于基于大数据的

广告定向公司，即使没有Cookie，它们也能利用最新广告定向技术进行匿名跨设备追踪。比如，一场竞选活动希望在选举当天定向选民，公司就可以在一大早和傍晚时分向选民推送移动客户端广告，因为在这两个时段选民大多在上下班途中，主要通过移动设备浏览信息；上午和下午是工作时间，多数选民都在办公室工作，此时公司会推送传统网站广告；夜晚则通过OTT TV设备将定制化信息推送给正在看电视的选民。这种数据定向广告完全基于大数据运用，既可以精准锁定目标对象，又可以最佳方式推送信息。

近年来，广告定向公司兴起，传统广告媒体公司风光不再。新兴广告公司拥有跨设备、格式和平台的定向广告能力，掌握移动通信、IP电视、户外媒体、电子邮件以及其他可定向投放广告的渠道，拥有"无Cookie环境"的动向能力。LiveRamp（链睿）曾是安客诚旗下公司，它是一个数据平台和数据经纪公司，以数据链接而闻名。它能帮助客户安全隐秘地进行数据融合。如果某个客户拥有大量消费者邮箱或互联网用户数据，它就能通过LiveRamp融合其他各方面数据，将大量客户数据连接到其数据库档案，向消费者精准投放定向广告。

此外，还有一批AdExchanger（广告技术流）公司。Flite实时工作室是一家基于云端的广告平台，它允许营销者、广告机构、内容发布商等根据当前的主题、趋势、热点等实时向用户展示广告，让广告主在更短时间内获得更高回报。Flite的CEO威尔·普莱斯（Will Price）说："我们想改变那些静态的、与周围没什么联系的广告概念，让它们可以根据现在发生什么而改变。"用户使用Flite技术平台，可以非常快速、简单地改变广告中的视频、描述或其他任何形式的广告内容，所有操作都是自动化的。Flite 还提供广告效果分析工具，用户因此可知消费者对广告的反应，比如哪些广告让人想点击，人们会回避哪些广告。Flite 还发展出了 Real Time Studio 模式，不用本地制作动画广告，直接在云端制作。

奥巴马竞选团队还与分析师研究所（Analyst Institute）签订合作协议，让它设计实验性随机测试，与 Optimizely 开发的 A/B testing 平台有异曲同工之处。团队在全美范围内随机抽取几批选民，向他们发送含有不同政见内容的电子邮件或网络广告，基于用户反应挖掘民意倾向，不用兴师动众地派大批志愿者上街做问卷调查。

| Bridgetree |

Bridgetree（树桥）公司创立于 1995 年，研究和应用领域涉及全美个人家庭用户、商业用户，包括人口统计以及商业统计分析。沃克竞选团队使用 Bridgetree，已退选的克里斯·克里斯蒂（Chris Christie）之前也选择 Bridgetree 的 Advantage Mobile 应用。史蒂芬森曾在 FLS Connect（电话推销和数据服务）工作多年，曾协助开发创新性应用 Geo Connect，被马尔科·鲁比奥（Marco Rubio）的竞选团队选用。鲁比奥的竞选副经理里奇·比森也曾就职于 FLS。共和党全国委员会同时推荐 Geo Connect 和 Advantage，它们均可与共和党数据中心平台（即选民库）整合，以获得潜在支持者名录。

| Revolution Messaging |

Revolution Messaging（颠覆信息发送）的创始人是奥巴马 2008 年

竞选团队中的重要成员斯科特·古德斯坦（Scott Goodstein），他参与制定了社交媒体战略。公司主要提供社交媒体管理、网络筹款、网络广告制作和投放等服务。古德斯坦说："现在所有人都有不同形式的数据流量计划，在进行不同形式的网络冲浪活动。"2016 年，Revolution Messaging 为民主党总统候选人伯尼·桑德斯（Bernie Sanders）效力，主要协助网络捐款。该公司特别设置了一个 27 美元的快速筹款按键，强调这是属于"普通民众的竞选"。通过筹款信、社交媒体信息、竞选广告，该公司成功让小额捐款人相信，自己将一周的咖啡钱、一天的饭钱省下来捐给桑德斯，就可以表达对现状的不满，同时可以与桑德斯并肩去挑战现状，捐款因此被赋予了特别的意义。这种参与感和正义感让许多人都成了忠实的捐赠者。对目标和议题的强烈认同使捐赠者在捐赠之后更倾向于能看到积极的结果，也更容易继续加注。

| 慧锐系统 |

慧锐系统（Verint Systems）是以色列和美国合资的纳斯达克上市公司，以色列总部位于以色列赫兹利亚市，美国总部位于梅尔维尔。该公司拥有 3 200 名员工，办事处遍布世界各地。其客户遍布 180 多个国家和地区，常用客户数在 1 万以上，目标客户群主要锁定在发展中国家。

| 耐斯系统 |

耐斯系统（NICE Systems）由 7 名以色列军队退役人员成立，它将自己定位为"提供基于意图的解决方案"的全球领先企业。耐斯系统向

全世界150多个国家和地区约25 000个客户提供服务，其中包括80多家财富100强企业。2013年，耐斯系统的总收入高达9.51亿美元。它有三家主要分公司：NICE Enterprise 主要关注呼叫中心及相关的产品（包括大数据分析和语音分析）；NICE Actimize 注重金融机构分析解决方案，以满足财务的合规要求（包括反洗钱）；NICE Security 可提供视频监控解决方案及相关分析工具，以及电子监控技术（包括卫星电话监控工具）。耐斯监控中心的功能包括大规模监控固话、手机和IP数据通信，而位置跟踪中心可以允许用户"在任何时间、任何地点找到任何人"。耐斯系统也销售可在监控中心使用的其他分析组件，如一种旨在"识别可能指向犯罪或恐怖活动的违法行为"的模式分析工具。

| NSO 集团 |

2016年，媒体曝光阿联酋一名著名人权活动家成为间谍软件 Pegasus 的袭击目标，迫使苹果公司紧急发布安全更新。Pegasus 是以色列公司NSO集团开发的，该公司位于赫兹利亚，当地被称为"以色列的硅谷"。NSO集团自2010年成立至今始终保持低调，其产品可追踪智能手机上的任何活动。该集团主要为世界各国政府和执法机构提供服务，其间谍软件也被用于追踪记者和人权活动家。NSO集团2013年的内部文件显示，该公司业务遍及欧洲，与墨西哥签署过数百万美元的合同。2013年，墨西哥在3年的3个项目中向NSO集团支付了1 500万美元。现在，NSO集团隶属于美国私募股本公司Francisco Partners Management。

NSO集团的主要产品是Pegasus追踪系统（手机间谍软件），它正被越来越多的政府机构用于监控智能手机，并且不会留下蛛丝马迹。Pegasus 能从目标手机中提取短信、联系人列表、日历记录、电子邮件、即时信息及 GPS 定位信息等。Pegasus 可以利用摄像头拍照或截屏，拒绝手机访问特定网站和应用，能抓取搜索历史或用手机浏览器查看的任何信息。其 room tap 功能则可以通过手机麦克风收集房间内的声音。所有数据都可被实时发送回监控机构的服务器上。其追踪软硬件有多种安装方式，包括"空中隐形安装"、定制文本信息和电子邮件、操控公共 Wi-Fi 热点等秘密安装。

目前，Pegasus 至少在 45 个国家有运营机构，至少有 10 家 Pegasus 运营机构积极参与了跨境监控。

| Area |

Area 是间谍技术供应商。总部位于意大利的 Area 曾于 2011 年向叙利亚的巴沙尔·阿萨德政权出售网络监控工具，2014 年，美国向其开出了 10 万美元罚单。2016 年，在对 Area 进行可能违犯欧洲法律的调查中，意大利警方对其突击搜查，并查封其数百万欧元资金。Area 开发了"MCR 虚拟人类智能"平台，它类似一个软件系统，可以在不同的网络空间中帮助组织和管理政府特工的虚假信息。它的目标"不仅是要渗透感兴趣的虚拟社区，还要进行心理操纵"。这些社区包括博客、论坛和社交网络。对任何想了解心理操纵细节的人，Area 的解释是："在获得特定利益集团的信任后，我们的应用不仅可确定其真正成员的身份，还可收集关于其活动或影响的有用信息，并用于自己的目的。" Area 的应用还有另一项功能，就是允许"在目标社区检查我们的虚拟身份时安装间谍软件应用"。这表明简单访问 Area 客户的马甲档案就可能感染恶意软件。Area 声称在英国有基地，但拒绝提供更多关于其社交媒体技术如何运作的细节。

| IPS |

IPS 是 Resi Group 旗下运营的意大利公司。近年来，IPS 出现在全球各种 ISS World Training 活动（监控行业的贸易展览）上，其参会员工阐述了"如何通过社交媒体对宣传活动进行倾听、分析以及反馈来监视和影响公众情绪"，"自动利用"社交媒体。有员工解释"像 Facebook、WhatsApp 和 Telegram 这样的加密服务"，探索"社交媒体情报如何让调查人员在整体视野中受益"。在 IPS 产品中有一套被称为"非传统 IP 智能"的工具，该术语曾被用于指代使用假身份来收集信息。Facebook 被 IPS 列入可用平台之一，同被列入平台的还有 Twitter、Instagram、LinkedIn、YouTube、Google+、Foursquare。IPS 在 2017 年将重点放在半岛电视台的卧底报告上。在这份报告中，该公司员工描述了绕过制裁和全球出口限制的方法。

下篇
现代政治战

09

现代政治战硝烟

"剑桥分析"事件让越来越多的人看清了数据操纵的破坏性力量，也让越来越多的国家看到了舆论操纵的政治前景。如果说剑桥分析操纵美国大选、英国脱欧还只是"黑天鹅"现象，那么现在数据操纵这只"黑天鹅"已变身为一头"灰犀牛"，一场场由国家操纵数据的政治战不断上演，其巨大的冲击力和破坏力正给全球秩序带来非对称风险。如今，以舆论操纵、数据操纵为内容的政治战已经被一些国家和非国家行为体采用甚至武器化，美国及其盟友和合作伙伴也希望通过政治战模式，以最有效的方式实现其目的并保护自身利益。

　　不过，近几年美国接连发生多起涉及政治的数据泄露和泄密事件，大有败走麦城之势。在许多美国人看来，所谓"通俄门"就是俄罗斯发起的一场特殊战争，是一场通过操纵数据来影响美国政治的政治战，目的是从内部瓦解美国，搞乱美国社会、分裂美国社会。按照美国媒体的说法，俄罗斯借助社交媒体的指数型传播模式，仅花10万美元广告费就能影响1.5亿美国民众，改变美国大选。这在以往绝对是不可想象的。

现代政治战

　　21世纪，社交媒体和数据公司拥有巨大的政治战能力。政治战的形式也在不断进化，超越了传统的物理和信息域，通过网络和数据直达人心，改变目标群体的认知，这被称为"现代政治战"。

　　2018年4月5日，兰德公司发布了高级政策研究院资深防务研究员琳达·罗宾逊（Linda Robinson）、高级行为科学家托德·赫尔穆斯

（Todd Helms）等人撰写的长达 354 页的研究报告《现代政治战——当前的做法和可能的反应》（Modern Political Warfare：Current Practices and Possible Responses），对政治战的特征和历史、多个国家和组织案例以及美国的应对之策等问题进行了系统深入的分析，并提出多项建议，堪称"现代政治战的全面指南"。

该研究源自美国陆军项目"政治战争的理论和历史"，旨在为美国军方、国务院以及负责国家安全政策的行政和立法部门提供决策参考，并引起美国盟友和民众的关注。该报告直言不讳地指出：在政治战争中，要利用各种方式充分发挥信息战作用，放大对己方有利的信息，混淆对己方不利的信息，以达到说服对象的目的。同时，及时提供令人信服的证据和辩词，是对付对手假信息和攻讦的最佳解毒剂。大型网络媒体、企业的定向广告完全根据个人的心理状态量身定制，持之以恒，终能达到影响对手和选民政治决策的目标。

在美国一些学者和前官员看来，现代政治战是新式的冷战。

| 起点 |

2019 年 5 月，兰德公司发布了研究简报《越来越需要关注现代政治战争》（The Growing Need to Focus on Modern Political Warfare），作者仍是罗宾逊和赫尔穆斯等人。罗宾逊的研究团队界定了政治战的概念，以澄清它所包含的活动类型，区别于正常的治国实践。由于对什么构成正常的治国方式看法不一，边界可能会比较模糊。

如图 9-1 所示，政治战包括有意使用一项或多项权力工具——外交/政治、信息/网络、军事/情报和经济，以影响一个国家的政治组成或决策。比如，经济颠覆的政治战争策略可以在外交/政治（常规外交）和经济（贸易）领域的重叠中看到。政治战通常是隐蔽的，是在常规战争之外进行的。

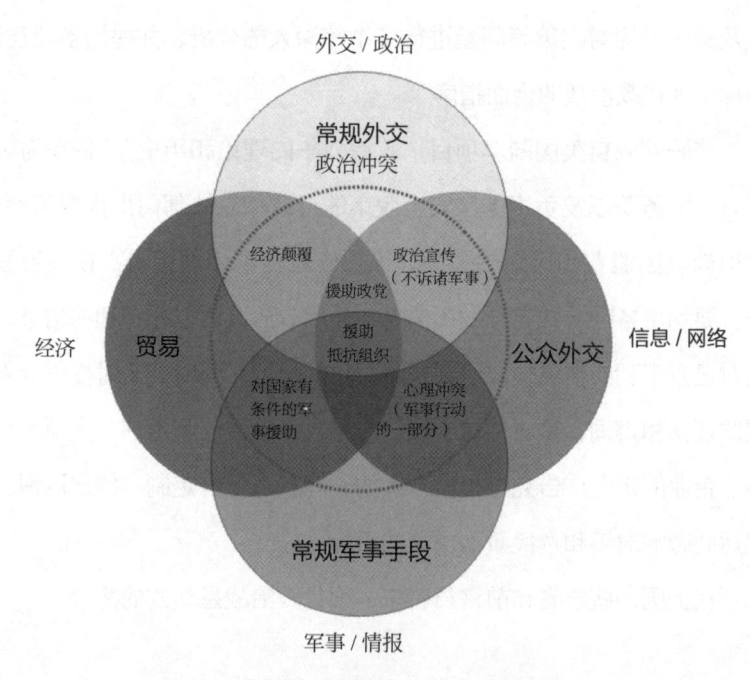

图 9-1　非常适合运用实现权力的政治斗争的地方

为了更好地理解政治战，需要回到起点来认知。简报指出，美国面临着一些行为者，他们大量使用政治、信息、军事和经济手段影响、胁迫、恐吓或破坏其利益或其盟友的利益。简报研究了常规战争之外冲突领域的历史和当前实践，认为起点是美国外交官乔治·凯南（George Kennan）在冷战期间的1948年提出的。凯南在冷战时期被称为"遏制理论之父"，是他提出了冷战时期美国外交的基本原则，并发明了"遏制"这个政治词语。凯南是著名的苏东地区问题专家，第二次世界大战之后，他长期在苏联和欧洲地区从事外交工作。1946年2月22日，时任美国驻苏联大使馆代办的凯南通过明码电报向美国国务院发回长达5 542个单词的文章，这就是著名的《美国驻苏联大使馆代办乔治·凯南致国务院电报第五一一号》，这封电报被认为是美国整个冷战政策的开端。凯南在电报中深入分析了苏联的内外政策，提出了对付苏联的长期战略，这就是后来的遏制政策。

时任美国国务卿的马歇尔很快就将凯南提升为国务院政策研究室主任。当时，凯南的办公室就在马歇尔办公室的隔壁，他经常通过连接两个办公室的边门出入马歇尔的办公室，向他直接汇报工作，并为他设计了著名的"马歇尔计划"。1947年，凯南化名X先生，在美国《外交》杂志上发表文章，正式提出对苏联实行"长期、耐心和坚定"的遏制政策。

1948年，凯南从遏制政策出发，提出了政治战这个概念，从而全面完善了他的理论。根据凯南的定义，政治战是克劳塞维茨战争学说在和平时期的运用，也就是后来的"和平演变"。凯南也对政治战进行过反思，20世纪60年代，他在一次国会听证会上表示，提议美国发动政治战是他"一生中犯的最大错误"。

进入21世纪，伴随着互联网时代的到来，特别是人工智能、机器学习和大数据技术发展，政治战变得更加复杂、成本更加低廉、更具影响力。一方面，它包括动用外交、情报、军事和经济等代表国力的所有要素应对各类威胁；另一方面，它又区别于国家间常规的外交、经济乃至战争方式，具有非规则、不规则的特征，包括舆论战、网络战、心理战和扶持代理人等秘密手段。

| 嬗变 |

政治战实际上与有记录的战争一样古老，而且一直是美国战略的一部分。20世纪，在两次世界大战的推动下，政治战技术不断进步，并作为常规战争或冲突的重要部分。

冷战时期的铁幕让政治战开始流行。在美苏对抗中，美国找到了应对苏联威胁并防止大规模战争的方法，那就是打一场政治战，搞和平演变。美国之音（VOA）转隶到美国国务院，俄语成为最重要的广播语种。1953年，艾森豪威尔总统下令成立美国新闻署，统筹管理所有对外宣传事务。署长由总统任命，直接向总统报告工作。新闻署集中了对外文化交流和宣传的主要手段，利用广播、新闻出版、影视等各种媒体，宣传美国对外政策和意识形态，推销和宣传美国形象，使命是"为了推进国家利益而告知、影响外国公众，并扩展美国人以及美国的机构与外国同类的对话"。

20世纪80年代的统计数据显示，美国新闻署当时已在128个国家和地区设立了211个新闻处和2 000个宣传活动点，在83个国家和地区建立了图书馆。美国控制了全球75%的电视节目和60%以上的广播节目的生产与制作，每年向别国发行电视节目总量达30万小时。苏联解体后，美国专门派人员调查，发现美国之音是苏联民众获取外部消息的主要来源之一。

冷战结束以后，美国仍在全球继续搞政治战，但是其对政治战的兴趣减弱了，许多机构被解散，公共外交官员被并入国务院，资金和人员大幅减少。1999年，美国国会通过法案改组外交机构，新闻署在1999年10月被解散后并入国务院。美国之音归入新成立的国际广播董事局，由其管理，其他功能则由分管公共外交的副国务卿负责管理。新闻署解散还不到两年，就发生了"9·11"事件。2003年的伊拉克战争之后，布什政府每年拨款10亿美元改善美国在世界上的形象，但收效甚微。至此，美国需要打一场现代政治战，来重塑国家形象，渗透别国民众。

不过，21世纪的政治战与20世纪的政治战有很大不同。如今的政治战不仅仅是各种新技术——从互联网到社交媒体，还有以这些技术为代表的完全不同的战略战术。冷战时期，政治战的主要任务是影响铁幕背后的封闭社会。今天，美国许多潜在对手的民众可以从更广泛的来源获得比以往任何时候都多得多的信息，政治战的环境已经发生根本性的变化。

2001年，兰德公司受美国国防部委托完成《美国信息新战略：思想战的兴起》报告，建议美国更多依靠价值观和思想观念等软实力，建立一个全球性思想王国。报告特别强调要维护互联网传播内容的政治性，利用互联网在全球广泛传播美国的价值观念，使美国的思想、观念、行为准则和道德标准成为互联网主导思想。2009年12月，美国国务院高级创新顾问埃里克·罗斯在布鲁金斯学会发表题为"Twitter和Facebook时代的美国国家战略"的演讲。他认为，以互联网、社会性媒体、短信息服务、移动应用为代表的连接技术已经成为21世纪的主导性力量，新媒体"技术的全球性扩散，为美国提供了历史性的机遇，美国必须在技术扩张中占据主导地位"。美国学者大卫·罗斯科普夫则提出，美国是"世界上仅存的信息霸权国家，美国应该利用互联网信息时代的工具向全世界推行美国的价值观"。

2009年年初，即将上任美国国务院政策规划司司长的玛丽·斯特劳在《外交》杂志上发表文章，声称美国在网络空间具有独一无二的优势，21世纪仍将是"美国世纪"。她认为，网络空间将会更好地重塑美国的实力优势。随后，希拉里的网络顾问罗斯将这篇文章分发给美国所有驻外大使。不久，美国国务院正式提出"21世纪治国方略"，核心是"国家之上、国家之中、国家之下"。

- "国家之上"，就是利用网络科技跨国境、越边疆进行外交活动，即利用互联网为美国外交服务。早在2001年，美国官员在网络外交会议上发表演讲时就声称，互联网作为"传播我们想法"的妙用，可以在以前无法进入的社会中传播民主思想，"有希望造就更大的自由"。希拉里办公室主任谢里尔·米尔斯说："在外交新时代，运用新媒体是关键，利用新媒体发挥美国巧实力并扩大交流，对实现美国外交政策目标至关重要。"
- "国家之中"，就是利用网络科技实现政府与民众的沟通互动，以保持官方声音的权威性和影响力。
- "国家之下"，就是利用网络科技支持美国的所有发展政策，即按照国家利益或国家意志需要，利用互联网为国家政策服务。比如，国务院、商务部在多边和双边国际交往中将"网络自由"与经济援助、经贸往来、人权保护等捆绑，要求美国互联网公司做商业决策时将"网络自由"作为重要考量因素。

早在2002年，美国国务院就成立了"电子外交专责小组"，该小组是"网络外交办公室"的前身。2011 年,国务院又组建网络协调员办公室,以统筹协调各部门网络行动,以及"全球网络倡议""网络治理论坛""网络自由跨区域声明"等国际活动,支持"全球网络自由力量"等非政府组织。该小组还组建了由 150 人组成的专业"数字外交"团队,在全球开设 600 多个网络社交账号,到世界各地协助当地政府和民间团体推广和普及网络技术,在墨西哥、阿富汗、刚果、巴基斯坦等国发起了"公民社会 2.0 行动"。

2010 年 1 月 21 日,谷歌宣布拟退出中国后的第 9 天,时任美国国务卿的希拉里发表主题为"互联网自由与全球言论自由的未来"的演讲,宣布把不受限制的互联网访问作为美国外交政策的首要任务。2011 年 2 月 15 日,埃及穆巴拉克政权倒台后的第 4 天,希拉里又发表主题为"互联网是与非:网络世界的选择与挑战"的演讲。5 月 16 日,奥巴马政府推出《网络空间国际战略》,提出促进网络表达自由等七大重点计划,奥巴马称之为"美国第一次针对网络空间制订的全盘计划"。

2013 年,兰德公司向国务院提交了报告——《网络自由与政治空间》,将利用政治、军事、经济和信息手段胁迫、恐吓或破坏国家或政治集团利益的行为都称为政治战。进入 21 世纪,政治战终于演化出以数据操控和影响民众为主要方式的全新高效作战模式,超越了传统的物理域、信息域藩篱,直接触及和影响人们最深层的认知域,从思想深处直接改变政治对手及其民众的认知。广泛普及的互联网则成为直达人心的战争捷径,成为现代政治战最理想、最高效的战场和决战领域。

兰德公司 2019 年的《现代政治战研究简报》提出,军事指挥官和美国国务院应该识别政治战威胁的关键信息需求，情报界应该增加搜集和分析能力，专门用于检测早期颠覆、胁迫和其他常规战争之外的新威胁。为此，罗宾逊的研究团队集中研究了三个案例：两个国家行为体（俄罗斯和伊朗）和一个非国家行为体伊斯兰国（ISIS），以总结现代政治战的共同特征（见表9–1）。每个国家都利用其独特的优势或强项来获得杠杆。在爱沙尼亚，俄罗斯利用俄罗斯少数民族的情绪，对爱沙尼

表9–1 现代政治战的主要案例研究结果

俄罗斯*	伊朗**	ISIS***
• 主动出击就是对美国的防御 • 把民主推广和自由出版视为威胁 • 在爱沙尼亚，俄罗斯发起"新一代战争"，利用危机进行政治战 • 塑造行动（如针对说俄语的人的宣传），为地面做好准备 • "新一代战争"的创新是经济杠杆、社会代理和媒体渗透 • 俄罗斯在宣传方面投入了大量资金，但广泛媒体运作大多是通过虚假信息而不是通过说服获得支持者	• "软实力"战略在很大程度上是以文化、政治和宗教影响力为要素和强大的杠杆 • 基于文化、政治和宗教影响的软实力战略，对什叶派、泛阿拉伯和泛伊斯兰受众施加影响 • 利用世界范围的文化、信息和影响网络，并得到包括宗教在内的物质支持，如资助初级牧师和弥撒、朝圣 • 向外国政党和领导人提供政治和经济支持，以影响各国政府 • 在叙利亚使用阿拉伯代理（包括伊拉克民兵和黎巴嫩真主党准军事部队）、伊朗战略服务（伊朗民兵的使用分为两阶段：一是促进许多伊朗代理势力成长为关键政治角色，二是不断再生代理力量） • 有完善的金融和网络工具	• 获取或发明准国家工具，包括治理、税收、经济资源控制和管理 • 联合使用武器，对武器和战术进行创新 • 使用复杂的信息操作来招募、激励、计划和执行 • 系统地向新兵灌输观念，剥夺他们的旧身份，防止他们离开 • 拥有强大的品牌，是一个统一的、持续的组织 • 已经从一个广播模型转移到一个分散的、弹性的通信方式，依赖于跨平台的对等共享和冗余 • 针对不同受众的不同信息，在阿拉伯语媒体产品中使用暴力和情感语言调动不同等级成员，而英语频道更受限制

* 关注2007年爱沙尼亚政府下令拆除苏联红军解放塔纪念碑所引发的一系列事件。
** 关注伊朗在伊拉克和叙利亚发展和使用民兵组织。
*** 重点关注ISIS的基本文件和非致命策略。

亚政府 2007 年做出的拆除苏联红军解放塔林纪念碑的决定提出抗议，后升级为抗议活动、持续的网络攻击，然后是制裁和威胁。随后几年，俄罗斯政府一直保持敌对立场，动摇爱沙尼亚和波罗的海诸国，包括争夺其独立于苏联的合法性。

| 特征 |

在兰德公司的研究人员看来，政治战具有十大鲜明特征。

（1）政治战可由非国家行为体发动，以前所未有的方式实施。政治战借助互联网可轻松越过边界传播信息，现代通信和加密技术可轻而易举地实施秘密行动。全球资本流动更易于转移和藏匿资金，比如比特币。暗网的武器和数据黑市使得政治战行动更加方便。

（2）政治战是国家权力所有要素的全面运用。国家可利用外交、制裁、军援、策反、代理人和宣传等多种手段攻击对手，需要设立专门机构统筹协调和组织实施。政治战需要运用多种力量，包括非军事手段的优势。政治战经常与网络工具一起使用，以加速复合效果。

（3）政治战依赖不同特性的力量和手段。它经常在幕后进行，参与和领导政治战的机构既有情报部门，也有表面独立运行、实则有官方背景的非政府组织。

（4）网络空间将成为一个日益重要的战场，甚至是现代政治战的决定性领域。网络媒体降低了信息传播的门槛，使政治战手段被曝光的概率变大，隐蔽行动更难。同时，各国竞相加大网络空间投入并谋求网络话语权，网络空间控制与反控制的斗争日趋激烈。政治战越来越多地出现在信息领域，而在信息领域，战争胜利的标准取决于感知，而不是直接的胜利。

（5）信息战通过放大影响、混淆视听和说服受众等方式发挥作用，及时提供令人信服的证据是消除信息不足的最佳方法。信息战具有低成本、见效快且不易使危机升级等优点，可综合运用国家媒体、网络水军和社交媒体账号等聚焦政治事件及社会热点，大肆炒作不实信息，影响公众感知和民心向背，营造不利于对手的舆论环境，侵蚀其执政合法性。

（6）政治战初期需要投入大量的情报资源和资金。情报部门可以通过调查知晓哪些政治信息会引起外国受众共鸣，并寻找和己方利益相似或一致的外国代理人。

（7）政治战可能会产生意想不到的后果。比如，"棱镜门"事件造成美国与盟友的关系紧张，并促使美国采取措施限制对公民的大规模信息收集和监视行动。

（8）经济杠杆日益成为政治战的首选工具。随着经济全球化发展，制裁和援助已成为经济强国和资源大国潜在的政治战工具。比如，俄罗斯以管控天然气出口作为向乌克兰和欧盟施压的手段，美国则试图利用经济制裁迫使古巴、伊朗、朝鲜改变其国内政策。

（9）政治战通常会利用共同的种族或宗教问题。一个国家内部种族与宗教问题的存在，以及社会分裂或其他内部裂痕，使外部势力有机可乘，外部可以保护受压迫种族之名介入，干涉别国内政或在当地扶植代理人。

（10）政治战的扩展并不是取代传统战争或冲突，是以更低的成本达到效果或达成目的，是对传统战争或冲突的补充，而非替代。政治战适用于恐吓对手、分裂联盟、增加社会不稳定因素，在对手社会矛盾严重或政府与民众关系紧张时尤其有效。但是，政治战很难凭借单一手段发挥作用，而是需要长期坚持和多措并举。

兰德公司的研究人员指出，通信和信息技术的革命已经改变网络空间，因此需要新的模型和新的能力在这个领域有效地开展竞争。他们发现了美国政府政治战方面的六个不足之处。

（1）战略层面的沟通具有官僚主义风险，阻碍了速度和主动性。

（2）仍然缺乏与信息主题有关的机构间协调和国家安全委员会指导。

（3）新的全球参与中心，由总统行政命令建立并位于美国国务院，但它遇到了各种限制。

（4）美国军事信息支持行动面临严重的人力和资金短缺，以及有限的新媒体培训的挑战。

（5）美国中央司令部处于美国国防部社交媒体交流的前沿，但其他作战司令部比较落后。美国特种作战司令部联合军事信息支持作战网络作战中心刚刚起步。

（6）不明所以的信息交流可能会产生适得其反的影响，应予以预期和缓解。

| 法律 |

从上述情况可以看出，以数据监视和操纵为基础的网络战、信息战甚至情报战已经成为现代政治战的主体。2018年3月，美国快速通过《澄清境外数据合法使用法案》，允许美国政府用本国搜查令直接跨境调

取数据，这就是在为对他国实施现代政治战奠定法律基础。可见，现代政治战不仅对政治选举有效，而且对经济社会稳定有效，对干涉他国政治、颠覆他国政权也是有效的。这种全新样式的现代政治战将给全球政治安全和地缘风险带来更多不确定性。

为了防范政治战，在全球范围内强化对有组织的虚假信息宣传操纵活动的治理已成为总体趋势。这些操纵通常有着明确的政治动因和经济利益，主要通过社交网络分裂社会、传播仇恨和扰乱社会制度。2019年5月，新加坡国会以72票对9票通过《防止网络虚假信息和网络操纵法案》。法案的迅速出台适逢新加坡2019年年底提前选举，旨在保护社会免遭恶意行为者在网上制造谎言和进行操纵的风险，提高网络政治广告和相关事项的透明度。法案分为九个部分，包括防止虚假信息及谎言的传播与交流，禁止资助、推广和支持虚假信息及谎言的网络传播渠道，监测、控制和防止虚假账号和自动程序滥用，监管具有政治目的的付费内容，突出可靠信息来源等。

这项法案的成就在于界定了两类最为关键且重要的操纵行为：一类是具有"政治目的趋向"的，另一类为"危害公共利益"的。具有"政治目的趋向"是指增进在新加坡有政治目的的政党或其他群体的利益，影响或试图影响总统选举、议员普选、议员补选或公民投票，影响或试图影响公众舆论和在新加坡属于公共利益或公共争议的事项，在整个或部分新加坡影响或寻求影响立法程序或立法结果的法律变化。"危害公共利益"是指危害新加坡或新加坡任何部分的安全，损害公共健康、公共安全、公共安宁或公共财政，影响新加坡与其他国家的友好关系，影响选举结果，包括总统选举、议员普选、议员补选或公民投票，在不同群体之间煽动敌意、仇恨或恶意，削弱公众对政府的信心。法案规定，将在新加坡通讯及新闻部下属的资讯通信媒体发展管理局（IMDA）专设办事处，为相关领域部长提供技术咨询，确保不同政府部门应对网络操纵时行动一致。网络操纵行为一经发现和认定，则由部长或部长指示的主管部门发布指令，更正或带有针对性地更正内容，终止传播，阻止访问，禁用服务。互联网接入服务提供商和个人如不遵从指令，一经定罪，将被判罚款和入狱。

21世纪的冲突

|新威胁|

2018年2月15日，美国国际战略研究中心（CSIS）更新报告《21世纪的冲突：从军事革命到军民革命》，通过总结美军近期几场战争，反思武装力量的运用，提出未来战争应更强调使用民间手段，并实现所谓的"军民革命"。该报告作者安东尼·科德斯曼（Anthony Cordesman）是美国国际战略研究中心战略主席，长期从事军事战略研究，并曾深度参与美国当代数场战争的决策行动。他在报告中提出，军事革命对美国仍非常重要，精确打击、大规模杀伤性武器、传感器、态势感知、情报、通信、网络战和太空战等将继续推动21世纪冲突的性质产生深刻变革。但是，美国要应对未来出现的新威胁，就必须重新定义国家安全及安全威胁的内涵，通过发展"军民革命"来应对新威胁。比如：

- 新型非对称战争或非传统战争，以及跨国的（或有国家支持的）非国家行为体的威胁。
- 意识形态战、恐怖主义、极端主义和叛乱的综合效应。
- 东道国政府的政治、经济和军事危机，如何避免出现"失败国家"。
- "失败国家"的领导人和精英阶层造成的问题。
- 有组织地利用特定地区的种族、宗教问题，以及其他分歧和紧张局势。
- 以平民为对象筹集资金，开展恐怖活动，制造人体盾牌等武器。
- 既要应付常态化的威胁，又要应对许多东道国和伙伴国人民内部矛盾，及其造成的重大失败，或者因其未能赢得民心或关键派系而导致的威胁。
- 需要更灵活和更具适应性的伙伴，东道国及伙伴国必须在这两方面发挥带头作用，并创造普遍忠诚和持久稳定的社会。

科德斯曼还认为，世俗层面的意识形态战已被宗教层面的战争、极端主义、种族部落和宗派紧张冲突取代。新型意识形态战煽动非国家行为体的恐怖行动，分裂国家和宗教，报复怀有善意的平民。他们利用互联网以及各种媒体、通信手段、社交网络和公民社会来实施意识形态战。美国必须帮助东道国处理形成直接威胁的意识形态运动，还必须广泛发动合作伙伴增强军民行动之间的协同。

他提出，"9·11"事件以来的事实表明，美国需要建立一种关键国家能力，对极端主义和暴力分子使用新闻媒体、社交媒体进行人员和资金募集，并甄别评估通信联络，以帮助国家识别和追踪正在发生的事。美国军方和安全部队的反恐工作需要专家帮助，向民众和外界解释，以什么力量和什么方法对抗极端主义及其宣传攻势。美国需要不断改进自己的战略传播方法，用新的方法赢得"战略传播新战役"。这意味着美国盟国和东道国的军事和安全部队必须与民间伙伴合作，开发新的教育方法及各种形式的媒体和通信，以对抗极端主义思潮的传播。同时，需要利用现代通信、媒体、互联网和社交网络维护国家安全，同时要确保给公民社会以最小的负担。

美国 2013 财年国防预算提出投资 34 亿美元用于网络活动，国防部投资全面提升网络作战能力，以应对当前和未来的威胁。美军认为，非常规战争和网络空间为作战指挥官提供了完成任务的选择权。作战部队会开展作战环境网络情报准备，能通过使用互联网和社交媒体获得可利用的信息。特别是当目标群体居住在拒绝或限制介入的地区时，互联网提供了重要的介入途径。

| 新威慑 |

2018 年 3 月，布鲁金斯学会发布报告《未来的政治战：俄罗斯、西方和全球数字竞争时代》提出，政治战的未来在数字域，人工智能和媒体机器人、大数据武器化、人为制造"现实"等已成为新的非传统威慑。

- 人工智能和媒体机器人。媒体机器人使用算法通过自动化和人工策略有目的地在社交媒体上分发误导性信息。机器人账号主要用于放大由真人管理的账号、国家控制的媒体或其他代理人产生的具有争议性的内容，并攻击特定个人或团体。

- **大数据武器化**。数据收集的威胁比社交媒体领域更广泛。收集和销售个人数据的行业已经出现，大数据公司利用用户数据预测个人喜好、政治态度、种族、居住地和个人特质。2016年Facebook推出情感"互动"，用户可以用表情符号与帖子进行互动。这些互动被获取后，什么内容会让用户开心、悲伤或愤怒也就一清二楚了。有了这些数据，任何公司、国家或非国家行为体都可以进行虚假宣传活动，以煽动人们的情绪反应。比如，失业的白人年轻男性会收到一些有关叙利亚难民正在侵占社会福利或骚扰德国妇女的信息，这可能会让他把票投给德国极右翼政党。

- **人为制造"现实"**。由人工智能驱动的视频和语音复制技术能根据现有内容生成新的视频或音频记录，即所谓的"深度伪装"，或对声音、图像或视频进行数字处理，以模仿某人或使其看起来像是某人做了某件事。德国和美国研究人员已经能够根据YouTube内容创造出可信的个人视频。音频的复制更容易，人工智能应用Lyrebird允许任何人用一分钟音频创建自己的数字声音。由于造假的成本更低、速度更快、更容易获得，"谎言喷灌"模式将变得更加有效：政治领袖发表贬损性言论的视频可能会被数以千计的机器人推到社交媒体，直达那些最有可能被冒犯的个人和群体。

这些新威慑不仅来自俄罗斯，也超出任何单一国家行为体的范畴。在非传统的政治战中，进攻行动的后果和影响对双方来说都是模糊不清的。奥巴马政府没有明确回应"俄罗斯干预2016年美国总统大选"，最终签署了一项行政命令，对俄罗斯实施网络制裁，驱逐35名俄罗斯外交官，并扣押俄罗斯外交财产，但这与俄罗斯的攻击规模并不对等。

布鲁金斯学会最后提出非传统威慑问题，认为西方国家应制定一种非传统威慑战略，明确界定特定进攻行动将会造成什么后果，以遏制政治战。这一战略应该有公开的和隐蔽的部分，包括高级官员的公开声明、后果阐述、情报交流，将潜在成本转嫁给对手，并应加强秘密行动以识别对手的弱点。

| 锐实力 |

2019年年初，哈佛大学教授、美国前助理国防部长约瑟夫·奈通过哈佛大学肯尼迪学院贝尔弗科学与国际关系研究中心发布《保护网络信息战时代中的民主》一文，认为随着大数据和人工智能的发展，基于信息操纵的锐实力会严重冲击软实力，西方民主制度面临新危机。

约瑟夫·奈认为，在国际政治中，利用信息作为操纵工具早已有之，两次世界大战与冷战都有信息操纵。随着互联网发展，信息操纵已成为现代战争的重要组成部分，俄罗斯在对乌克兰的混合战争中就使用了信息操纵等方式，但是真正引发关注的还是2016年俄罗斯干预美国大选。虽然有观察人士认为俄罗斯干预大选的结果"被高估了"，但是无论如何，俄罗斯成功削弱了美国的软实力。

在约瑟夫·奈看来，对信息的操纵利用可被视为锐实力。约瑟夫·奈对软实力与锐实力进行了区分。他认为，软实力主要是通过吸引和说服而不是强制和惩罚等硬实力来影响他国，软实力不是对信息的强制性操纵，而锐实力是。

约瑟夫·奈认为，攻击选举系统、传播虚假新闻、操纵草根群体及人工智能换脸视频都是强制性信息操纵的互联网工具和方法。操纵选举系统和改变投票计数是破坏民主最直接的方式，主要是通过入侵投票机或选民登记册，特别是攻击那些没有备份的老式投票机。目前，80%的美国人都在使用这种机器投票。大部分社交媒体依赖于一种容易被外界操纵的商业模式，容易被不法分子利用。又如，通过操纵和影响草根群体来制造混乱，引发社会冲突，扰乱政治进程。再如，人工智能换脸视频很有可能煽动政治暴力、破坏选举和扰乱外交关系。美国正处于信息战时代的守势状态，面对这些威胁，需要强化对外威慑。

| 信息战 |

2019 年，Facebook 首席执行官扎克伯格在美国国会听证会上谈到俄罗斯利用社交媒体实施信息战时说："这是一场军备竞赛……而且他们做得越来越好。"美国学者莱昂内尔（Lionel）等撰写的《大规模作战行动中信息作战的历史案例研究》指出，俄罗斯信息战的工具和战术可能在过去十几年里发生了改变，社交媒体加快了信息战的发展步伐。

俄罗斯所称的信息战是什么？它经过精心计算和系统规划，包括削弱敌人控制信息空间的能力、预防敌人通过网络手段进行报复反击的技术能力，以及为俄罗斯辩护以美化其在世界舞台的角色，也就是软实力操纵。近年来，俄罗斯的信息战在战术方面进行了大量创新，从传统的心理战和控制舆论的战略通信到在社交媒体和其他网络平台上精心部署的水军和社交机器人，覆盖范围更广。

| 混合战 |

2005年，美国海军中将詹姆斯·马蒂斯和军事学者弗兰克·霍夫曼在美国《海军杂志》上撰文提出混合战概念，认为国家间大规模武力战争将成为过去，取而代之的是混合战，战争界限更加模糊、作战样式更趋融合。

一般认为，现代冲突有两种主要形式：一是直接正面武装冲突的传统形式，冲突双方有组织地使用军事力量，以武力征服敌人；二是混合战和颜色革命的混合形式，依靠软实力和硬实力，运用现代信息及认知技术，实现政治目的的最大化。其中，信息、政治与经济对抗取代传统武力，占据越来越重要的地位。2014年2—3月，俄罗斯充分运用军事、政治、科技、媒体策略的混合战，一举收回克里米亚，创造了混合战的经典案例。

混合战是利用军队和非正规组织对他国实施一系列破坏行动，包括在军事、政治、经济、安全和文化价值观领域制造混乱等。一国可以不经正式宣战就对他国的政府机构、正规军队以及经济、信息和文化价值观领域发起秘密攻击。颜色革命常常使用混合战战法，它针对他国民众、政府机关和军队采取政治、社会、经济、信息、思想意识及心理等方面的一系列措施，以施加影响，颠覆合法政府，最终实现本国政治利益。

为配合颜色革命,早在 1998 年,互联网社会化应用出现后不久,美国就通过信息战规划,提出在和平时期利用进攻性信息战的概念。2010 年,美国政府制定了进攻性的全球信息战策略。2013 年 3 月,美国在拉脱维亚成立战略信息中心,以便在最靠近俄罗斯的地方指挥对俄信息战。2014 年 3 月的乌克兰"广场革命"向世界展现了互联网时代颜色革命的威力。美国把北约信息中心的 16 名军官派到基辅,在社交媒体上大量传播反俄信息,操纵千万乌克兰人的舆论和心理。俄罗斯则成立"今日俄罗斯",用电视、互联网、文章和图片等反击北约的信息战,取得了不错的效果。

互联网新技术、新应用的广泛普及使信息、舆论和价值观念等快速广泛传播成为可能,也为混合战实施信息、舆论和价值观念操纵提供了有效手段。这使网络信息战成为新的战争样式,社交媒体操纵也自然成为重要战法。于是,就出现了 2016 年俄罗斯利用社交媒体干预美国大选这一指责和猜测。由于俄罗斯武装力量总参谋长瓦列里·格拉西莫夫对海外干预策略表示赞同,并重申了混合战理念,所以俄罗斯的混合战术被称为"格拉西莫夫主义"。

| 超级战 |

2018 年 4 月,布鲁金斯学会发布报告《AI 改变世界》,分析了 AI 为社会、经济和治理带来的改变和挑战,提出与政治战类似的超级战概念,认为 AI 将迅速推动传统战争进程,将在国家安全领域扮演重要

角色。

与AI相关的大数据分析将对情报分析产生深远影响，因为大量数据会实时进行筛选，为指挥官和工作人员提供前所未有的情报分析和生产力水平。比如，用AI"筛选通过监视捕获的大量数据和视频，然后提醒人类分析师存在的异常或可疑活动"。布鲁金斯学会已经把人工智能、大数据等视作未来美国发动超级战的终极武器，认为应预料到需要防范这些以超级战速度运行的技术系统。

10
有组织的政治战

"剑桥分析"事件不仅是美国不同政治势力角力的内战，现在越来越多的国家为达到政治、经济、安全等目的对他国进行数据操纵，输出价值观点，扰乱对方民心民意。数据操纵已然成为国家竞争和对抗的新手段、新战法。

美国政治战

| 轻足迹干涉 |

以 1998 年科索沃危机为标志，美国出兵海地、轰炸南斯拉夫联盟共和国、推翻卡扎菲政权、插手叙利亚危机等都是新干涉主义的表现。

奥巴马就任总统后，继续对外推行新干涉主义政策，但从全球军事干涉战略转变为轻足迹干涉战略，减少单边行动，更多的是通过先进技术手段和多样外交手段施加影响，而不是动不动就向别国出兵。或许是基于此，奥巴马获得了 2009 年诺贝尔和平奖。

• "奥运会"计划

小布什还在总统任期内的 2006 年，美国战略司令部的詹姆斯·卡特赖特（James Cartwright）将军设立了一个网络作战部门，提出一个异想天开的计划——"奥运会"计划，目的是让计算机病毒侵入伊朗纳坦兹核设施中专门控制铀浓缩离心机的计算机，利用感染计算机来大规模破坏离心机。不过，截至小布什离任，这一大规模破坏并未能实施。

奥巴马的轻足迹策略与"奥运会"计划一脉相承，他上任后，继续执行"奥运会"计划。美国国家安全局、以色列国防部设计出一系列蠕虫病毒，攻击行动持续多年也未被伊朗察觉。2006 年，美以两国启用

"震网"计划，其原理是：编写病毒程序"灯塔"，植入伊朗核设施主控计算机。"灯塔"收集信息，并将数据反馈给情报人员。他们根据这些数据设计出复杂的蠕虫程序，将其植入控制数千台负责离心机运转的主控计算机。蠕虫程序能控制离心机运转，令它们运转失衡甚至爆炸。蠕虫病毒还会自我编写，导致离心机运转总是发生小故障。2010年9月，伊朗政府宣布，约3万个网络终端感染病毒，1 000~5 000台铀浓缩离心机瘫痪，约占全国离心机总量的1/5。这就是轻足迹网络干涉的战绩。

• 多场颜色革命

2011年开始的"阿拉伯之春"，网络干涉主义再尝胜果。这一波颜色革命还扩散到乌克兰。在乌克兰"向东走"还是"向西走"的政治角力中，网络干涉主义再次扮演重要角色，Facebook、Twitter发挥了关键作用。

在此前的伊朗总统竞选骚乱中，网络干涉主义虽未取得成功，但也成为其策动颜色革命的经典案例。2009年6月，时任总统内贾德连任成功，改革派候选人穆萨维的支持者声称选举作弊，与德黑兰防暴警察发生冲突，引发西方质疑和干涉。美国国务院要求Twitter推迟例行维护计划，正如时任国务卿希拉里所言："其他的信息源不多时，Twitter传播线路畅通、可分享信息尤其重要，这是让人民有权说话、能够组织的重要表现。"之后，有200多万条Twitter信息被50多万人发送出伊朗。高峰时段，每小时有20多万条关于伊朗游行集会的Twitter信息发出。

美国前副总统乔治·戈尔说，我们看到伊朗人有能力将世界各地的观众与伊朗国内的人们连接起来，他们利用信息的力量激励对当地政权的抵抗，确立支持民主的政治意识。美国传播学者杰夫·贾维斯（Jeff Jarvis）称其为"API 革命"，是指借第三方应用程序来"使用"其他应用软件，如移动电话服务商可用这种办法把短信传给 Twitter。2009 年 7 月，美国国会通过含有"抵制伊朗政府封锁广播、电视和互联网信息"的《伊朗戒严令受害者保护法》《表达法》，并拨款 2 000 万美元用于伊朗电子教育、交流和媒体基金，协助伊朗人绕过网络审查。

• 网络干涉主义

网络干涉已成为美国向各目标国家发动政治打击、策划政治颠覆的基本手段，这比军事干涉战争更高效。美国在海外部署了整套"影子互联网"和移动电话系统，帮助他国反对派或特定人群与外界沟通。通过互联网选择性披露信息，配合传统媒体攻势，实现对别国民意的影响，这是五角大楼"进攻性运用互联网"的标准内容，本质是通过互联网实施特种心理战。

谷歌董事长埃里克·施密特和美国国务院前官员杰瑞德·科恩（Jared Cohen）的著作《新数字时代》详细描述了网络干涉主义。但是，网络干涉主义的方式和手段很容易被复制，可以反其道而行之，使其成为一个回击美国的回旋镖。一些与美国持不同利益立场的行为体，包括非国家行为体，开始复制美国的网络干涉主义，并将其对准美国。澳大利亚人阿桑奇创办的维基解密，通过披露阿富汗、伊拉克战争文件，以及美国国务院机密档案，让世界质疑美国的网络监控和外交政策。

互联网无国界，网络强国可以对网络弱国实施不受时间、空间和国际法限制的入侵和干预，既可以准确掌握别国意识形态、经济状况、科技水平、军队情况等，也可以随时洞察别国政治动向、社会运动、军事行动等，在战略战术上都占据优势。随着互联网全球化普及，社交媒体无孔不入，新干涉主义找到了得以推行的新工具，而且干涉形式更加隐蔽，干涉领域更加广泛。美国国家科学研究委员会、麦克阿瑟基金会和微软公司资助的一项研究显示："以网络攻击为基础的行动可以被用来影响选举，煽动政治派别之间的冲突，骚扰不喜欢的领导人或实体，或转移金钱。"

| 国家操纵项目 |

- "网络魔术师"

美国第 34 任总统德怀特·艾森豪威尔曾评论说："在宣传上花 1 美元，就等于在战场花 5 美元。"2014 年，"棱镜门"事件的主角斯诺登提供的一份文件显示，"五眼联盟"实施了"网络魔术师"项目，该项目通过在网上发布虚假信息，利用社会工程学原理操纵网络言论。比如，假冒某个网民通过博客发布虚假文章或一家公司的负面消息，破坏某个商业交易。也就是说，不择手段地对网络事件或真实事件造成影响。

"五眼联盟"成员之一的英国政府，其通信总部在内部专门培训网络黑客，开展一系列秘密"在线转化行动"。总部文件把黑客的任务概括为 4 个 D：否定（Deny）、破坏（Destroy）、贬低（Debase）和欺骗（Deceive）。黑客在网络空间或现实社会针对某些特定组织、特定公司等操纵一些事情。他们既利用传统间谍手段，比如设立种种圈套和陷阱、引诱一些人在网上发布假照片、伪装成受害者写煽情博文、在视频网站发布煽情视频等，也操纵一些人发送指定电子邮件给自己的同事、朋友、邻居等，以抹黑特定组织或个人的声誉。黑客擅长在论坛发布特定信息，以破坏特定商业合同或破坏经贸关系。一国政府利用网络特工和黑客渗透互联网，操纵、欺骗甚至摧毁特定目标，其实质是社会工程学的国家级运用。

• 社交媒体战略传播

2007 年，美国国防部尚在考虑信息传播风险，明令禁止军人使用社交媒体。随着对战略传播认识的加深，美军认为在全球范围内，社交媒体正成为普遍的政治和社会活动工具，制定社交媒体影响战略将是未来战争获胜的重要因素。从 2010 年开始，美军允许社交媒体进入军队，并将其作为军方的重要资产和传播手段，实施一系列项目。2010 年 2 月，美国国防部出台《基于互联网能力的负责与有效使用》备忘录，授权许可军方进驻重要社交媒体。美军发布《社交媒体的战略、方法与程序》，在社交媒体战略的基础以及如何注册、建立个人档案、管理网页等方面做出详细解释和规定。美军认为，军官应在社交媒体运用方面发挥带头作用，提出建立社交媒体战略构想，将战略分为参与、合作、实施与拓展四个目标。美陆军出台《社交媒体使用一揽子计划》，包括《陆军社交媒体手册》《陆军机构的 Facebook：建立、注册和执行》《作战环境中的社交媒体》《用社交媒体讲述故事：计划、发布与评估》等。

2011 年 7 月，美国国防部高级研究计划局（DARPA）正式提出"社交媒体战略传播"（SMISC）项目，计划三年投入 4 200 万美元用于支持基础研究。DARPA 提出，随着博客、社交媒体和媒体共享技术的大规模发展，冲突的本质已发生变化，社交媒体的影响可能与此前通信革命的影响一样深刻。DARPA 认为，有效利用社交媒体，可使美军更好地了解作战环境、更加灵活地使用信息。SMISC 为在数据规模方面系统化和有条理使用社交媒体，及时完成 4 个具体计划目标，开发了具有创新性的自动化和半自动化工具和技术，其中包括：更有效地对社交媒体欺骗性信息等进行检测、分类、评估和跟踪，研究思想与观念的发展和传播；有目的性或欺骗性地发送消息以误导对方；认知社交媒体和团体中宗教活动结构和影响行动，确定参与者及其意图，衡量宗教活动的影响；对已检测到的对手影响行动进行反制，有针对性地发布信息阻止谣言传播。

SMISC 主要是通过语音识别、大坐标图表分析、自然语言处理技术对社交媒体数据进行分析，帮助发现网上热点事件，跟踪社交媒体热点话题形成、发展、传播的全过程，寻找其中蕴含的规律，辅助美军在媒体上开展宣传。SMISC 还研究在社交媒体上建构"劝导工作实施架构和影响力行动"模型，以快速确定社交媒体出现的新谣言或热点事件，然后确定是谁在发布这些消息、他们的目的是什么。SMISC 具备鉴别能力，能分辨社交媒体上不利于美军的信息，判断其是偶然发生的还是敌对国家、敌对团体有目的的行为。

SMISC 研发历时 3 年，以实现攻防并举。一方面，实时监测社交媒体，帮助美军更好地了解部署地域的社交媒体实时发生的热点事件，发现和跟踪热点话题传播全过程，以防范不良报道和不实信息。也就是说，它在为美军提供更有针对性的监测服务，而不是漫无目的地监测整个社交媒体。另一方面，它帮助美军监测社交媒体的思想动向，识别社交网络和社群互动，开展游说活动，并针对敌对信息展开反击，降低敌对力量对事件信息的控制能力。具体说，就是通过社交媒体实施大规模宣传战，利用大数据分析、精准推送等技术扭转传播态势，让用户接受的信息有利于美国。

美陆军也认为他们通过数据分析可对社交媒体评论、反馈意见等进行统计分析，促成特殊社交媒体行动的成功。2018年8月，美陆军研究人员发表关于社会感知的论文，研究如何将媒体信息转化为战术工具。研究人员根据语言线索分析、信息流动建模、图像分析及网络动态建模，开发自动化工具以寻找信息间的相关性。这可以自动去除最极端的观点，帮助区分意见与事实，并借此评估社交媒体影响及其信息的可信度。以色列国家安全总局通过社交媒体分析与运用，仅2018年前9个月就阻止了250次恐怖袭击。

- "诚挚之声行动"

美军中央总部的"诚挚之声行动"（Operation Earnest Voice）项目创意来自美军反暴乱行动专家、中央情报局前局长戴维·彼得雷乌斯（David Petraeus）。"诚挚之声行动"是利用美国本土外的社交媒体，以所谓"真诚可信的声音"在中东等地网民中发出有利于美国的声音。最初该项目仅针对伊拉克地区，后来在全球多地均有部署，范围扩展到阿富汗、巴基斯坦和中东多国，同当地极端主义争夺舆论阵地。该项目资金规模为2亿美元，以使美军有能力制造网上舆论，钳制和消除不受其欢迎的观点和报道，实现美式价值观的全球覆盖。彼得雷乌斯上将坦承："美国对社交网络的监控是为了反对极端主义，并且确保'诚挚'的声音被传达。"中央司令部高级军官表示，该项目目的是："传播负面信息，以便打击对手的意识形态。"

社交媒体具有很强的社会效应。美军可以通过贴图片、传视频等方式向年轻人展示军队形象；鼓励士兵和军官开设社交媒体账号，利用社交媒体讲述"自己的故事"，使世界更好地了解美军，并宣介美国对外战争的正义性及合法性，以消除外界对美军行动的质疑。同时，社交媒体还可以帮助部队指挥官获取情报，准确了解战场局势，改变作战方式。军方还能通过分析社交媒体信息了解真实情况。对特定关键词的分析能确定该社交媒体消息是否试图使用说服性文字或故意制造紧张气氛。比如，有很多原因会突然改变敌人的位置或行为，如果美军能根据人们谈论的实体或特定事件确定敌人变动的原因，就可准确采取行动。社交媒体可帮助美军了解当地民众的情绪、军队行动的受影响者，以及行动对民众情绪的影响，以便有针对性地宣传美军的正义行为。比如，驻阿富汗美军利用 Twitter 发布信息，传递有利于美军的信息；在 YouTube 上开设频道，上传正面视频信息。美军还雇用公共关系专家监测和分析社交媒体情况。

美军 2010 财年特别项目预算为"诚挚之声行动"增加 4 500 万美元经费，用于"可信声音扩大和地区网络互动项目"，以提升在博客、聊天室及社交媒体与当地网民交互的能力，同时增加专门人员（中央司令部 15 人、卡塔尔 8 人），并把操控的论坛数量从 5 个增加到 15 个。除了中央司令部，其他司令部也有类似的行动，如欧洲司令部的"确定声音行动"、非洲司令部的"目标声音行动"。2010 年 6 月，美军将网络心理战更名为"信息支持行动"，由特种部队负责，以推动敌人及其他网民更好地认识和理解有关美国的信息。

美国中情局前局长迈克尔·海登（Michael Hayden）表示，像中央司令部这样运用社交媒体发动信息战，是美国军队和情报部门的优势。

为加强对社交网站的掌握，美国情报单位开始向专门研发监控软件的公司提供资助。"可视技术"公司就是其中之一，其研发的软件每天能处理100万条网络聊天信息，中情局希望借助该软件密切监控外国社交媒体，以从中发现可供利用的信息。

| 政权颠覆指南 |

2019年5月，美国特种作战司令部下属联合特种作战大学发布了由陆军特种部队退役军官、高级研究员威尔·埃尔文（Will Irwin）撰写的政权颠覆指南《支持反抗势力：战略目标及效力》（Support to Resistance: Strategic Purpose and Effectiveness）。该指南详述了美国几十年来在世界其他地区实施的干涉颠覆活动，旨在"作为干预行动的参考基准，服务于特别行动组及其文职指挥官"，为当前和未来形势更好地实施类似颠覆行动提供参考。

联合特种作战大学的来头不小。2000年9月，为加强特种作战的理论研究，美军在特种作战司令部下面建立联合特种作战大学。该大学作为美军特种作战理论研究的智库，为特种作战人员提供最前沿的教育，指导特种作战的实践，并制作指导手册以供参考。美国网络司令部参照联合特种作战大学，建立了联合网络战大学。

埃尔文的指南厚达250页，记述了1941—2003年的47个案例——跨越"二战"、冷战及后"9·11"事件时代，详解了美国是如何通过支持国外反抗势力对特定国家政权开展施压、破坏及颠覆等活动的，包括"二战"时期帮助游击队对抗轴心国的卫星国（如罗马尼亚、保加利亚、匈牙利、斯洛伐克、克罗地亚等），以及"9·11"事件后在阿富汗和伊拉克的反恐行动等。

指南将美国对他国政权的颠覆，即支持抵抗运动的行动分为三类策略——破坏类、胁迫类和政权更迭类。其中，胁迫类的成功率最高，成功或部分成功率为75%；破坏类的成功率在50%左右；政权更迭类的难度最大、成功率最低，只有29%取得了预期结果。近70%的颠覆活动是破坏性的，其他非破坏性案例中胁迫和政权更迭的比例基本相当。大多数行动是在战时条件下进行的，成功率几乎是和平时期的两倍。在47个案例中，成功实施的有23个，失败的有20个，2个实现了部分目标，2个当时无定论。另外，支持非暴力的民间反抗运动比支持武装反抗运动更有可能成功。

在这47个案例中，不乏以互联网操纵舆论对他国实施颜色革命的情况。事实上，早在"二战"期间，美国就开始搭建"大众传播实验"体系，如著名的"陆军士气大众传播实验项目"。美国国际开发署资助各种全球信息传播实验项目，推行"全球公民社会"运动等。美国国际共和研究所和美国国际民主研究院致力于传播"自由秩序"和发展"积极公民"实验项目。美国资助的国际私营企业中心、福特基金会、奥尔顿·琼斯基金会曾组织"民主视频挑战"竞赛等系列传播实验，意图通过私营企业和以市场为导向的改革在全球推广民主。

"9·11"事件后不久，五角大楼设立了"战略影响办公室"，目标是"取得信息控制权"和"雇用有影响力的人物"，实施重大战略宣传项目，包括"从黑中最黑到白中最白项目"（黑色宣传），制定"战略听众"名单，组织开展以互联网为作战渠道的信息战和心理战。DARPA授权美军各部门进驻社交网站，部署社交媒体战略传播等系列研究项目，构建国家网络靶场。

| 反宣传法案 |

2016年11月23日，欧洲议会以304票赞成、179票反对、208票弃权通过了《欧盟反击第三方宣传的战略传播》决议案，它号召欧盟各成员国采取措施反制第三方宣传。

2016年12月23日，时任美国总统奥巴马签署了《波特曼-墨菲反宣传法案》。根据该法案，美国国防部将在2017年获得额外预算，专门建立一个反宣传中心，对抗外国对美国的宣传。法案的目的是提升美国和盟国的整体防卫战略，反制来自俄罗斯和其他国家的政治宣传与谣言，并且防止海外盟国变成其他国家的傀儡，帮助盟国获得更加真实的信息，保护外国民众免受宣传洗脑。这样做就是为了创造一种"能打赢思想战的更全面、更积极的方式"。

有组织的舆论操纵

牛津大学网络研究院的"计算宣传研究项目"发布的2017年第12号研究报告《水军、喷子和麻烦制造者：全球有组织的社交媒体操纵盘点》，盘点了28个国家网军的社交媒体操纵活动，分析了国家政治传播常用的社交媒体工具，以及网军组织形式等情况。

报告指出，最早关于有组织的社交媒体操纵的预警出现于2010年，到2017年已有28个国家有迹可循。隶属于政府、军队或政党的网军致力于操纵社交媒体，成为全球普遍现象。许多国家调用大量资源操纵舆论，有时针对国内受众，有时针对国外民众。几乎所有民主国家都组织过针对外国公民的社交媒体宣传战，而针对本国选民的宣传都是由政党支持的，并在国家领导人选举期间出现。比如，2015年1月，英国陆军宣布第77旅将"专注于利用Facebook和Twitter等社交网络进行非致命心理行动，通过控制信息时代的叙事来打击敌人"，主要任务是通过使用"动态叙述"打击恐怖组织的政治宣传。

| 操纵策略 |

各国网军使用多种传播策略、工具和技术来实现社交媒体操纵，包括建立政府官方网站或网络平台传播内容，使用真实、虚假或自动账号与社交媒体用户交流，创作有实质的内容，包括图片、视频或博客、推文。

• 发帖互动

有些团队在网上与公众交流时使用亲政府、积极或民族主义的语言，以强化支持政府的立场。比如，以色列有一项政策，即与身在政府重要职位的个人正面互动。其他团队则是负面互动，包括口头辱骂、骚扰以及"挑衅"。在许多国家，网军会与持不同政见者进行负面互动。

然而，评论效果不总是明显倾向正面或负面。一些网军会发布中立性评论，以分散或转移人们对正在讨论议题的注意力。比如，沙特阿拉伯网军开展"标签病毒"行动，通过大量不相关的推文话题标签，把话题引向其他方面。再如，捷克共和国网军发表的评论既非正面也非负面，而是事实核查信息。大多数情况下，评论传播策略不全是以鼓励方式出现：网军经常发混合了正面、负面和中立的帖子。

- 定向个体

定向个体是网军常用的策略。比如，波兰精心挑选意见领袖，包括博客作者、记者和活动家，针对他们发送信息以使他们信服，进而影响其粉丝。还有一种形式是骚扰，包括言语辱骂、憎恨性言论、歧视或抨击其价值观。有时，骚扰发生在重要政治事件期间。美国民主党、共和党在选战中均通过社交媒体操纵舆论，但大众并不知道政党在秘密使用社交媒体影响他们。

- 账号工具

（1）账号、网页及应用。许多网军使用虚假账号掩盖身份和利益，暗中从事一些活动。比如，以色列拥有350多个政府社交媒体账号，涵盖各大网络平台，从Twitter到Instagram，以希伯来语、阿拉伯语和英语为主。英国军方的77旅专注于在Facebook、Twitter上对敌人进行"非致死性心理作战"；在塞尔维亚，少数专职员工开设虚假账号，以引起人们对政府议程的关注；在越南，亲政府博客负责传播党派的路线。

（2）机器人账号实现人机交互。在许多情况下，虚假账号是机器人，网军越来越多地使用机器人，实现人机交互相结合。全球多个国家的政客都部署了机器人账号，用于散布虚假新闻。同时，政客通过增加点赞量、分享量、转推量放大边缘化声音，创造出受欢迎的假象。但是，当机器人账号变多时，社交媒体的监管举措就越来越严厉，网军不得不一边使用人力一边使用机器人。

（3）账号内容创建。一些网军创造实质性内容来传播政治信息，这些内容不仅分布在各大论坛的跟帖中，还包括博客、YouTube视频、虚假新闻故事和图片等，帮助政府达到议程设置效果。在英国，网军以创建和上传"包含有说服力的信息"的 YouTube 视频而闻名。在俄罗斯，一些网军创建吸引人的在线角色，并在 LiveJournal 等网站上运营。一位俄罗斯网络警官开办了一个算命博客，提供"关系、减肥、风水——偶尔还有地缘政治"的见解，目的是"将宣传无缝地编织成看似日常生活中的非政治性思考"。

| 组织形式 |

网军通常由形形色色的参与者构成。在某些情况下，政府有自己的内部团队，其他则外包给私人承包商或志愿者。DARPA 的网络战团队包括美国网络司令部、美国国际开发署、空军以及五角大楼，它们经由政府进行有组织的操纵，以改变公众舆论。

• 政府

政府的网军是负责影响舆论的公职人员。英国各政府部门和职能部门都有网军；在阿根廷和厄瓜多尔，网军活动与总统办公室联系紧密。

• 政客和政党

政党或候选人经常使用社交媒体作为更广泛的竞选策略的一部分。他们有时候会使用社交媒体操纵公众观点，有意散布假消息，攻击支持反对党的言论。澳大利亚联合党曾于 2013 年使用过这一技巧。

• 私人承包商

有时，政府会把一些网络宣传活动外包给私人承包商，他们的工作通常都是短期性的，会被分配到各个特定任务上。比如，美国政府雇用公关公司开发和管理社交媒体上的虚假账号。

• 志愿者

一些网军由志愿者组成，他们会积极地在网上传播政治观点。在许多情况下，志愿者队伍由青年组织构成。在以色列，政府积极与来自世界各地的犹太组织或其他支持以色列团体的学生志愿者合作。他们既不是政府的公务员，也不属于私人承包商。在多数情况下，这些志愿者会得到其他一些奖励。比如，在以色列，表现优秀的学生会获得奖学金。

• 付费水军

部分网军由政府雇用，他们会得到一定报酬。他们既不是公务员，也不是志愿者。通常，被雇用的水军在社会上都有一定声望。在印度，网军会雇用一些民众帮助他们传播言论。因为他们的身份与政府关系不大，通常会被认为更加客观中立。随着时间的推移，网军的队伍已覆盖与政府签订合同开展社交媒体宣传的传播公司。

| 行动能力 |

不同的网军预算、行动和能力各不相同。团队规模从小于20人的小团队到超过200万人的庞大网军都有。

• 预算信息

大部分预算是指一次操纵的合同金额，而不是人力、技术设备或其他资源的年度总支出。比如，厄瓜多尔政府与一家私人承包商签署合同，每个月向后者支付20万美元；为叙利亚政府服务的EGHNA公司，每个项目的价格约为4 000美元。

• 组织行动

网军有几种组织实践方式：明确的层次结构和报告结构，上级的内容审查机制，强大的跨机构或跨团队的协调机制，薄弱的跨机构或团队之间的协调机制，受限制的团队。在某些情况下，团队是高度结构化的，有明确的任务分配和报告层级，很像公司构架。团队的任务通常是每天被委派的。比如，俄罗斯网军经常列出每天应该讨论的观点或话题，这些话题通常涉及特定的政治问题，管理者或上级经常会审查团队的工作。还有一些地方的网军比较缺乏组织性和结构化，也缺乏监督和协调。

- 能力建设

网军经常开展能力建设活动，其中包括：培训工作人员，提高与制作和传播有关的技能和能力，为表现突出的个人提供奖金或激励，投资研发项目。在人员培训方面，政府提供课程、教师甚至夏令营，帮助网军做好与社交媒体用户互动的准备。在俄罗斯，网军会聘请英语教师教授他们与西方网民互动的正确语法。其他培训内容侧重于政治经济学方面，目标是阐述俄罗斯对当前事件的看法。在阿塞拜疆，年轻人接受社交媒体培训，以使他们的账号更有效地接触想要影响的受众。

奖励制度是为了鼓励网军传播更多信息。比如，在以色列，政府为学生提供以色列"亲社交媒体活动工作奖学金"。在美国，DARPA 于 2010 年资助了一项 890 万美元的研究，目的是通过跟踪人们对网络内容的反应来观察社交媒体如何影响人们的行为。

除了牛津大学网络研究院的这份报告，2018 年 7 月，美国加州的未来研究所数字情报实验室也发布报告，披露美国、阿塞拜疆、巴林、厄瓜多尔、菲律宾、土耳其和委内瑞拉七国政府资助的网络暴力行动。这份报告由谷歌委托但未发布的一个项目发展而来。谷歌的技术孵化器

操纵

Jigsaw（拼图）部门研究人员曾记录了一些恶意活动，它们看似是自发行为，实际上与政府有关联。报告指出："某些国家正在使用它们曾经认为是威胁的工具，从而将信息技术作为巩固政权和控制社会的手段，推动虚假信息行动，并以比此前更大的规模推动政府宣传。"外部研究人员获取的报告副本显示，这些活动通常在高度集中协调下运作，并部署机器人和集中管理的社交媒体账号。[①]

- 信息淹没。通过大量的虚假信息和匿名威胁来简单地淹没Facebook、Twitter等社交平台，被研究人员称为"信息丰富战略"。
- 虚假账号。数百万个虚假账号利用Facebook、Twitter等社交媒体的算法，操纵用户看到的内容，并通过位置欺骗等技术使集中控制的账号看起来更加真实。2018年5—6月，Twitter关停了7 000万个虚假和恶意账号。Facebook也宣布将会删除煽动暴力的错误信息。
- 网络水军。韩国国家情报院已承认利用其心理行动部门的资产干预2012年的总统选举，其内部调查结果显示，多达30支团队负责"在线传播亲政府的观点，并压制反政府的观点"。

2019年11月，斯坦福互联网天文台发布2014—2019年格勒乌[②]在线影响力运营的白皮书。研究人员应SSCI（美国参议院情报委员会）的要求进行了这项研究，并从Facebook提供给SSCI的社交媒体数据

---

① https://www.easyaq.com/news/1159465792.shtml
② 格勒乌（GRU）创建于1918年，是俄罗斯最大、最为秘密的情报机构。

集开始研究。Facebook 向 SSCI 提供的数据包括 28 个文件夹，每个文件夹至少对应一个 Facebook Page。这些页面又与 GRU 的网络水军活动相关联。研究人员指出，GRU 创建了智库和媒体渠道来充当最初的内容投放，并伪造了角色（假的在线身份）来充当作者。网络账号则扮演分发者角色，将内容在 Twitter、Reddit 等社交媒体上发布。GRU 创建的内容可以实现从独立媒体网站到 Facebook 再到 Reddit 等的逐步分发，旨在降低原始虚假信息的可疑度。GRU 的任务是通过智库、附属网站和虚假账号，将其信息引入更广泛的媒体舆论生态，以获得实际影响。

突发舆论大战

| #DCblackout 事件 |

2020 年 6 月 1 日，北京时间晚 9 点左右，华盛顿哥伦比亚特区突然从公众视野"消失"。哥伦比亚特区是美国第 24 大城市，人口 65 万，怎么会突然消失呢？因为在数个小时前，美国东部时间凌晨 3 点左右，Twitter 上出现了一条热搜：#DCblackout（特区断电断网）。热搜评论中几篇最热的帖子称，受黑人乔治·弗洛伊德之死造成的抗议影响，美军已经将整个哥伦比亚特区断电断网，同时，持装备消声器武器的美军特种部队走上街头，随时准备对白宫门前的示威者大开杀戒。在国际国内矛盾日益激化的大背景下，这些信息听起来不禁令人胆战心惊。此类信息被大量转发，很快热搜度达到约 30 万。在转发的推文中，一些信息被不断重复提及，如在一张照片上，手持装有消声器的步枪的美国大兵在街头巡视；在另一张照片上，华盛顿纪念碑附近的大火熊熊燃烧；在一段视频里，示威者正在往后退，面前是一排警察。不少推文称，在这些图片和视频发出后，"一切都寂静下来了""再没有消息从特区传出来"。人们在 Twitter 上疯狂搜索"哥伦比亚特区"，一无所获，这似乎也可以作为佐证。

同时，#DCblackout 的 Twitter 热搜指数不断下降，这不得不让人怀疑 Twitter 正主动展开信息审查，同样可佐证特区可能出现了最恶劣的情况。此时，人们自然会推论：美军和警方一定是在断网断电之后采取了针对示威者的暴力行动，特区已经血流成河，火光漫天。3 个小时后，当特区居民早上睁开眼睛时，他们惊讶地发现全美都觉得自己已经被"屠杀"。电力、网络等部门的数据显示，自抗议爆发以来，特区的网络连接一切正常。究竟发生了什么？人们最后发现，#DCblackout 标签是由大量水军账号和盗用账号在短时间内刷出来的。大量水军账号的引入导致 Twitter 的自动反水军机制介入，热搜指数被一降再降，结果反而被误解为"Twitter 帮助掩盖惨案"。美国主流媒体没有报道，是因为没听说此事，却被误解为"媒体帮助掩盖惨案"。就靠几万 Twitter 水军账号，哥伦比亚特区就"被消失"几个小时。整个 #DCblackout 事件俨然一场典型的社交网络时代信息战。

| 白俄罗斯骚乱的舆论战 |

2020 年 8 月上旬，白俄罗斯官方统计，总统卢卡申科在大选中获得八成选票，反对派对选举过程和结果不满，走上街头抗议，引发骚乱和政治危机。9 月，卢卡申科表示，白俄罗斯当前局势是外部势力操纵

导致的。美国从波兰入手，通过社交媒体操纵，捷克、立陶宛、乌克兰也意图影响白俄罗斯局势。

白俄罗斯骚乱和危机的幕后黑手除了一些西方国家政府、媒体和非政府组织，波兰卷入最深，白俄罗斯许多反对派媒体以波兰为基地发动网络攻势。白俄罗斯政府切断了互联网连接，Twitter、Facebook 和西方媒体难以渗入，因此就以波兰为基地，基于即时通信软件 Telegram 打响舆论战，进而扮演骚乱推动者的角色。美联社、《纽约时报》、路透社和 BBC 等西方主流媒体连续大篇幅报道称，"每天，白俄罗斯抗议者的行动事项就像时刻表一样出现在 Telegram 上。这些行动事项列出了目标、时间和集会地点，精确得像商务人士做的，并提供鼓舞人心的信息"，如"早安。扩大罢工，11 点。支持 Kupala 剧院……晚 7 点，聚集在独立广场"。①

卢卡申科指出，美国用来破坏其他国家局势稳定所发展出来的技术与手段反过来会导致美国境内发生骚乱。Telegram 作为一种即时通信工具，隐秘性极强，很难追踪，即使网络中断仍然可用，所以被抗议者视为头等利器。Telegram 的创始人帕维尔·杜罗夫（Pavel Durov）是极具传奇色彩的叛逆者，被称为"俄罗斯的扎克伯格"，他正用加密社交技术冲击着世界信息传播秩序。2006 年，Facebook 在美国大学校园走红，杜罗夫和身在美国的老同学共同创建了俄罗斯社交平台 VK（VKontakte），用户数达 2.39 亿，一跃成为俄罗斯最具人气的社交媒体。VK 创立 4 年后，被政府盯上。当时网络盗版猖獗，VK 上充斥着

---

① https://www.guancha.cn/YuanYe/2020_09_11_564763_2.shtml

大量盗版，靠分享盗版吸引了大批早期用户。2011 年，VK 被美国贸易代表办公室称为"最重要的盗版数据库"。此外，VK 还卷入普京的选举。2012 年，俄罗斯国家杜马选举，VK 则成为反政府人士活动的大本营，俄联邦安全局曾向杜罗夫发出警告。2013 年，杜罗夫被彻底"排挤"出 VK 并出走美国。

杜罗夫带着几个人来到美国，把全部资产投入研发加密社交软件 Telegram，它被称为俄罗斯的微信，是目前全球最大的加密聊天应用。Telegram 看上去与 WhatsApp、Facebook Messenger、微信等社交软件没有不同，都可以发文字、语音、表情包进行聊天。但实际上它是一个加密社交平台，具有去中心化、不受第三方监管的特性。其最大特点在于对聊天内容进行加密传输，并支持聊天记录定时销毁、一键删除账号及资料等功能。Telegram 采用新型 P2P 加密协议 MTProto，用户发起一对一加密聊天时可开启"私密对话"功能，聊天信息所用密钥每几分钟就会更改，数据不会被存储，一小段时间后信息将会被自动删除，每条消息的有效时间都可自行设置。它还设置了解锁密码，添加了生物解锁模式。不到 3 年时间，Telegram 就风靡全球。2018 年 3 月，Telegram 月活量达 2 亿，且新用户以每日 70 万的速度增长，下载量达 3.65 亿，迅速超过了 VK。去中心化、匿名、无国家的 Telegram 引发各方关注，既有国家政府也有抗议团体，身影遍布世界各地的抗议活动。因为隐私保护性强，Telegram 也吸引了大量恐怖分子聚集，成为恐怖主义者的交流基地。俄罗斯、伊朗也因其为传播仇恨言论、鼓动暴力的平台，先后禁用 Telegram。

2020 年白俄罗斯大选前后，Telegram 上突然冒出大量频道（类似于微信公众号），用海量的反政府信息淹没了白俄罗斯人的手机。Nexta是其中一个知名的频道。《纽约时报》描述："当抗议活动开始时，Nexta频道经常是网上第一个发布警察与示威者暴力冲突可怕图片的地方。这周，他们贴满了工人在工厂抗议的视频……几天里，该频道粉丝从几十万激增到超过200万，它的姐妹频道也拥有70万粉丝。它们在这个拥有950万人口的国家的影响力不容小觑……""Nexta公布抗议者集会的时间和地点。他们向抗议者提供到达特定集合点的路线，并提出这些路线被封锁时的备选路线。他们就如何阻挡警车提出建议……在投票结束后几个小时内，他们呼吁举行大罢工，向抗议者支招如何逃避逮捕，建议购买头盔、护目镜、防毒面具和盾牌。""Nexta公布求助电话、通报警察的位置、发布可供抗议者藏身之处的地图，以及律师和人权活动人士的联系方式。它还建议用户通过代理和其他方式绕过互联网封锁。在抗议活动进入第三晚之前，它向抗议者发送如何在街头行动的详细指示。"另外一些Telegram频道还提供制作燃烧瓶的指南。

"今日俄罗斯"电视台总结了白俄罗斯骚乱的主要玩家，既有自由欧洲电台、自由电台、美国之音、德国之声、英国广播公司、路透社等老面孔，也有美国国家民主基金会和美国国际开发署等非政府组织。其中，美国国家民主基金会2019年在白俄罗斯至少资助了34个项目和组织，美其名曰"发展公民社会""促进媒体自由""促进青年行动主义"。德国《经济周刊》透露，已有60亿美元巨款被以加密货币等形式转给白俄罗斯的抗议者。《纽约时报》描述了波兰在这场舆论战中的主角地位："电视上出现了一群亲克里姆林宫人士，他们指出卢卡申科是波兰领导的舆论战的受害者。波兰是一个有影响力的社交媒体账号的基地，反对派广泛使用这些账号传播有关抗议活动和警察暴行的新闻，其中一些是假的。"许多参与这场舆论战的 Telegram 频道是在波兰或立陶宛某个地方注册的。许多白俄罗斯反对派媒体以波兰为基地，自由欧洲电台位于布拉格。白俄罗斯反对派的卫星频道 Belsat TV（用白俄罗斯语播出）是由波兰外交部资助的，英国和美国政府也有资金注入。它们与自由欧洲电台、自由电台有稳定的合作。同时，白俄罗斯的"欧洲广播电台"（Euroradio）一直接受来自波兰和美国的资金。

突然间，人们才发现波兰也具备对邻国发动舆论战乃至策动颜色革命的能力。这提醒人们，颜色革命并非只有大国强国才能策动，只要时机和条件合适，中等体量国家甚至小国同样能掀起惊涛骇浪。特别是在网络空间，国家或地区的大小强弱不能简单地用传统标准衡量，"匿名者"、维基解密等网络组织都具备这种力量。牛津大学的罗伯特·戈瓦撰写的《波兰的数字化宣传：假新闻放大器和数字公共领域》一文指出，在运用社交机器人、营销号和虚假信息等影响政治方面，波兰人早已身经百战，一点儿都不弱于美俄的同行。波兰某网络公司的政治顾问兼营销人员表示，他们对使用社交媒体假账号搞推广很有经验，过去 10 年创建了超 4 万个高质量的假账号，覆盖社交媒体平台和门户网站。每个账号都有单独的 IP，全部由真人管理，每条发帖内容都是专门编写而非简单的复制粘贴，甚至有自己的文风、兴趣和个性，让社交媒体平台方难辨真伪。其服务对象既包括私营公司也包括政党和竞选人。社交机器人或营销号并非简单地通过发帖灌水影响舆论，而是针对意见领袖，包括对记者、政治家、博客作者和关键活动家施加影响，如潜入有影响力的 Facebook 群组或挖掘评论区、直接与意见领袖对话，从而说服对方，使其相信某个被精心设计的论点，然后影响大众。

实际上，在白俄罗斯总统选举前不久，俄罗斯"社会工程处"的专家就对明斯克可能出现颜色革命的场景、周期做了准确预测（两年前就准备了报告）。但是许多新情况还是出人意料，发动颜色革命的"夏普（颜色革命之父）策略"花样翻新。"社会工程处"协调员达维德琴科（2014年反对敖德萨集会的领导者之一）指出，"夏普策略"即使在今天仍"完美无瑕，经久不衰……而且不断发展。有一整套规则、智囊团为之服务"。专家们相信，白俄罗斯的抗议活动已经具备转入颜色革命持久战的特征，而且今天的颜色革命需要利用新型即时通信工具（如 Telegram）。达维德琴科表示："Telegram 集一系列功能机制之大成：可以传达旨意，鼓动人们前往需要的地点，进行蛊惑，形成群体性观点，展开思想灌输。"在抗议之前，白俄罗斯反对派早已掌握 Telegram 并已经使用多年。不过，俄罗斯和白俄罗斯并未展开对等回应。像 Nexta 的迅速扩张是史无前例的。俄罗斯人是 Telegram 的发明者，当俄罗斯反对派开始利用 Telegram 时，俄罗斯政府迅速提出了备选方案，做出对等反应。但为什么不能高效利用 Telegram 捍卫俄罗斯在白俄罗斯、乌克兰、摩尔多瓦的利益呢？2017年3月26日，当时俄反对派人士纳瓦利内借助 Telegram 和其他社交软件鼓动莫斯科学生上街。同一天，明斯克也有学生走上街头。十五六岁的孩子被抓捕，被扭送至警察分局。但是经过这次动乱，他们经受了考验，三年之后的这些孩子已经十八九岁，已经成为训练有素的抗议分子。[①] 俄罗斯军事专家塔兰指出，在

[①] https://ishare.ifeng.com/c/s/7zauZfCffpE

Telegram 的 Nexta 背后有精干的指挥部，就在华沙和维尔纽斯。那是颜色革命组织者的老巢，聚集着各类受过培训、善于信口开河的鼓动家、记者、撰稿人。面对严峻的形势，2020 年 8 月 14 日起，卢卡申科开始对指挥部成员进行重大调整。新的人员十分内行，他们迅速扭转败局，形势出现反转。这不仅仅是一个控制 Telegram 的问题，还是战略方法的重建以及人员的重组，需要建立庞大的教育和培训系统。

| 纳卡冲突背后的舆论战 |

2020 年 10 月，随着阿塞拜疆与亚美尼亚在纳戈尔诺-卡拉巴赫争议地区（简称纳卡地区）战况的持续，两国也在利用互联网扩大战场。亚美尼亚的国家官方 Twitter 账号 @Armenia 通常发布各种软性宣传与友好游客的内容。但 2020 年 9 月 27 日早晨，亚美尼亚与阿塞拜疆部队在纳卡地区爆发激烈冲突，造成人员伤亡。亚美尼亚总理尼科尔·帕希尼扬（Nikol Pashinyan）宣布进入戒严状态，并全面启动军事动员。在 Twitter 上，@Armenia 也瞬间改变语气。9 月 27 日下午，它发布了一段有激昂配乐的、被火焰吞噬的坦克与装甲车视频。几百个 Twitter 用户在该推文下发表评论，为死亡或复仇点赞。亚美尼亚政府还发布照片，展示散落的阿塞拜疆士兵尸体、装备以及被摧毁的人员运输车。在 Facebook 上，亚美尼亚官方账号两天前还致以"平安万岁"的问候，随即也开始发布装甲部队陷入火海的画面。在阿塞拜疆，巴库议会开始实施戒严令与国家宵禁。阿塞拜疆的国家官方 Twitter 账号 @Azerbaijan 不再发布历史、音乐以及风景名胜信息，转而以"祖国的每一寸土地，都由上帝精心装饰而成"的推文信息进行军事宣传。阿塞拜疆国防部迅速开始在 YouTube、Twitter 上发布无人机攻击视频，声称这些袭击针对亚美尼亚的驻扎地、武器库以及军用车辆，不少评论以表情符号表示赞赏。

几小时内，纳卡地区冲突成为社交时代舆论战的新例证。随着军事冲突加剧，两国政府都通过社交媒体发布各种引导性和鼓动性宣传，以及近实时的战场场景。这些信息都经过整理剪辑，希望吸引更多人浏览和转发。这种情况与两国军事冲突同步，两国政府都指责对方应为敌对行动负责，包括轰炸平民所在地、雇用国外军队以及散布谣言等。亚美尼亚外交部发言人安娜·纳格达良（Anna Naghdalyan）指出，报复与反报复的循环将战争快速扩展到社交媒体。@Armenia 账号原本旨在成为"亚美尼亚以及亚美尼亚人民的名片"，但在战争爆发后，其宣传功能被迅速调整，"阿塞拜疆一直在散布大量虚假信息……为了能做出回应，我们一直通过社交媒体提供关于实地局势及当前战况的消息"。纳格达良还表示，双方的战地视频都是"动员工具"。"与美国对遥远地区的干预不同，这场冲突已给两国人民造成切身影响……任何一方都无法承受失败，因此双方必须以最直观的方式展示自己的军事胜利。"

实际上，通过社交媒体发布战争视频并不是新策略，而且这种策略的使用已较为普遍。现在，交战国通过社交媒体开辟另一个战场进行对抗。双方都坚称自己是在向公众提供真实可靠的信息，但某些内容显然是针对广泛传播专门设计的。比如，一张亚美尼亚牧师手持突击步枪的图片被配上"信仰与力量"的标题。阿塞拜疆国家边防局甚至制作发行重金属歌曲，乐队成员身穿制服在军事装备前表演，远处就是火箭弹纷飞的战场。随着两方伤亡人数增加，舆论战的力度也不断升级。亚美尼亚开始使用"#阻止阿塞拜疆侵略""#亚美尼亚坚强"等标签，阿塞拜疆人则打出"#打退亚美尼亚占领""#卡拉巴赫是阿塞拜疆的土地"等标签。

阿塞拜疆国防部定期发布无人机视频。9月30日发布的一段空袭镜头显示十多名敌方士兵被袭击，Twitter 评论区掀起一场欢呼。有人开始在视频中添加背景音乐，甚至借用高人气角色扮演游戏的曲目。纳格达良指出，亚美尼亚不会通过添加配乐或剪辑视频内容的方式"促进敌对行动或煽动仇恨"，同时指责阿塞拜疆国防部在视频中使用的配乐可能旨在"吸引受众注意力"。阿塞拜疆外交部发言人则通过邮件宣称，他们发布的视频"旨在向更广泛的国际社会通报当地最新动态"，并指责亚美尼亚散布"虚假新闻和虚假信息"，坚称"阿塞拜疆政府官方渠道发布的视频，才是当地最新军事活动及结果的可靠来源"。

从传播效果看，亚美尼亚的舆论战已经起效，且效果优于阿塞拜疆。亚美尼亚的官方 Facebook 及 Twitter 账号的粉丝比阿塞拜疆的多很多，所发帖子产生了更多的点赞、分享和转发。因为亚美尼亚争取到更多海外知名人士的支持，包括真人秀电视明星卡戴珊。英国伯明翰大学的研究员奥斯卡尼安（Oskanian）认为，社交媒体散播的大量人员伤亡内容可能对和平解决冲突构成更大的挑战。

政治战机器

| 国防高级研究计划局 |

众所周知，互联网发明于1969年，最初被称作阿帕网，在美国

ARPA（高级研究计划局，Advanced Research Projects Agency）制定的协定下，首先用于军事部门连接，后将加利福尼亚大学洛杉矶分校、斯坦福大学研究学院、加利福尼亚大学和犹他州大学的四台主机连接起来。1972年3月，ARPA改名为DARPA（Defense Advanced Research Projects Agency，国防高级研究计划局），1993年2月改回原名ARPA，1996年3月再次改名为DARPA。1983年，美国国防部将阿帕网分为军用网和民用网，民用网逐渐发展为今天的互联网。

DARPA成立于1958年，隶属于美国国防部，总部位于弗吉尼亚州阿灵顿县。它集合各个科学领域的杰出人才，负责研发军事高新科技，名称中的"Advanced"实际意思是指"预先"。DARPA这几个字母分别表示"国防/预先/研究/项目/机构"，宗旨是"保持美国技术领先地位，防止潜在对手意想不到的超越"，主要服务于国防军事需求，互联网、半导体、操作系统UNIX、激光器、GPS等重大科技成果都可以追溯到DARPA。

随着社交媒体时代到来，DARPA被赋予了新任务，包括研究Twitter、Facebook等社交媒体用户活动，以便通过操纵数据和信息来控制社会情绪。比如，2009年，康奈尔大学的教授杰弗里·汉考克（Jeffrey Hancock）曾接受资助，开展"霸权政府如何塑造社会舆论"研究。

2002年1月，DARPA成立信息意识办公室（IAO），徽章标识是金字塔顶端独眼——"全视之眼"监视全球。它是各种DARPA研究项目的综合体，基于全部信息收集再做最后整合，任务是"想象、开发、运用、整合、展示、传送信息技术和组件，并开发内部闭环信息系统的雏形，以抵抗不对称威胁"。IAO 的众多项目之一是可扩展社交网络分析项目（Scalable Social Network Analysis Project），基于社交媒体挖掘找到"恐怖组织的关键特征和从其他类型社会群体中分辨出这些（恐怖）组织群体的关键特征"。该项目获取的数据包括：信用卡记录、机票购买、互联网活动、汽车出租、成绩单、纳税申报、医疗记录、公用事业账单以及其他任何现有的数据。

国际上有很多知名网络舆论监控技术系统，其中知名度最高、运用最广的是美国的 TDT（Topic Detection and Tracking，话题检测与跟踪），其最早由 DARPA 于 1996 年提出。DARPA 要求开发一种新技术，在没有人工干预的情况下自动快速发现、判断数据流的主题和重要信息。[1] 来自 DARPA、卡内基-梅隆大学、Dragon 系统公司及马萨诸塞大学的研究者开始主导定义话题识别与跟踪研究的内容，并于 1997 年研究初步技术。在 DARPA 的资助下，TDT 项目于 1998 年正式开始，美国国家标准与技术研究院（NIST）每年举办专门的国际会议，并进行技术系统评测。该会议是 DARPA 支持的 TIDES（跨语言信息检测、抽取和总结）项目两个系列会议之一（另一个是文本检索会议 TREC）。马萨诸塞大学、卡内基-梅隆大学、宾州大学、马里兰大学、IBM Watson 研究中心、BBN 科技公司等都参与了评测。这些技术研究和评测后来统称为 TDT1997。

TDT 通过话题发现与跟踪，将分散信息有效地汇集并组织起来，从而帮助用户发现事件各因素间的相互关系，从整体上了解一个事件

---

[1] ALLAN J, PAPKA R, LAVRENKO V. Online New Event Detection and Tracking [C]. Proc. of SIGIR Conference on Research and Development in Information Retrieval, 1998.

的全部细节及与该事件和其他事件的关系。不过，TDT 源于早期 EDT（Event Detection and Tracking，面向事件的检测与跟踪）概念和技术。TDT 与 EDT 不同，话题是特指若干对某事件相关报道和信息的集合，识别与跟踪的对象从特定时间和地点发生的事件扩展为具备更多相关外延的话题，从传统对事件的识别跨越到包含突发事件及后续相关报道的话题监测与跟踪。实践证明，TDT 能有效帮助应对网络信息过载和爆炸，解决一般检索返回信息冗余度过高等问题，对媒介信息流进行新话题的自动检测识别和已知话题的持续跟踪。

2016 年，DARPA 发布"数据驱动模型发现"（Data-Driven Discovery of Models，D3M）计划，利用算法学习如何通过数据驱动建模，研发多种变量变换模型、数据特征抽取模型、数据态势预测工具，实现大数据驱动的重要线索发现或演化规律预测。

早在 2012 年，美国国防部和 DARPA 就资助了第一批 10 个大数据研发项目，XDATA 是其中的代表性、基础性项目，重点开发用于分析半结构化和非结构化大数据的软件工具，并能对大数据进行可视化处理。

DARPA 与美军各研究机构和各军种资助了一批大数据项目，包括从科学阐述中预知和理解（FUSE）、隐性信息挖掘（Memex）、文本深度挖掘和过滤技术（DEFT）等。

2017 年，DARPA 推出雄心勃勃的"地面真相"计划，旨在实现基于计算机的人造社会系统仿真，建设因果关系规则测试平台，以验证社会科学建模方法的准确性。DARPA 认为，缺乏常识会阻碍智能系统理解世界、与人自然交流，以及在不可预见的情况下合理行事并从新体验中学习。于是，它启动"机器常识"计划，探索认知理解、自然语言处理、深度学习和人工智能研究等领域的最新进展，找到常识问题的答案。"机器常识"计划将构建常识知识库，使机器能通过阅读网络信息回答关于常识现象的自然语言或是基于图像的问题。

2019年，DARPA启动以知识为导向的人工智能推理图式的KAIROS（Knowledge-directed Artificial Intelligence Reasoning Over Schemas）计划，以感知全球事件变化。KAIROS所指的事件是自然界或人类社会发生的可识别且显著的变化，即"兴趣事件"，可能对美国国家安全产生显著影响。"兴趣事件"的变化可对一个事件本身产生重大影响，或构成产生更广泛影响因果链的一部分。许多事件不是简单事件，而是复杂现象，然而越来越多的非结构化多媒体信息阻碍了对"兴趣事件"及其基本潜在要素的发现和理解。

KAIROS计划将识别和绘制看似无关的事件或数据的相关性，对复杂现实世界事件进行语义理解和时序推理，形成能理解事件并预测事件如何发展的人工智能系统，以发现隐藏在海量多媒体、多语言信息中的"兴趣事件"。KAIROS计划的目标是创建一个可在"看起来没有关联的各类事件"中发现并绘制关联关系，进而更好地描述全球事件的半自动化人工智能系统。

DARPA将KAIROS计划分为两个阶段：在第一个阶段，通过基于语言学推断和常识推理的检测、分类、汇聚，运用归纳、综合和特殊化流程，帮助形成可描述简单和复杂事件的图式，再将多个图式串联使用，以提取"角色""事件"等关键因素，并针对特定需求定制智能化分析；在第二个阶段，将第一个阶段形成的图式库应用于多媒体、多语言信息，以发现和提取复杂事件、识别事件、实体等因素之间的关联关系，帮助人工智能系统形成和扩展其知识库。

这些项目研发了许多预测推理模型和数据驱动模型与技术，对全球和区域政治、经济、社会、军事、环境等数据，以及社交数据和开源大数据进行分析，可初步评估预测国家安全态势、军事战略态势，以及地区安全与冲突态势。同时，这些项目还开发了预警工具，主要用于分析互联网大数据，挖掘重要线索和关联性实体和事件，实时或近实时监控全球整体性恐怖态势和热点冲突态势。

| 情报高级研究计划局 |

"9·11"事件后，美国为提高情报工作能力，借鉴DARPA经验复制了3个机构：IARPA（情报高级研究计划局，成立于2006年，隶属国家情报总监办公室、HSARPA（国土高级研究计划局，成立于2002年，隶属国土安全部）、ARPA-E（能源部高级研究计划局，成立于2009年，隶属能源部）。ODNI（国家情报主任办公室）约有500人，一般由美国中央情报局局长兼任国家情报总监，负责集成美国不同情报部门的情报和作战能力，承担对所有情报机构的协调指挥职责，审查所有上报总统的情报资料，编制年度情报工作预算，等等。

IARPA的使命与DARPA相近，进行的是颠覆性技术研究，区别在于IARPA的服务对象是美国情报界。IARPA合并了美国国家安全局颠覆性技术办公室、地理情报局全国技术协作组、中央情报局情报技术创新中心，直属国家情报总监指挥，旨在跨机构为美国情报界提供革命性的新能力。

IARPA 重在预测研究，它负责研究可以影响未来的情报技术，专注于高风险、高收益研究项目，解决情报机构和学科面临的重大挑战，包括情报科技领域基础性、前瞻性、高风险、创新性、颠覆性的研发工作，如情报数据检索、获取、整理、分析、存储和管理等技术，偏重于应用型技术。其主要任务是：

- 预判突袭情报：通过推动科技项目实施，培养及时、准确地发送预测与国家安全相关的突发事件情报的能力，关注预警情报，减少情报的不确定性。
- 敏锐分析情报：聚焦大量、异构、难以确证和动态的数据分析，提高数据洞察力，在已有的各种数据中寻求新的信息源，并研究和应用创新型技术。
- 安全运行情报：在常怀有敌意的、日益相互依赖的和资源限制的环境中，维护情报界所具有的自由和有效的操作能力。
- 智能采集情报：改善从全源收集数据的能力，如开发新的传感器和传送技术等更加精准收集情报数据的技术，搜集以前无法访问信息源的信息，追求对多源头数据进行联结的新机制，提高信息搜集的质量、可靠性和实效性。

IARPA 参照 DARPA，偏向于竞争性，通过举办公开竞赛，吸引机构和个人参与，给予能解决问题的公司现金奖励，然后用四分之一的预算对获胜方的技术方案进行试验与鉴定。这样运作能带来更快且更具创新性的方案。挑战赛是效费比最高的方法，它能广泛发布需求公告，为好的想法和技术提供种子基金。

作为美国情报技术的孵化器，IARPA 输送了大量情报新技术。它有 500 家合作机构，其中 50% 为大学院校，25% 是小企业，25% 是大型企业、联邦实验室及联邦机构。它为美国 17 家情报机构服务，涉及物理学、生物学、化学等自然科学，以及政治学、心理学、神经科学、计算与工程学等研究领域。2016 年是 IARPA 成立 10 周年，仅这一年它就开展了 12 个新研究项目、2 项新挑战赛、46 场研讨会及 22 项技术开发。IARPA 是量子和超导计算领域研究的最大资助方，并在机器学习、语音识别、图像分析、人脸识别、自动视频分析等领域投入资金。它三分之一的预算投入了"人类判断项目"（HJP），帮助分析人基于不充分数据或错误信息做出更好的评估。

《纽约时报》报道，IARPA 的某个项目希望建立信息数据自动收集体系，使用公开信息，包括网络搜索查询、博客条目、互联网流量、金融市场指标、交通摄像、维基百科条目修改等，预测政治危机、革命和其他形式的政治和经济的动荡。据说，其可以与物理学家、化学家一样准确地预测自然现象。IARPA 则透露正开展视频分析和其他人工智能领域的研究工作。

近年来，随着海量数据不断产生，美国情报机构希望开发算法以利用数据预测未来，而不仅仅是对数据筛选处理。IARPA 正针对四个技术类别寻求相关项目，包括预测情报、分析、操作和收集。目前，开展预测性情报研究以进行预测和更好地连接情报节点正成为情报圈的热门话题。IARPA 对预测技术十分感兴趣，包括衍生现象的探测与预报、自动化分类分析、稀少事件预报、新兴技术风险评价、数据因果推论等，同时融合多源数据改进收集信息质量、可靠性和实用性的方法。IARPA 也会以公告形式发布奖金项目，开展项目大奖挑战赛，以推动项目实施。

| 风投公司 In-Q-Tel |

美国大多数情报科技研究与开发都是通过 DARPA、IARPA 和 IQT（In-Q-Tel）进行的。IQT 是中央情报局在 1999 年建立的风险投资公司，任务是评估和投资维护美国国土安全利益的尖端科技公司，核心专长领域之一就是数据挖掘技术。20 世纪 90 年代，伴随互联网快速发展，中央情报局感到山雨欲来的危险，意识到情报部门跟不上技术步伐，而那些充满创意、掌握最新信息技术的创新公司并不了解中情局的技术需求，不能为其所用，这道无形的屏障正在阻隔情报部门与技术、市场的联系。中央情报局认为，是时候做出一些改变，补上情报机构技术需求与商业技术新发展的空当。情报机构要投入日新月异的科技创新浪潮，建立市场导向的投资部门，按照硅谷的模式运行。1999 年 2 月，中央情报局正式组建法人实体 In-Q-It，并于次月获得情报局的首单生意，其 2000 年改名为 In-Q-Tel。

IQT 的名字是精心设计的，意思是"帕琉斯"（希腊神话中阿喀琉斯的父亲）。"In""Tel"取自单词 Intelligence，有"智能"之意；"Q"来自"007"系列詹姆斯·邦德的故事：Q 是个奇才，经常为邦德提供高科技的小发明装置，使其总能挫败对手。中央情报局以一年一签合同的方式定期注入资金，希望能通过 IQT 的风投像 Q 的发明一样带来高价值的新技术，类似国际流行的政府创业引导基金。IQT 负责与美国企业、成长型公司、研究人员、风投家等接洽，将可以提供出众能力的技术交付给 CIA（美国中央情报局）、DIA（美国国防情报局）、NGA（国家地理空间情报局）以及情报界。

CIA 作为政府机构，每个财政年度为 IQT 提供 3 500 万美元，IQT 则以风险投资的形式为 CIA 培育并传输先进的、可以为其所用的信息技术。IQT 不以投资回报最大化为目标，而是作为非营利战略投资者被赋予最大限度的决策自由，围绕国家安全需要开发和提供尖端技术，提供具有战略性、综合性和任务导向性的服务。其董事会成员是来自国家安全、金融、技术、学术等领域的知名人士，工作团队包含企业家、投资家、技术专家等。如此跨领域的专家级团队使 IQT 能时刻保持对前沿技术的敏感度，高效调动各方资源，找到所需技术、产品与目标公司。IQT 基于五年以上的技术和市场预测，聚焦通信、网络安全、大数据分析、网络基础设施等九大领域，可为其敏锐、精准地找到投资目标提供可靠的投资指南。

IQT 还承担国家安全部门技术顾问的任务，帮助及时获取关于技术与市场趋势的判断。IQT 大约 75% 的投资都服务于包括中央情报局在内的美国情报界多家机构，比如国家安全局、国家地理空间情报局、国防部、联席参谋长办公室、国防情报局、联邦调查局、国家侦察办公室、国土安全部。IQT 对外投资已超 400 项，联合投资伙伴超 1 500 个。

IQT 对每家公司的投资额为 50 万 ~500 万美元不等。它投资的最知名的项目是谷歌地球的前身——地图数据服务商 Keyhole。IQT 投资的 Visible Technologies 公司每天挖掘 50 万个网站信息，查看博客、YouTube、Twitter 和亚马逊的 100 多万篇文章和对话。它投资的 Attensity 公司使用语法分析网上"杂乱无章的文本",使之更易被政府数据库处理。它在 2016 年投资 500 万美元的遥感数据服务公司 Orbital Insight,可分析数百万张传回地球的卫星图片,以此解答各种问题。假设沃尔玛或 CVS 等大型零售商想知道有多少人在商场购物,可以分析计算停车场有多少辆汽车,Orbital Insight 可以算出有多少商场营业、有多少人在逛商场,或商场在一天特定时间段内客流量有多大等,还可以回答下班高峰期最繁忙的十字路口是哪个、某国经济是如何发展的等问题。它在 2004 年投资的计算机辅助解析编程语言 Rosette 可以查看外语文章并翻译,从外语文章中提取关键信息,明确基础的关系定义,确定积极或消极情绪。

DARPA、IARPA 和 IQT 通过各个研究项目能监控 Twitter、Facebook、Instagram 等社交媒体以及一切可监控场域的海量数据,发现网络攻击、恐怖主义、金融欺诈等行为的蛛丝马迹。这些项目都是美国战略通信计划的一部分。参与有关项目的研究人员表示,网上每个人都被视为可能传播信息的潜在因素,他们的工作就是在特定时刻找到合适的人,以传播有利于美国利益的信息。美国政府还开展虚拟情报项目,预测公众对其宣传活动的反应,并通过某些手段抹黑反对政府的活动家、政治家和媒体人的名誉,使其丧失公信力。

此外,美国政府还秘密资助古巴版 Twitter——ZunZuneo,以通过传播煽动性言论诱导古巴年轻人推翻古巴政府。古巴媒体认为,美国政府曾在叙利亚、乌克兰和委内瑞拉等国家制订过类似的煽动计划。美国情报机构利用高精尖技术对他国最容易接受社交媒体等新生事物的年轻群体进行渗透。

| "全球参与中心" |

美国的对外舆论战机构"全球参与中心"（Global Engagement Center）设立于 2016 年 3 月，是美国国务院一家反外国宣传的实体机构。中心设立的最初目的是对抗外国极端组织的宣传攻势，协调整合美国政府部门间的工作，减少暴力极端主义组织和恐怖组织在外国受众中的舆论影响。

美国政府为"全球参与中心"2017—2018 年的运作划拨了 1.6 亿美元经费，任务是跟踪外国宣传活动，对其进行分析并予以对抗。中心还向外国记者、私营企业和社会机构提供资助。

社交机器人操纵

社交机器人是人工智能发展到一定阶段的产物，是指社交媒体上模拟人类用户、自主运行、自动生产发布内容的算法智能体，是模仿人类的社交媒体言行的计算机程序。社交机器人能模仿真人用户在网上的行为模式，并与真人开展社交，还可以进行对话、关注、点赞、评论、转发等操作。它常常在论坛和社交媒体上发布信息、点赞和评论其他社交媒体用户，是使内容或话题看起来比实际更受欢迎的廉价工具。近年来的许多研究发现，Facebook、Twitter 等社交媒体上存在大量社交机器人，它们在注册账号资料填写、社交网络构建、信息发布规律特性等方面都能较好地模拟人的行为。2006 年，牛津大学互联网研究所主任菲利普·霍华德在专著《新媒体运动和被管理的公民》(*New Media Campaigns and the Managed Citizen*)中首次预言社交媒体将被滥用于操控公共意见、误传政治信息和进行虚假宣传。2009年，市场咨询服务公司 Sysomos 发布一份报告，指出约24%的 Twitter 内容由社交机器人生成。亚利桑那州立大学与卡内基—梅隆大学的研究者在2015年共同指出，Twitter 中至少有7%的社交机器人账号。外国学者芒森通过比对 Facebook 的官方数据指出，5%~11%的 Facebook 账号是假的，账号背后并非真实的人类用户。近年来的许多案例表明，活跃的社交机器人对政治、经济、社会等能产生明显影响。2010年的美国中期选举和马萨诸塞州特别选举中，数量惊人的包含着超链接的推文被社交机器人生成，这些超链接皆指向预先建立的包含支持己方候选人、打击对方候选人的虚假新闻网站。[1]当时，艾奥瓦州的一个保守派团体建立了一个名为 @BrianD82 的小型自动账号网络，目的是宣传马萨诸塞州竞选参议员的民主党人玛莎·科克利（Martha Coakley）具有反天主教倾向。2013年4月23日，叙利亚电子军队控制美国白宫的 Twitter 账号，发布"白宫发生爆炸事件，总统奥巴马受伤"的消息，在社交机器人助推下大肆传播，最终重创美国股市。[2]舍费尔等学者认为，安倍晋三能在2014年日本首相选举中胜出，得益于 Twitter 的大规模机器人军队助其在网上快速建立国家主义议程框架。在墨西哥，时任总统恩里克·培

---

[1] 郑晨予,范红.从社会传染到社会扩散：社交机器人的社会扩散传播机制研究 [J]. 新闻界，2020(03)：51-62.

[2] 张洪忠,段泽宁,韩秀.异类还是共生：社交媒体中的社交机器人研究路径探讨 [J]. 新闻界，2019(02)：10-17.

尼亚·涅托（Enrique Pena Nieto）的支持者创建了诸多小号来冒充抗议者，进而破坏反对派运动。在阿塞拜疆，一个支持政府的青年组织在Twitter上发布大量带有威胁和侮辱的图片，旨在发起针对记者的联合羞辱运动。

2016年美国总统大选期间，特朗普的Twitter粉丝约四分之一是机器人，近19%与大选相关的推文是由社交机器人发出的。南加利福尼亚大学信息科学研究院的亚历山德罗·贝西（Alessandro Bessi）和埃米利奥·费拉拉（Emilio Ferrara）研究发现，社交机器人不仅数目庞大，而且能发挥强大的影响力，有能力左右、歪曲网上讨论。他们发现约40万部社交机器人在大选前日夜运作，以惊人的速度在Twitter上不断发推文和转推，生产了接近20%的与选举相关的信息。贝西和费拉拉的研究观察超过一个月，横跨三场总统辩论，他们统计分析一个账号和其他账号有多少联系，又有多少用户会转推该账号发布的信息。研究发现，人们并不擅于分辨所接触的信息源，不太知道究竟信息来自真人还是机器，机器和真人被转推的频率其实十分接近。社交机器人由于活跃，可生产更多推文，被转推的次数很多，并发挥极大影响力。在不断转推的过程中，容易出现散播谣言、阴谋论和错误信息等问题。在美国一些州，特别是南部和中西部，社交机器人的数量远比其他州多，这会让人误以为某些候选人在网上似乎真的得到了基层支持。事实上，那些支持者是机器人，其中近75%的机器人都是支持特朗普的。在2016年美国总统大选之后，阿尔科特（Allcott）等学者利用网络浏览数据、事实检查网站的存档以及一项在线调查结果研究发现：Twitter社交机器人生成了1.4亿条推文，包含400万个相关话题；Facebook社交机器人分享了 3 800 万条虚假新闻。

可以说，机器人在一定程度上影响了政治竞选活动。2016 年 6 月英国脱欧公投期间，有 77 000 个机器人参与了签署在线公投请愿书。社交机器人已经成为西方政客操纵舆论的工具。托拜厄斯（Tobias）和乌尔里克（Ulrike）在《政治沟通》（Political Communication）上发表的《选举运动中的社交机器人：理论、经验和方法上的启示》以 2017 年德国大选期间的政党推文作为研究对象，研究了德国政治竞选中的社交机器人。研究发现，社交机器人确实影响了"政党人气"，扰乱了竞选期间的参与度和透明度。[①]2020 年，Twitter 上充斥着为了提升特朗普连任前景而设计的机器人。无论机器人来自何方，它们都会对社会的分裂、民众极端情绪的上涨以及民族仇恨的煽动造成持续的恶性影响。

还有研究人员发现，社交机器人与人一样存在政治倾向，它们的发布、转发行为也有政治倾向，背后有人在操纵。发表于 2019 年的论文《红色机器人：对社交机器人党派行为的比较分析》（Red Bots Do It Better：Comparative Analysis of Social Bot Partisan Behavior）以 2018 年美国中期选举为案例，发现社交机器人在政治讨论中大规模操纵公众舆论的重大风险。研究人员以"2018 中期选举""2018 中期""选举""中期""中期选举"等关键词进行筛选，最终得到 260 万条信息，涉及 Twitter 账号近 100 万个。然后，研究人员对每个账号进行测量，将"可能是机器人得分指标"大于及等于 0.3 的账号判定为社交机器人

---

① TOBIAS R K, ULRIKE K. Social Bots in Election Campaigns: Theoretical, Empirical, and Methodological Implications[J]. Political Communication, 2019, 36 (1): 171-189.

账号。

第一步，研究人员发现社交机器人具有政治倾向。自由派机器人账号的数量大约是保守派机器人账号的两倍，但是数量较少的保守派机器人账号发布的 Twitter 数量大于自由派机器人账号，这表明保守派机器人账号在 Twitter 上更加活跃。第二步，研究人员检测社交机器人的转发行为是否基于其政治倾向，为此研究人员构建了 10 核分解图和 25 核分解图（见图 10-1）。

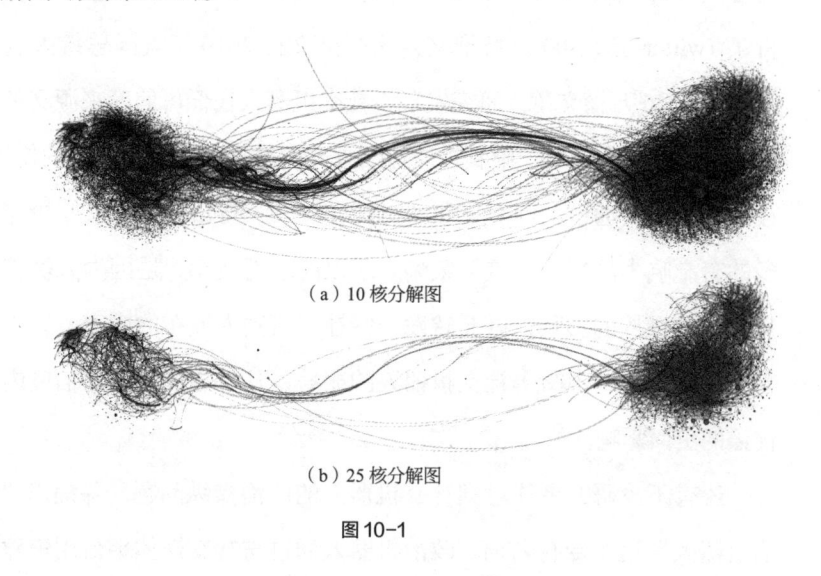

（a）10 核分解图

（b）25 核分解图

图 10-1

从图 10-1 可以看出，根据政治倾向可以分为两个社团，大多数转发行为发生在社团内部，这表明机器人账号与人类账号一样，其转发行为基于已有政治倾向。此外，对比 10 核分解图和 25 核分解图可以看出，黑色社区逐渐分散，灰色社区仍旧保持一定的聚合状态，这说明保守派机器人账号与社团内部的联系更加紧密，并且保守派机器人在社交网络中居于更集中的位置，其影响力也更大。研究人员总结认为，保守派机器人与人类分享了大多数讨论话题,而自由派机器人则表现出较少重叠和更具煽动性的态度。保守派机器人更深入地融入社会网络,并且比自由派机器人更有效地对人类施加影响。

2018年的《自然-通讯》杂志发表了印第安纳大学伯明顿分校计算机科学与信息学教授菲利波·门泽尔(Filippo Menczer)和同事的一篇关于2016年美国总统大选的研究文章《社交机器人传播的低可信度内容》(The Spread of Low-credibility Content by Social Bots)。他们分析了Twitter上1 400万条推文,这些推文在2016年美国总统大选期间共转发40万篇文章。研究发现,社交机器人在低可信度来源文章的传播中起到很大作用,限制社交机器人或能减少网上错误信息的传播。社交机器人会通过"回复"和"提到"功能,将目标指向那些粉丝众多的有影响力的用户。这种策略之所以能取得成功,是因为人类较易受到这类操控的影响,进而转发一些社交机器人发布的内容。如果封禁一小部分(约10%)社交机器人的账号,几乎能消除低可信度内容传播的负面影响。[1]

还有不少研究者注意到社交机器人的政治操纵问题,并提出"政治机器人"这个专有名词。政治机器人通过与社交媒体平台用户建立社交关系,传播幕后操纵者的政治主张,影响舆论,混淆视听。学者们研究发现,社交机器人实施政治动员、政治干扰所产生的种种后果,已经对国家的民主和社会秩序构成威胁。[2] 政治机器人有三种:宣传机器人试图通过大量传播真实、半真半假和彻头彻尾虚假的信息来说服

---

[1] https://www.nature.com/articles/s41467-018-06930-7
[2] https://baijiahao.baidu.com/s?id=1681213237253160405&wfr=spider&for=pc

和影响；跟随者机器人假装某个想法或人物获得广泛的共识而成为趋势话题或明星人物；路障机器人通过转移视线或话题来破坏正在自然进行的对话。

社交媒体信息不仅可以反映用户对于特定事物的观点，也可以改变和强化公众的观点，因而政治机器人在政治选举、社会运动、国际事件中的作用和威胁日益凸显。特别是伴随人工智能技术的发展，政治机器人被越来越广泛地应用于干预社交媒体信息传递和意见形成。在英国脱欧公投、美国总统大选、法国总统选举以及新冠肺炎疫情等重大事件中，研究者均发现有政治机器人操纵舆论以实现政治目的的痕迹，这被称为隐形操纵、隐蔽说服[1]，这也派生出专有术语"伪草根营销"或"推特炸弹"。

---

[1] 师文，陈昌凤，分布与互动模式：社交机器人操纵 Twitter 上的中国议题研究 [J]. 国际新闻界，2020，42 (05)：61-80.